AQUARIUS
SAGITTAR
CORONA AUSTRALIS
MICROSCOPIUM
INDUS
PAVO
PISCIS AUSTRALIS
Fomalhaut
GRUS
TOUCHAN
APPARATUS SCULPTORIS
PHOENIX
Deneb Kaitos
Achernar
Nubecula Minor
SOLARIUM
HYDRUS
Amnis Infimus
MACHINA ELECTRICA
HOROLOGIUM
FORNAX CHEMICA
CELA SCULPTORIS
Baten Kaitos
Horizon
DORADO

CENTAURUS
HYDRA CONTINUED
NOCTUA
CORVUS
CRUX
CIRCINUS
NORMA EUCLIDIS
TRIANGULUM
CHAMAELEON
ANTLIA PNEUMATICA
ARGO NAVIS
HYDRA
FELIS
Canopus

占星相位研究

Aspects In Astrology

A Comprehensive Guide To Interpretation

蘇・湯普金｜SUE TOMPKINS——著
胡因夢——譯

目次

第二部 相位的組合 133

◎作者序

用相位詮釋星盤上的能量互動

我在一九七〇年左右開始學占星學，就像大部分的學生一樣，一旦發現了這門學問，便開始無法自拔地迷上了它。不過當時我並沒有想把它當成一項職業來發展；我只是對它著迷，而不急著拿它來做什麼，所以我的學習過程非常緩慢冗長。後來當我有了深入的研究，而且已經取得了這方面的資格，才開始為個案諮商。我越來越清楚星盤裡最重要的部分，也是極需要被了解和詮釋的部分，就是行星的相位，可是我幾乎找不到這方面的現代化資料。

即使如此，市面上仍然有一些關於相位方面的卓越著作，譬如史蒂芬・阿若優（Stephen Arroyo）對外行星的解說、麗茲・格林對土星的嶄新詮釋，或是卡特的經典作品《占星相位》（Charles Carter, “Astrological Aspects”）。可惜的是，《占星相位》已經有些過時，而且沒有把冥王星納入討論。此外，比爾・提爾尼的《相位分析》（Bill Tierney, “Dynamics of Aspect Analysis”）雖然對相位的圖型研究做出了無價的貢獻，卻也沒有進一步提出深入的看法。

由於我自己需要在這方面有更深的認識，而且教學之後發現學生們也很渴望更深入地學習，於是這本《占星相位研究》便因此而誕生了。我是以非常低調的經驗式研究方法來觀察相位的意涵，本書內容就是我研究的成果。

占星學的詮釋技藝就在於如何把各種象徵符號，整合成一個綜合性的結論，這也是詮釋占星學要達到的目的。舉例來說，當一位占星師在考量水星落入射手座和四宮的意涵時，必須先充分了解上述行星、星座及四宮所代表的意義，以及由水星主宰宮位裡的情況。一般的占星學子都有能力把不同的元素拼湊起來，然而一旦意識到水星並不是一個孤立的元素，它會跟其他的行星或交點形成各式各樣的關係——也就是「相位」，便開始有點無所適從了。發生這種情況是很自然的事，因為詮釋相位是非常複雜和困難的功夫，即使是最有經驗的占星家，也可能面臨一些問題。

儘管如此，我們還是應該努力發展出對相位的詮釋功力，因為相位就是一張星盤的能量所在。這些能量能夠把天宮圖從毫無生氣的一張紙，變成能夠象徵人類生命力與活力、衝突與喜悅的符號。星盤裡的相位就是一個人建構人生的原料，而且星盤不只是侷限在對人性或人生的研究，它同時還能代表事件發生的時刻，問題提出的時刻等。

相位描述的是情節本身，星盤描述的則是實際發生的事情。在個人層面上，行星相位代表的是心理學所謂的「情意結」（complex），然而就像榮格所言，與其說是一個人懷有情意結，不如說是情意結佔有了一個人，要來得更貼切一些。換句話說，相位在描述命運上面扮演著重要的角色，同時也代表我們必須面對和轉化的部分。

星盤的本質是非常獨特的，必須加以整體性的觀察。像本書這樣的工具書永遠有它的侷限性，因為我們只是從整張星盤的內容之中擷取一部分來加以詮釋。不過無論如何，我們仍然得從某個地方著手才行。我衷心期盼本書能為研習占星學的讀者帶來一些實際的幫助。

◎譯者序

從占星相位看因果業力

藉由翻譯阿若優和湯普金的占星力作，以及近十多年來的親身經驗和觀察，我已經越來越被說服：占星學的確是一門精確無比的因果業力科學。

所謂的「因果業力」，按西方科學的解釋，就是一種宇宙性的先決條件，也可以說是人和太陽系之間保持微妙平衡性的電磁場——中國道家的修練者稱其為「玄空造化場」。東西方的科學及玄學，均主張人類的神經系統會被宇宙行星強烈地影響，而且行星在人類的各種事務中，也扮演著超乎想像的重要角色。

如果說一張星盤裡的行星代表的是經驗的面向，星座代表的是經驗的特性，宮位代表的是讓行星和星座的能量運作的領域，那麼相位代表的就是各種經驗面向的統合運作方式。由此可知，相位顯然是本命盤裡最重要的部分，而且在生命週期循環或是所謂的流年推運上面，推進的行星和星盤裡相位形成的角度，更是生命發生重大外在事件和內心產生轉化及蛻變的關鍵所在。

從幾個主要的相位，譬如九〇度角、一八〇度角、合相、一二〇度角、六〇度角或是一五〇度角等，我們可以很清楚地看出，所謂的「困難相位」的確會帶來過度敏感、缺乏自信、需要證實自己的能力和強大的成長意願，而「柔和相位」則會帶來不假思索、運用自如、輕鬆懶散和順利的特質。因此，相位不但能決定一個人將會在此生奮力達成某種具體成就，或是選擇以放鬆的方式享受人生，同時也能決定重要關係的互動是否會遭遇顯著的挑戰和考驗。

舉個例子，一位女士的星盤裡有水星與火星的一二〇度角，代表她的言語和意志力之間有高度的協調性，也代表她的表達和反應相當敏捷，而且有不假思索的傾向；此外她的水星與冥王星成九〇度角，代表在溝通表達時有一種強迫性的不信賴感，以及想要偵測他人真實動機的渴望。但是她的先生卻有水星與土星的一八〇度角，水星與海王星的九〇度角，水星與木星的一二〇度角，以及水星與凱龍星的一五〇度角；這意味著先生的思想及表達方式受到土星的影響，有強烈的需要被尊重、被認真看待的渴望，但心底深處很怕自己的言語不夠周詳、無法說服別人，而海王星卻時常令他語焉不詳、無法清晰地解釋內心細微的想法；落在三宮的凱龍星則代表他在手足關係和求學時期，曾遭遇過智力方面的心理創傷；水木的一二〇度角則有好為人師、善於表達宏觀理念，卻容易忽視日常現實的傾向。他的這些傾向自然會投射到親密關係和下一代的身上，使他渴望在溝通時被家人視為權威和有理的一方，不幸的是家人卻覺得他的言語不切實際，容易帶給人壓力，而他當不成權威也往往會立即光火。

占星諮商師在輔導這對夫妻時，不但要指出這些水星相位帶來的溝通障礙，以及背後的心理癥結點，還要替案主設想一些可能的改善方式，譬如建議先生透過研究某種學問或技藝（水土相位的潛能），或者教導他人某種文化現象背後的真理與意義（水木相位的才華），甚至發展出寫詩或創作的能力（水海相位的內在驅力），來治療智力上的深層創傷（水凱相位的內在意涵）。在妻子這方面，則要建議她相信自己的直覺，但同時要發展出三思而後言的客觀意識，以及尊重先生意見的包容性，同時要減低言語的攻擊性和懷疑他人動機的傾向。

當然，這個實例之中還有許多其他的重要相位必須考量，並且要觀察兩人星盤比對之中的數十個行星互動的關係，以及流年大運的相位所代表的人格及心理轉化意涵，方能全盤地讓個案了解生命遭遇背後的秩序和意義，以及宇宙大電腦的因果業力程式背後的善意。

誠如作者蘇・湯普金所期許的，本書的確突破了西洋占星學相位著作的不足與局限，而成為當代的一本相位經典之作。但願已經有些基礎的占星學子能從中獲得更清晰的洞見，切實地轉化自己的執著習性，改善重要關係的互動品質，往意識更高的層次發展及成長。

胡因夢於台北・二〇一〇

【第一部】

占星相位導論

第一章 行星

本文的詮釋乃是要改善和突顯與行星相關的基本心理議題。

太陽

我們對自己的身分認同。我們認為重要和光榮的事。我們最熱衷的事物。生命力。重要性。自尊。啟蒙。我們的意志。目的和未來的目標。我們獲得的賞識。

對我而言，精確地詮釋太陽的意義是很困難的事，有時它會被描述成代表自我的象徵符號。或許我們必須先弄清楚所謂的「自我」是什麼，我個人會從榮格的角度來詮釋它：自我代表的是人格的整體，包括意識和無意識的所有部分在內。這麼一來，自我很可能會超越天宮圖的詮釋範圍，或者至少包含了整張星盤的內容。總之，太陽似乎是星盤裡最重要的部分，就像樂團裡的指揮一樣。它的確能代表我們的人格核心，如同原子之中的原子核一般，但這不表示這個核心部分很難被充分了解，你只是很難從最深的角度去定義它。

我認為太陽的確象徵著我們的自我，也就是我們認為或認同的自己，因此和太陽形成相位的行星，也會影響我們認同自己的方式。譬如我們對自己有沒有好感，還是自我形象很差，或者根本沒有任何形象可言？太陽的相位會在這些問題上面帶來一些啟發。與太陽形成相位的行星若不是能調和，就是會否定我們太陽星座的特質，譬如木星與太陽形成緊密相位，便可能誇大太陽星座的特質；土星則會壓抑或阻礙太陽的特質，或是會驅使我們為這些特質下精確的定義。

就像天空的太陽提供光與熱一樣，星盤裡被太陽觸及的任何一個部分，也會立即變得光明和溫暖。太陽觸及任何一個行星，光都會照到那個行星上面，為其帶來力量和權力。但是困難的行星或是與太陽形成困難相位的行星，也會損害太陽的能量或力量，就像在晴天裡戴著墨鏡一樣。

如果上升點及其主宰行星代表的是我們的人生之旅、交通工具，以及我們必須走的路，那麼太陽代表的就是我們的目的地及面臨的挑戰。太陽帶有一種強烈的未來性，能描繪出我們將發展的方向，月亮則能描繪出我們的來處。

太陽的另一個關鍵詞是「意志力」。其實火星與太陽都能描繪出我們的意志力、性格傾向、對未來的期望或欲望，也就是我們渴望成為的自己、想要形成的性格特質，以及想在人生中成就的事情。簡而言之，太陽似乎能道出我們的人生目的、渴望達成的任務，以及如何帶著覺知去活出那個目的。太陽落入的星座和宮位當然是我們所重視的，甚至可能是我們最重視的生命領域。被太陽觸及的行星也格外受到我們的重視；這個行星也能道出我們想要被看待的方式，以及在達成此目的的過程中可能面臨的困難。

舉例來說，太陽與土星形成四分相往往代表有權威議題。有這個相位的人很渴望被人看成某個領域裡的權威，卻很難接受別人的權威性，也可能在成為權威的過程中面臨一些困難。

太陽會讓我們說出：「這就是我的人生目的、我的方向和意圖。」我們也會在太陽代表的領域中道出：「我要在這裡展現出一股不可忽視的力量，我要在這裡做我自己，變成一個獨特的人，而且要本著我自己的方式。」如果太陽描述的是我們的傾向和做事的方式，那麼和太陽形成的相位，就會顯示出我們的阻礙或阻力是什麼。

太陽的確是自我核心的部分，與太陽形成的相位，則能道出以自我為中心的行事方式會不會遇到困難，在接納自己和認同自己的過程裡是輕鬆還是辛苦的。

太陽落入的位置是我們尋求自我認同和發光發亮的生命領域；得到了別人的賞識，我們才會更認同自己。如果得不到別人的讚賞，我們就會不斷地尋求別人的注意。這些從太陽的相位和落入的宮位都可以看出一些端倪，我們可以舉幾個簡單的例子來說明；太陽與火星的相位代表：「注意我，我是強壯的。」太陽與海王星的相位則意味著：「注意我，我是別人的救贖者。」或者「我是個受害者，你能不能拯救我？你不為我感到難過嗎？」太陽與天王星的相位則代表：「注意我，我和你是不一樣的。」太陽與土星的相位道出的是：「請注意我，因為別人很少留意到我的存在。」太陽觸及到的行星都會讓我們為其所代表的面向感到光榮。

如同任何一本占星工具書的詮釋，太陽描述的是我們的活力、意志力，以及富有創造性的自我表現。我向來覺得「富有創造性的自我表現」是一種相當含糊的說法，但是不管怎樣，與太陽形成相位的行星，的確能幫我們找到或表現出我們的獨特性。太陽落入的星座和形成的相位，當然會影響到我們的生命力與活力，它跟火星一樣也能幫助我們對抗疾病。

太陽同時也代表踏上人生之旅的那個英雄。星盤裡的太陽能夠道出這位英雄面對的挑戰，以及注定會面臨的命運。榮格用「個體化」這個字來描述英雄之旅的過程。根據《牛津英文字典》的解釋，個體化的意思是「**形成一個獨特的人或存有，為一個人帶來具體的形式。讓一個人和其他人產生區別**。」這就是太陽真正的使命。在這場英雄之旅的過程裡，使我們變成一個獨特的人的能量，就埋藏在我們的內心深處。如同麗茲・格林（Liz Greene）所說的，橡實只可能長成一棵橡樹，但是每棵橡樹都是獨特的，使它具有這份獨特性的東西，就埋藏在橡實裡面。所以太陽幾乎能代表一個人尋找身分認同的整個過程。與太陽形成相位的行星，不但能幫我們定義這位英雄的模樣，還能描繪出這個人將會面臨的挑戰，它所有的內在特質都會造成這整個過程的障礙或是助益。

太陽也是星盤裡象徵父親的符號之一，這裡指的是生身父親，促使我們誕生出來的那個男人，也是提供孩子身分認同的典範。

月亮

感覺。反應。母親。家。偏好的食物。家居生活習慣及一般的習慣。提供我們安全感的地方。讓我們退隱的地方。滋養及被滋養的方式。適應性。

月亮代表的是我們渴望滋養和被滋養的需求，也代表照料和保護的需要。即使是成年之後，我們的內在仍然有一個充滿著需求、渴望、依賴、想要被保護的嬰兒。從月亮的相位能夠看出我們在滋養別人或是得到安全感上面，會不會遭遇困難。

月亮落入的星座往往能描繪出什麼東西能撫慰我們；月亮的相位則代表獲得撫慰的過程裡會有什麼助力或障礙。

月亮、天底及其主宰行星都能廣泛地描繪出我們的背景：我們情感的背景、家族根源和歷史。月亮也代表我們的行為模式，特別是童年時在家庭環境裡慣有的情緒反應；這種反應往往會延續到成年。月亮及其相位都代表我們會自動產生的反應。假如月亮與火星形成相位，我們的反應往往是快速的，好像隨時準備要行動似的，也可能帶著一股怒氣；月亮和土星的相位，則會讓一個人以謹慎小心的方式控制自己的反應。

月亮的相位也代表我們在表達感覺時是否輕鬆，或者那些感覺的本質是什麼。我們的感覺與眼前的情況和周圍的情緒基調有關；雖然我們有時無法充分意識到這些情緒基調，但往往已經吸收進來了。

月亮也代表我們的家，以及我們在家居生活中的偏好。家是便利我們生活的地方，因此月亮也能描繪出我們的適應力，包括對人和各種的生活情境的適應力。理想的情況是我們應該有能力適應各種不同的人和經驗，而每一種新的情況都會帶來一些改變，造成不同的情緒和行為上的反應。

月亮同時也象徵著供我們退隱的家或地方，在這裡我們會感覺很安全；我們可以穿著拖鞋到處走來走去，不必在意外界的看法。月亮同時也會影響到我們對自己的感覺，而這又會進一步地影響我們和他人的互動，以及他人會產生的反應。當然月亮也能描繪出我們的源頭，或者小時候是否有安全感，譬如月亮如果和天王星、土星或冥王星形成困難相位，就會令我們覺得世界不太安全。同時月亮也能道出我們的生活習慣，譬如邊喝咖啡邊抽煙久了，就會覺得喝咖啡時如果不抽煙，感覺會不怎麼對勁。

同時月亮的相位也能描繪出我們是不是一個容易相處的人，或者與別人相處是不是一件容易的事。當然這仍舊與我們的適應力和情緒上的安全感有關。如果我們覺得做自己是很安全的事，態度就會自然，也比較能適應別人的生活方式和習慣等等。

月亮也是代表母親的重要象徵符號。我們每個人都有生身母親，我們的月亮代表的就是我們所經驗的她；同時月亮也能道出影響我們至深的其他照料者。即使一個孩子被許多家庭領養或是從小在孤兒院裡長大，我們仍然可以從他星盤裡的月亮，看出所有的照料者和生身母親的情況。月亮代表的是：「無論如何我都接納你。我會保護你、照顧你。我會提供一個安全的地方，讓你自在地探索自己和表達感覺。而且，不論你的感覺是恐懼、焦慮或憤怒，我都能包容。」

如果童年生活很理想，就能得到上述的滋養。不管怎樣，第一個與我們產生緊密連結的人就是母親，畢竟我們在她的肚子裡吸收了她所有的情緒和感覺，就像吸收食物裡的營養一樣。她是第一個與我們連結的人，也是第一個給我們無條件的愛的人。

月亮似乎的確代表我們的母親，不過也有可能代表父親或是其他的照料者。我們通常可以從月亮落入的宮位及此宮位的主宰行星或其他元素，看出母親之外的照料者的情況。

不論如何，月亮落入的星座、宮位和相位，都能描繪出我們童年時的感覺，特別是跟安全感有關的情緒。我們目前有多大程度的安全感，我們如何保護和照料別人，或者照料別人的時候有沒有困難，這一切都受月亮的影響。

水星

思想。語言。書寫。溝通交流。理性思維。意見。與人連結。手足。學校。學習方式。

星盤裡的水星代表的是一切形式的溝通交流，它的相位代表的則是我們表達自己的方式，至少能代表非感覺性的言語溝通。被水星觸及的行星或交點，會讓我們產生強烈的書寫、交談和思考的欲望。水星是一張星盤裡負責串聯的要素，它扮演的角色有點像是仲介，因此這個行星在意識的提升上有舉足輕重的作用。如果水星和土星形成相位，可能會讓一個人更有機會思考和表達內心的恐懼；而水星形成這種相位，也會讓一個人更能意識到土星代表的意義。即使水星與其他行星形成困難相位，也能帶來一些成長，因為水星會讓我們從不同的面相，去檢視和思考自己的心理狀態。

提升意識當然有許多途徑，水星提供的途徑或許只是其中之一，但往往是比較容易領會到的。水星有一種命名的作用，當我們為一個東西命名之後，就比較容易對它產生了解。我們可以從不同的角度來看它，或是擴大它的意義，也可能和別人談論它。水星的相位也能顯示出我們在認識自己的過程中遭遇的障礙，當然也包括學習的情況在內。譬如水星與土星形成相位的話，那麼在自我認識和受教育的過程裡，很可能有許多恐懼。如果水星與火星形成相位，那麼在發展自知之明的過程裡，往往會有許多憤怒和衝動。

當然我們的腦子最常想到的東西，不能只從水星落入的星座或宮位來觀察；譬如一個人的七宮裡如果有強烈的能量，或是天秤座被強化的話，顯然會把焦點集中在關係上面，不論水星是否落在七宮或是天秤座。總而言之，水星落入的星座、宮位和相位，都會影響我們思考、說話和溝通的方式。更重要的是，水星能描繪出我們將如何表達心中最重視的事情。

如同本命盤裡的任何一個行星一樣，水星也不能以單一的方式來觀察，它永遠會受到星座、宮位以及其他要素的影響。如果我們從單一的方向來看水星的話，它代表的比較是客觀的理性思維；這樣的思維方式不但沒有偏見，也沒有任何道德意識。因為水星根本不關切對錯的問題，所有的原則、倫理、道德和意義的問題，都是由木星管轄的，而木星管轄的星座與水星管轄的星座，剛好是對立的。水星可以說是神的使者而不是神本身，而有權力做出論斷和提供意義的只有神。水星只關切眼前的資訊，它並不關心獲得的資訊是否有用，甚至不在乎它是否真實。

水星同時也跟我們的意見有關，我們很難對任何一個主題有全盤性的認識，所以我們做出的論斷永遠是建立在不周全的意見上面，而我們的意見則反映出我們對一件事的信念和認知方式。我們都知道所謂的客觀知識根本不存在，因此水星落入的星座和形成的相位，都會影響我們趨近客觀性的能力。我們必須有客觀性和理性，才能避免往偏見發展，但這種品質是跟我們的感覺對立的，而我們通常會過度重視感覺。世界如果缺少了感覺和價值觀，不但會變成一個無法想像的地方，而且可能會變得相當怪誕。因此，水星的相位和能量的高低，都可以讓我們看出一個人重不重視理性思考。

如果水星形成的是困難相位，代表這個人的意見經常遭到挑戰、試探和他人的反對。或者他們會期待遭到挑戰；成柔和相位則會呈現相反的情況。一個人之所以會跟別人意見不合，經常是因為他們表達意見和想法的方式有問題。水星成柔和相位的人比較不會被不同的意見威脅，所以比較能自在地表達自己。他們不會對水星落入的生命領域過度敏感，所以也不在乎別人是否贊同自己，他們甚至喜歡聽到不同的意見。水星的柔和相位也意味著此人的意見容易得到他人的支持，或是得到自己人格其他面向的支持，故而會沿著特定的軌道思考。話說回來，由於意見總是奠基在不完整的證據和理解上面的，所以意見遭到挑戰也不是什麼壞事，反而會拓寬我們的想法，增強我們的思維能力。水星的柔和相位，特別是三分相，也可能令一個人過於自滿，困難相位卻會使一個人成長。

人在一生中到底能改變到什麼程度是很難確定的事，但是我們的態度和想法的確可以改變，促成這種改變的就是我們的水星。我們的態度必須先產生變化，行為和生活方式才會跟著變——能量永遠會隨著思想而改變。如果從這個觀點來看，我們可以說水星握有使我們成長的那把鑰匙。

水星最關切的就是與人連結，「智力」則是很難被定義的東西。智力測驗能夠顯示出一個人在智力測試上面的能力，但不能代表含意模糊的「智力」。如果智力測驗能夠揭露某些事實的話，那麼它揭露的一定是受測試者的快速聯想能力——這種能力是可以被教導的，而且很顯然是水星的特質之一。學校的象徵符號也是水星，我們在學校裡學習的就是如何串連事物，同時學校也教導我們如何蒐集資訊、消化它們以及將它表達出來，換言之，我們在學校裡學的就是閱讀、書寫、溝通和各個層次的語言表達。水星落入的星座以及相位，可以顯示出我們在學習上面是否會碰到障礙，還是能得到支持。

水星同時象徵著運輸，而運輸代表的就是把某個人或某個東西從一個地方運到另一個地方。

水星同時也象徵著兄弟姊妹。我們會很驚訝地發現水星加上三宮裡的情況，往往能精準地描繪出我們與手足的關係。孩子可以從兄弟姐妹身上學到許多事情，因為兄弟姊妹扮演的是彼此之間以及和父母之間的媒介角色。

金星

合作、給予、分享、妥協。美。愛。價值。比較。藝術。品味。交換的方式。金錢。讓自己和他人快樂的方式。

金星象徵的是分享與合作、給予和追求和諧的欲望，同時也象徵著愛與被愛。金星的相位能道出我們有多麼重視人緣，有沒有適應別人的能力，在達成合作與和諧性上面是否會得到支持。譬如金星與天王星成四分相的人，往往會覺得既想保持自己的獨立性和獨特性，又想追求人際的和諧互動；或者我們可以說，這個四分相會製造一種緊迫的需求而導致緊張，最後這類人會發現有關係比沒有關係更自由。

我們都有一些關係上的問題，這也涉及到金星的給予和火星的獲取之間的矛盾性。與金星及火星形成的相位，可以描繪出這些問題的本質，也能促使我們找到解決和治療這些問題的方法。如果金星是一張星盤的焦點所在，而且此人不惜犧牲火星的特質來達成金星的目的，譬如過度順服或強調合作，那麼金星的原則就會被丟出窗外，以犧牲自己的做法來滿足別人的需求。行星與金星形成相位可能有一種過度妥協或是不肯妥協的傾向，通常是這兩種情況都有。金星的法則就是維持和諧，如果受到其他行星的影響，便可能不惜一切地追求和平。金星也喜歡從最美好的角度看事情，希望事情都有最好的結果。如同卡特（C.E.O Carter，英國占星家、首任占星研究學院院長）所說的：「金星容易聚焦在人與人共通的興趣及共通點上面，而刻意去忽略和別人的差異。」

表面上看來金星好像是給予的一方，火星好像是獲取的一方，因此金星似乎代表好人，火星則代表壞人。然而事情並沒有那麼簡單；金星的給予通常是想得到一些回報——愛、受人歡迎或是金錢；火星的法則雖然是獲取，但至少它在這方面是誠實的，況且也還是有回報的能力。譬如我們給了人一件禮物，他收了這件禮物之後覺得非常開心，我們就會因此而覺得快樂和滿足，所以他取得的同時也在給予。

金星的心聲是：「我要你想要的東西。」火星的心聲則是：「我要我想要的東西。」因為這兩個行星的法則是對立的，所以應該把它們看成是一對行星，不該只是單獨地去觀察其中的一個。由於金星不帶有競爭性，所以特別關切和平的議題。

如果說月亮象徵的是母親，那麼金星代表的就是年輕的女人（火星代表的則是年輕的男人）。如果我們從內在的女性角色來觀察金星，以及觀察這個內在角色和星盤裡其他角色的對話，將會是很有幫助的事。

金星注重的是關係議題，例如給予和接受感情方面的能力，以及能帶來浪漫愛情或是性關係的社交情況。我們的金星能道出我們以何種方式吸引人，譬如金天有相位的人往往以不尋常的方式吸引人。在別人的眼裡金天型的人特別有魅力，充滿著令人驚奇的特質。我們吸引人的方式以及我們看中別人的部分，反過來也會影響我們自己的穿著打扮和行為。金天型的人可能會把自己打扮成與眾不同的樣子，金土型的人在打扮上面則有許多恐懼，他們會穿得比較低調。但是重點並不在如何打扮，而是衣著代表的心態是什麼。我們可以從與金星形成相位的行星，看出一個人如何以及為何有那些心態。

金星不但注視外表和各方面的品味，而且特別關注價值問題：我們如何看待自己和別人的價值？我們最重視的是什麼？理由是什麼？這個行星也代表我們的美感和審美能力，同時也象徵金錢；金錢本是換取我們重視的東西的一種工具。最重要的是，金星關注的是各個層次的交換方式。某些占星家把木星和金錢連結在一起，但是我從不認為這是個正確的看法，雖然木星也象徵著廣義的財富，但木星比較不像金星那麼關注物質上的價值。

由於金星重視的是令我們愉悅、能帶來美感的事物，所以也象徵著藝術和音樂。藝術往往與享樂有關，而享樂就是金星的另一個關注焦點。事實上我們的金星完全能描繪出我們是如何追求美和享樂的，基於此理，所以金星也能道出我們是否允許自己享受人生。我們的金星落入的星座、宮位和相位，決定了什麼東西能使我們快樂；我們喜歡什麼或不喜歡什麼，理由是什麼；我們如何讓別人覺得快樂，讓別人覺得我們重視、感激和愛他們。金星的相位則能道出我們是否有能力令自己和別人感覺快樂、被愛和受到重視。

另外還有一個重點，當金星觸及一個行星時往往會「軟化」對方。不管那個行星代表什麼，金星都會使它變得柔軟，比較有伸縮性。同時金星也會幫助另一個行星得到慰藉和享受，帶來溫柔與甜美的特質，感覺比較輕鬆自在，但是也可能帶來障礙。

火星

生存。應變能力和勇氣。耐力和戰鬥力。自我確立。大膽。競爭。行動。

傳統認為火星有害的程度比某些行星要少一些。我個人不喜歡採用有害或有利之類的形容詞，因為所有的能量都會帶來一些助益，而且是必要的。同時它們也可能變成負向的運作方式，如果我們不以妥當的態度來運用它們的話。

我們的確需要火星的能量，因為它最主要的作用就是在各個層面上幫助我們生存下去。對某些人來說，最好的生存方式是保持靜默或是避開一些議題；有的人則會捲起袖子勇敢地面對衝突。正確地運用火星的能量可以為我們帶來勇氣和耐力，但是勇氣並不意味攻擊性或是戰鬥，它指的是面對那些使我們害怕的事情。對另外一些人而言，勇氣或許意味著承認自己的脆弱和恐懼。火星的能量可以使我們「吃苦耐勞」，在事情變得棘手時站穩雙腳，我們需要火星的能量來面對壓力，以免在緊張的生活下折損自己。火星落入的星座、宮位和相位，能描繪出我們護衛自己時採用的工具，以及我們在運用這些工具時的感覺。困難的火星相位代表我們很難護衛自己，譬如火星與土星形成相位，意味著在護衛自己的時候會有恐懼。某些火星的相位也可能使人太急於保護自己，即使外界沒有任何威脅，也仍然有這種傾向。

火星也關切自我確立的問題。自我確立就是宣示自己的興趣所在，堅守自己的立場，以積極的態度保持自己的獨立性，特別是在面對壓力時。當然這不代表去欺凌別人，或是以粗魯的態度對待別人——這是經常會見到的誤用火星能量的狀態，同時也解釋了為什麼這個行星的名譽不佳。由於自我確立也意味著有伸縮性，能夠以健康的態度面對別人的需求，所以也必須用到金星的法則。如果星盤裡有金火的相位，就會發現確立自己是件很難的事，因為當我們想確立自己的時候，也很渴望受人歡迎，而且覺得兩者無法兼具。另外我們也可能缺乏信心、恐懼、覺得自己無能（火土相位），或者認為選擇輕鬆的方式會比較討人喜歡（金火相位）等。

火星不但能幫我們對抗外界的壓力，也能幫我們面對內在的衝突，以免被送進精神病院。但是壓力太大的時候，我們也可能因為火星的反應模式不當，而被送進精神病院。同時，這個行星也跟我們對抗疾病的能力有關，最重要的，火星描述的是我們的欲望和生存的意志力。為生存奮鬥意味著渴望活下去，因此火星加上金星的能量，帶來的是享受人生的能力。

火星也跟一切形式的「競爭」有關。在運動和鍛鍊時，我們可以和自己或別人做良性競爭。研究顯示，經常運動的人的自我形象和自我感覺，都比不運動的人要好，而且也比較有效率，不容易將錯誤歸咎於人——運動的確能使我們的身心都健康。

火星的相位則代表我們對競爭的整體感受。譬如我們和金星的相應程度超過火星，就不會有明顯的競爭傾向，但是生存反而會變成一個心理議題。另外我們也可能帶有強烈的競爭性，因此容易投入與人競爭的情況。反之，我們也可能完全避開競爭的情況，因為無法拔尖領先太令人難受了。

火星的能量是比較自私的，因為它只關注自己想要的東西。火星的相位則代表小時候大人如何教導我們面對自私這件事。有些父母會告訴孩子自私是不對的事（也許火土有相位），因此孩子長大之後很難要求什麼或是去爭取什麼，還有的人是在充滿著競爭性的環境裡長大的（譬如太火有相位，或者與上升點有相位），因此從小學到的就是人必須積極地爭取一切，才能生存下去。這類人長大之後很難讓事情自然地發展，總覺得必須不斷地繼續前進。火星的相位以及落入的星座也代表我們表達憤怒的方式、對事物的熱切程度，以及在完成事情上面會不會遭到困難。

火星帶來的行動也可能導致意外。意外往往是源自於錯置的能量，也可能是未表達出來的憤怒所導致的——挫敗感會找到一個釋放的管道。火星同時也跟發燒有關，而且的確掌控著我們的熱能和性能量。

火星也代表我們做事情方面的膽量。當我們大膽地決定去做某件事的時候，其實會變得相當脆弱，因為我們也可能失敗或是失去一些東西，因此火星也能顯示我們會以何種方式來展現勇氣和膽量。純粹的火星能量是非常脆弱的，因為它會驅使我們大膽地向外獲取某些東西，而當我們展示這種膽量的時候，手上的牌是完全攤在桌面的。

火星和金星也都象徵著我們的性愛活動，其中的金星和性行為中的和諧性及享受有關；火星則與性上面的驅力有關，包括追求、征服和插入。當然這也會導致脆弱的感覺：你只要想像一下男性的生殖器裸露在外的情況，就會了解為什麼了。

火星的相位加上落入的星座，則能道出我們是否認為性是一件令人興奮的事，或者別人會不會在我們身上找到性的吸引力。火星的相位能描繪出我們在性方面的恐懼和想像，以及我們的處理態度。

火星也會為它觸及的行星帶來加快速度的特質。那個行星的速度不但會加快，而且會讓人在展現其能量時缺乏耐性，也可能在相關的生命領域裡顯現出一股力量。火星的法則很容易轉換成行動，因此被火星觸及的那個行星也會尋求行動上面的表現。火星與太陽也都跟意志力有關，《牛津英文字典》就將意志力詮釋成「**導向有意識的行動的作用力。**」

由於火星的法則是誠實追求自己想要的東西，因此星盤裡如果有明顯的火星能量，往往會帶來勇敢的精神，雖然誤用它也會使人顯現出一種強迫性。

木星

擴張。膨脹。誇大。智慧。財富。意義。信念。願景。信心。信仰。貪婪。

某種程度上木星的相位是比較容易詮釋的，因為它最主要的特質就是帶來擴張的能量。被木星觸及的行星能量都會擴大，要留意的是，大並不一定就好，因為如果那個行星已形成困難相位的話，木星反而會使它的困難加劇。

在意外事件和災難的星盤裡，木星一向有顯著的影響力，特別是與火星、天王星或冥王星這些代表暴力及意外事件的行星形成困難相位時。木星之所以與這類問題有關，可能有好幾個理由，其中一個是這類災難往往涉及道德、宗教和哲學信念方面的問題——我們應該還記得宙斯曾經在奧林匹斯山頂投下霹靂閃電這件事。簡而言之，被木星觸及的任何一個元素都可能被誇大。

木星的星座、宮位及相位，往往能道出一個人如何成長、擴張以及找到生命的意義。它會使我們渴望做「大事」，而且渴望在它落入的生命領域裡擁有自由探索的空間。但最重要的，木星代表的是生命的意義，它令我們超越眼前的事實和情況，看見背後更深刻的意義和目的。無論在宗教、哲學、政治或其他面向，它都會促使我們追求生命的意義，而每一次當我們試圖看見事件背後的意義和目的時，我們都是在行使木星或九宮的法則。當木星和其他行星形成相位時，我們就會把另外那個行星哲學化；我們會思索那個行星的法則代表什麼，而且會在那個行星代表的領域裡展開雙翼，盡可能地翱翔。

木星的相位同時道出了我們信仰的本質和態度，譬如與火星形成相位會帶來攻擊性，與土星形成相位會帶來謹慎的特質。木星加上火星會讓我們為自己的信仰出征，木土的相位則代表必須很努力才能發展出信仰。火木的相位也意味著渴望獲勝、競爭性強、喜歡率先行動。火土的相位則意味著重視責任、相信形式和物質。

因此木星的相位道出了我們在信仰上的態度，以及我們相信的是什麼。尋找生命的意義和目的，是我們不可或缺的一種需求；如果我們相信自己受苦有更高的意義和目的，就能以更佳的態度來面對人生的困阨。世上最主要的信念系統就是宗教，而木星的相位往往能道出我們和神的關係，不論我們認為的「神」是什麼。木星同時也代表其他的信念系統，譬如讓我們以宗教狂熱式的激情去追求的政治。

聖經告訴我們上帝以祂自己的形象創造了人類，因此我們的木星相位也能說明我們在生活中「扮演上帝」的方式。如果我們認為自己的信念系統是唯一正確的，那麼我們不但自大，而且是在扮演上帝。這當然是把木星的法則扭曲了，因為我們都知道上帝是包容一切的，包括宗教上的一切表現形式和儀式，以及我們所抱持的不同世界觀。木星的相位、九宮裡面的行星，以及宮頭星座的主宰行星，都能說明木星的法則是如何被扭曲的。木星的柔和相位代表的則是能夠以輕鬆的方式辨識出生命的意義，但也可能會滿足於自己的信仰。柔和相位比較不會在信仰上遭到別人的挑戰；這種能量不會讓我們覺得不舒服而去過度表現，所以能夠以比較輕鬆的態度面對信仰問題。困難相位則代表我們對自己的信仰不清楚也不確定，因此容易遭到挑戰，不過最終這些挑戰都會讓我們在信仰上面變得更圓融。木星的困難相位與合相，也可能意味著必須付出努力才能找到人生的意義，而且會使我們過度想證實自己的信仰是正確的。

木星代表廣義的人生信念，所以也象徵我們內在的自信心和活力。如果木星形成的是柔和相位，我們就會在它觸及的那個行星上面，展現出樂觀與溫和的擴張能量。如果呈現的是困難相位，則會在那個行星的領域裡展現過度樂觀的態度。總之我們會被迫在那個領域裡「試試」自己的運氣。

木星也跟智慧有關。變得有智慧必須先擁有一些知識和資訊，同時也得有能力從整體面來了解這些知識。木星代表一種宏觀的作用力，因此會促使我們做出比較智慧的判斷。木星的相位則代表在發展宏觀能力的過程中會不會遭受阻礙。同時，木星也跟拓寬視野、理解力及博學有關，所以也掌管高等教育和遠程旅行，因為這兩者都能拓寬我們的視野。木星的相位、九宮裡的行星以及宮頭星座的主宰行星，則能說明我們有多渴望旅行、接觸高等教育和其中的經驗。

此外，木星也會帶來貪婪的傾向。木星觸及任何一個行星，都會使我們渴望在那個領域裡有足夠的斬獲，通常那個領域的確會讓我們收穫豐富，因此木星也跟財富有關。富有代表我們和有價值的東西產生了連結。木星的相位能夠闡明我們在財富的獲取、運用和認同上有沒有困難；它們落入的星座、宮位則能道出財富的本質是什麼。

土星

恐懼。控制和否定。權威性。紀律。時間。以辛苦的方式學習。責任義務。

土星最能代表的應該是「恐懼」。這個行星所帶來各式各樣的困難和問題，其實都是源自於恐懼。土星觸及任何一個行星，都會讓我們害怕在那個行星的領域裡展現出它應有的特質。我們甚至會覺得無法將其表現出來，因為我們會有一種尷尬、笨拙和嚴重受阻的感覺，很顯然我們不會願意讓人看到自己尷尬和笨拙的一面，因為我們不認為別人會接納這些面向。但即使他們能接納，又有什麼意義呢？畢竟我們對自己的觀點才是最重要的。難怪土星會跟榮格所說的「心理陰影層」有關——我們不但想把這個面向隱藏起來，而且往往能很成功地辦到這一點。

我們會以社會願意接納的方式，或者以假裝適應了這個令我們尷尬的生命領域，來掩蓋土星帶來的問題，所以土星雖然代表我們的「阿契里斯腳踝」，但我們還是有辦法把這個面向隱藏起來。在考量土星的相位時必須注意上述觀點，因為乍看之下個案不會在那個生命領域顯現出明顯的問題，甚至會在其中展現出一種老練的應對能力。當然老練不代表錯誤，因為帶給我們最大困難的領域，也會使我們發展出最大的適應力——這就是煉金師所謂的把鉛變成黃金的能力。不過我們仍然得付出長時間的努力，才能面對內心的恐懼和各種形式的失望。

透過經驗來辛苦地學習，最後會使我們變成那個領域裡的權威或專家，而這似乎就是土星堅持要我們達成的狀態——徹底地熟悉一些問題。土星不像木星那樣可以讓我們輕鬆過關。

因此土星觸及另一個行星，會讓我們在年長後對那個行星代表的事物有充分的了解，反之，我們則只能假裝自己已經了解了。我們怎樣分辨這兩者的不同呢？如果是假裝自己已經活出了土星的法則，就可能以一種形式化和刻板的方式將其表現出來。我們會以自認為應該有的或是社會所期待的方式將其表現出來，因此裡面缺少一種自發性，而且會有一種無法避免的乏味和欠缺真誠感的成分，就好像一個孩子用很公式化的方式寫聖誕卡一樣。

發現土星代表的問題是一個漫長和痛苦的過程，但是痛苦似乎總有其意義和目的，因為痛苦往往能告訴我們內在到底出了什麼問題，有什麼創傷需要我們特別留意。恐懼也有它的意義和目的；讓兔子僵住不動，讓羚羊拔腿逃命的就是恐懼。僵住不動或是拔腿逃命都是一種防衛機制，這種機制能夠保護我們，就像冷天裡穿上厚衣物保暖一樣。土星的相位能夠道出我們在哪個生命面向裡，會過度防衛或過度不防衛。童年時期是建構這類防衛機制的重要階段，長大之後這些防衛機制很可能變得不再恰當，甚至會勒死我們。如果我們的眼睛第一個看到的總是一道厚厚的牆，那麼就永遠也看不到地平線了。被土星觸及的那個行星，會讓我們在其周圍築起一道磚牆。對許多有土星困難相位的人而言，他們的成年生活可能有一大半的時間是在一磚一瓦地拆掉這堵牆，因為陰影層的問題必須以謹慎和尊重的態度，慢慢地消解掉。

如果我們過度保護自己，外面的圍牆堆得太厚了，就可能掩蓋住自己的潛力，因為我們在那個領域裡會太害怕冒險，此即土星之所以和痛苦有關的原因。使我們痛苦的往往是執著傾向，而土星的相位會讓我們在那個領域裡害怕放下，我們會認為一向能帶來保護作用的防衛傾向是不能輕易放掉的。

另一個土星的法則就是掌控，而這仍舊與恐懼有關，因為當我們害怕的時候，就會試圖掌控眼前的情況，同時我們也渴望下清楚的定義。被土星觸及的那個行星代表的領域，會讓我們在其中尋求明確的定義。譬如金土的相位代表的是害怕不被愛，所以會驅使自己的伴侶去定義他們的感覺。這類人會不斷地問伴侶你愛我嗎？你有多愛我？我們的關係能持久嗎？這些問題通常無法帶來期待中的答案，因為感覺是無法以這種方式來定義的，況且對方也可能不想被迫做出回答。因此典型的金土人會孤獨地坐在屋子裡，面對另一個孤獨的夜晚，感傷自己得不到別人的關懷。

土星的問題都可以回溯到童年的心理議題。童年時我們容易在土星觸及的那個行星代表的事物上遭到否定。由於我們覺得那方面被否定了，所以會特別想得到更多，甚至會以之當作存在的理由。或許我們遭到否定並不是任何人的錯，也許只是命運被扭曲了，但是只要我們能跨出第一步，就會逐漸對這種無情的命運感恩。

雖然我們童年時的遭遇不該為成年時的問題負責，但是探索童年的心理議題仍然有必要，因為這樣才能與過往的歷史和解，讓未來變得更豐富。無論如何，童年的這些意象都有助於我們了解土星，因為被土星觸及的那個行星代表的面向，會讓我們像小孩一樣害怕權威人物的嚴厲態度。舉個例子，水土有相位的人會覺得面對學習的情況，就像是遭到試煉或是在考試似的，即使他們在求學階段裡並沒有太多嚴格的考試。總之，這樣的意象可以幫助我們了解自己，而且可以和它形成一些對話。

感覺自己被否定或是渴望擁有某些東西，我認為都能幫助我們了解自己，因為土星觸及的那個行星，會讓我們渴望得到相關領域裡的東西。譬如土星與太陽形成相位，我們就會渴望得到讚美與認同；如果跟月亮形成相位，則會渴望有個家或家庭以及得到滋養；如果與金星形成相位，就會渴望愛和溫情；如果與木星形成相位，往往會渴望擁有信仰。

土星涉及的宮位、相位和星座，代表的是我們缺乏信心的生命領域或面向，在其中我們會覺得必須變得更好。土星觸及的領域會讓我們有歉疚感，而歉疚感不但會讓我們展現出懊悔的情緒，也可能令我們覺得自己不夠好。有時我們也可能因此而合理化自己的過失，變得特別護衛自己。

如同許多占星家所說的，土星涉及的領域會讓我們像個老師一樣，不斷地要求自己變得更好、做得更好、更加努力等等。土星會帶來否定、拖延、限制，讓事情變得緩慢，甚至使人裹足不前。這種否定和制約背後的目的，是在測試我們做的事情或渴望事物的有效性。木星會使我們有信心，找到生命的意義，帶來美好的感覺；土星代表的則是我們最不舒服、最恐懼、最尷尬和最脆弱的面向及領域。

我們可以用鉛的性質來理解土星的特質。鉛是非常沉重的，且表面沒有光澤，可是卻很持久——它不容易被腐蝕，所以經常用在屋頂的建造和水管的製造上面。如同鉛一樣，土星觸及的行星和宮位，也帶有一種缺乏活力和固定不變的特質。土星會讓它觸及的行星的速度減緩，也會確保那個領域有徹底的發展，而且是沒有捷徑可循的。土星的能量雖然顯得遲鈍，但是會帶來持久力。它堅持一切都需要時間，而且非常關切法則和規範、責任和義務，以及自我的紀律。法則或規範是為了保護社會及個人而設計出來的，父母帶給孩子的規範也是為了保護孩子，讓孩子學會在生活裡負責和自制，如果規矩太嚴格，孩子就會懼怕內在和外在的權威，而無法表現出個人的特質。

傳統上土星與父親有關，有時也代表母親。顯然土星是跟內化的父親形象有關，它往往也代表父親本人。不管是雙親之一或者任何一個權威人物，都是帶給我們規範的人，所以才會跟土星有關。規範其實不應該是負向的，因此土星也代表對危險的認識。困難的土星相位意味著心理上有權威議題；此人必須接納別人的權威性，也需要發展自己的權威性。

土星會讓我們越老越能接受它所觸及的生命面向，而這代表必須在真實的生活裡面對恐懼帶來的制約和侷限，而且我們會發現大部分是自己加諸給自己的。土星同時也很關切年資及責任義務的議題，它落入的宮位和相位往往能道出我們是如何面對責任義務的。

天王星

想要獲得自由與獨立性的衝動。想要反叛和震撼別人的衝動。解放。頓悟。自由地追尋真相。劇烈的改變。革命。脫離常軌。

如同其他的外行星一樣，天王星也會在心理狀態、經濟和外貌的改變上，帶來巨大的影響。天王星在一個星座停留的時間大約是七年，它被視為高階的水星能量，它的確象徵集體觀念的改變。那些有天王星與個人行星形成相位的人，往往有意無意地成為一個社會的新觀念創始者，也常會被那些有土星傾向的主流人士，視為是反傳統或者無法無天的人。

天王星促成了最先進、最原創的發明，以及最新式的科技，尤其是那些讓人以更快的速度來傳遞想法的科技，譬如電子和電腦方面的發明。它帶來的集體性改變似乎突然就冒出來了，而且一夜之間就改變了我們的生活方式。天王星如同許多新發明一樣，能夠穿透時間和傳統，當然，同時也會製造出抗拒力，因為它帶來的改變太突然、太激烈，也太前衛。天王星的行事方式一向是一不做二不休，也沒什麼合作的意願，更不會考量傳統或是別人的感覺。如同所有的外行星一樣，天王星的行動也帶有一種非個人性。

天王星的法則就是要挑戰土星所代表的一切，也就是傳統、主流及保守的作風——這個行星一向喜歡對抗權威和老成的態度。它會挑戰那些已經變得僵固、受到壓制或是已經失敗的事物。當天王星觸及一個行星時，它會促使那個行星以最違背自己的方式表現自己。由於主流社會比較傾向於土星的特質，所以「違背」這個字可以詮釋成「不正經」，不過這個字真正的意思是「另類途徑」。

天王星的法則的確會促使一個人選擇不同的途徑，它象徵的就是叛逆的渴望，當它觸及星盤裡的某個行星時，往往會創造出一種情況，讓此人渴望在那個行星代表的事物上面展現出叛逆特質。由於這類人挑戰的是社會現狀，所以很容易被孤立，但是也可能成為帶來不可避免改變的媒介。舉個例子，譬如天王星和月亮形成相位的人，很可能會挑戰傳統的母親角色；天王星與金星或火星形成相位的人，則會挑戰傳統所認為的男女結合就該結婚的觀念。

跟天王星有關的事物大多帶有英文字首-un（不或非的意思）的特質，譬如不傳統、不尋常、不可能、非主流、非情緒性等。

與天王星形成的相位，特別是跟太陽或月亮形成的困難相位，通常會為生命帶來階段性最激烈的改變，這種改變之所以會發生，多半源自於無法在日常生活的層次上做出細微的調整，因此會累積出想要變動的巨大衝動。這類人好像會被外境逼迫做出極端的改變，他們本身也可能回應內在的召喚來推翻現狀。上述兩種情況都勢必會遭遇從別人那裡來的壓力，或是自己內在產生的壓力。無論天王星走到哪裡，都會為自己或別人帶來缺乏伸縮性、極端以及很難合作的傾向。

被天王星觸及的行星會渴望自由、獨立和刺激，因此月天的相位顯然意味著情緒上的獨立性及家庭生活的自由空間，而金天的相位則渴望社交生活的刺激和關係之中的自由。只要是跟天王星形成困難相位的行星，都會逼迫一個人去整合自己。這類人一方面渴望情感的交流、安全感和保護（月亮），一方面又非常需要獨立、自由和刺激（天王星）。

由於天王星的法則似乎也會引發土星的一面，所以也可能凍結發展的驅力。那些有強烈天王星能量的人，一方面覺得改變很刺激，一方面又很怕改變，而這就是他們一旦改變，往往會發展得很極端的原因。天王星的柔和相位則意味著能夠享受改變、自由和外來的刺激，所以行為反而不會變得太極端，但是困難相位卻會讓一個人想要與眾不同、脫離常軌、叛逆、追求刺激等。

天王星觸及的行星，則會讓一個人很早就展現出那個領域裡的天王傾向，譬如很難被預料或者很難安下心來。這類人容易遭遇突發的事件或驚嚇，如果呈現的是柔和相位，就會讓他們覺得突發的事件很令人興奮，但是也可能帶來很深的不安定感，通常是兩種情況都有。總而言之，有天王星相位的人（大部分的人多少都有這類相位）往往會在成年之後暗自期待、甚至習慣性地引發一些劇變。

天王星也跟震撼有關。任何一種震撼都可能干擾或者讓我們覺醒，而為我們帶來生命力或是活力。天王星一向是停滯狀態的敵人，而且會驅使我們不接受法律或防衛機制的限制，無論這些限制是外來的還是自己製造的。

天王星的衝動背後的目的就是要帶來覺醒和解放，同時這個行星也關切真相是什麼，並且與突然產生的頓悟有關，因為它能穿透一切的虛假。天王星的確能穿透它所觸及的行星代表的法則和表現方式，它雖然能帶來解放和刺激，但是也可能做得太過火。在最佳的情況下，天王星可以穿透父母和社會帶給我們的制約，打破僵固的態度、恐懼以及對常規的上癮，使我們順利地改變，發展出自己的思想和行為上的獨立性；最糟的情況則是忘了自己仍然需要某種規範、安全保障，以及生命的可預測性——因為這些東西可以帶給我們穩定性和力量，使我們有足夠的基礎來做出改變。

天王星的關鍵詞也許就是「激進」，因為這個行星不但關注自由觀念的拓展，而且會以最叛逆、最激進的方式來行動。（譯注：有些占星家認為它帶來了「禪」的精神特質）

海王星

精緻化。淨化。欺騙。犧牲。滲透。轉化或逃避。理想。夢想與幻想。著迷。

海王星會讓它所觸及的行星精緻化。它尋求的是淨化和精緻化，它渴望去除不完美或是有缺陷的部分。被海王星觸及的行星既可能變得更精純，也可能更難以掌握。海王星會去除低俗或粗糙的特質，為那個行星帶來更細緻、更純淨以及更精微的特質。

海王星最大的才能就是對精微事物的欣賞能力和辨識力，因此有強烈海王能量的人往往有創造力或是藝術傾向，正如無論是美術、音樂或戲劇領域裡的藝術工作者，大部分都對形式、色彩或聲音有高度的覺知。

但是海王星的精緻化傾向也不盡然會帶來好消息，一個愈是精緻的東西，距離原來的狀態就愈遠。我們可以想像一下精緻的糖或麵粉，雖然嚐起來味道很好，但是已經太人工化了。從這一點我們就知道海王星為什麼有不誠實、自欺和虛假的名聲。把經驗提升和強化的同時，海王星也讓我們脫離了那個經驗本身，當我們脫離了現實之後，就無法再看清楚它，也無法再掌握它了。如同所有的教科書告訴我們的，海王星最主要代表的是轉化心靈和逃避現實的傾向。被海王星觸及的部分都會使我們渴望超越瑣碎的現實，突破日常生活帶來的侷限和疆界。

海王星也會使我們超越世俗的考量，它最佳的作用力就是啟發我們將自己提升得更高，變得更卓越，這就是為什麼海王星一向和理想主義有關的原因。被海王星觸及的行星，會讓我們在那個行星的表現上帶有理想主義傾向，我們會渴望展現出最高和最精純的境界，但這麼一來，也會使夢想和現實之間的距離變得越來越大。

此外，海王星也會使我們變成烈士或烈女式的犧牲者，所以才會跟損失有關。我們會把被海王星觸及的行星代表的東西送走，這麼一來我們就變成那方面的受害者或烈士了。受害者或烈士都會犧牲自己，但是烈士犧牲自己是為了得到某種榮耀，因為犧牲的背後帶有一種精神上的意義。

被海王星觸及的生命面向或領域，往往不受疆界帶來的限制，就好像在達成期望、夢想和欲望的過程裡不會遇到任何阻礙似的。這一點對理想的實現很有幫助，因為我們若經常意識到物質世界的侷限，就不會有任何理想了。不接受任何限制是有用的，因為這能發展各種可能性，讓我們接觸到神奇的未知。這種傾向也會導致混亂、無政府與隨波逐流的狀態，如果我們沒有什麼疆界或限制，就會對各種經驗保持開放，因此很容易被引誘，也可能會去引誘別人。沒有界限的特質使得海王星發揮了引誘的功能，方式是藉由滲透性來達成。

我們可以想像一幢房子有明顯的內外之分，它有牆、天花板、窗戶和門。假設某間屋子裡的瓦斯漏氣，那麼無論這幢房子封閉得有多好，瓦斯都能滲透到其他房間裡，這似乎就是海王星運作的方式了。海王星也象徵著洩漏，包括洩漏醜聞和秘密之類隱藏在深處的事情，沒有任何東西可以阻擋這股滲透力，或許只有土星象徵的圍牆和疆界能夠帶來一些阻力吧。

被海王星觸及的行星所代表的事物，都可能有洩漏秘密的危險，譬如水海有相位的人很容易洩漏別人的秘辛：他們絕不是你傾吐秘密的最佳對象；有太海相位的人則容易把自他的界限消融掉，於是自己和別人就會彼此滲透。

海王星不但會提升它所觸及的行星，而且會渴望擁有更多由那個行星代表的經驗。海王星象徵的是各種形式的水，所以它所觸及的行星帶有一種渴求的特質。我們會不願意接受事情本來的面貌，而這會使我們覺得不滿足或者不願意接受事物的原狀。舉個例子，太海的相位會讓人害怕變得平凡或世俗，而且渴望變成一個特殊的、擁有更高境界的人。金海的相位會使人渴望愛，得到完美和理想的關係，這類人要不是理想化或美化一個人，就是完全逃避關係，追尋像神一樣的理想對象。

海王星喜歡魅力，因此我們會渴望被它觸及的行星的特質，能夠以最有魅力的方式表現出來。魅力的定義是：「**像魔法一樣，誘人的，令人著迷的……一種能夠蠱惑人的吸引力。**」總括來說，魅力意味著童話世界裡的國王、皇后、王子、公主，或是仙女之類的人物。童話、想像的世界、電視、電影、音樂，這些事情都能使我們遠離恐怖的現實，因此海王星象徵的就是逃避的途徑。但是我們都很清楚，想像出來的世界比提供逃避的途徑，顯然更能帶來啟發性。布魯諾・貝特漢（Bruno Bettelheim）在其著作《魔法的作用》（"The Uses of Enchantment"）中解釋了童話故事為兒童帶來的益處：

孩子需要了解自己的意識裡面發生了什麼事，這樣他才能處理無意識底端的問題。他無法藉由理解力來了解和處理無意識的內容。他只能藉著做白日夢——反芻、重組和幻想出一些適合的故事元素，來對抗無意識裡的壓力。

我懷疑布魯諾・貝特漢描述的不只是孩子和童話，也包括成人以及他們對電視影片和皇室的需求。就像童話一樣，這些媒介也能幫助我們了解什麼是善惡對錯，而且這些媒介很神秘地為我們的人生帶來了意義。我們的夢想令我們和自己的無意識產生了連結，繼而為人生帶來了意義。也許它們以某種方式淨化了我們。

代表媒體的象徵符號當然是海王星。我們自己的皇室也是藉著媒體而成了家喻戶曉的國王與皇后。長久以來我一直在研究所謂的八卦小報為何如此受歡迎，我認為小報裡的新聞給了我們高劑量的海王能量；由於它們提供給我們的故事距離真實生活是如此地遙遠，而且大部分是虛假的，所以才會有這麼高的銷路。海王星藉由去除稜稜角角而令事物變得人工化。八卦小報的故事也許是假的，然而它們就像我們的夢想一樣，是奠基在扭曲的事實上面。我們的白日夢、電視節目和八卦小報全都提供了逃避的途徑，它們以漫畫的方式諷刺我們的真實生活，並且把故事膨脹到完全失真的地步。我們的夢想往往是以非黑即白的方式來表現的，所以能夠使我們立即領會其重點。

海王星除了象徵我們每個人的夢想之外，同時也代表集體的渴望。那些星盤裡有強烈海王星能量的人，特別是跟個人行星形成緊密相位的人，往往能成為集體意象和幻想的表達管道，而且通常會以藝術的形式表現出來。藝術家透過他們的工具和媒介道出了我們心中的渴望，特別是那些星盤裡有同樣海王星位置的世代，尤其容易被打動。

海王星的使命就是為我們指出現實的另一面。或許現實本身也是虛假的，而且沒有任何事與表面看上去的一樣，所以觀察海王特質的時候，也要考量魅力帶來的利益。

冥王星

死亡。轉化。再生。禁忌。生存驅力。執迷傾向。衝動。危機。強暴。偏執狂。

當你選擇死亡的同時，也選擇了埋藏在它底端的另一面。除非我們選擇死亡，否則不可能選擇生命。除非我們對生命說「不」，否則不可能對它說「是」，而且只會被它的集體驅力牽著走。

——詹姆斯・赫爾曼《自殺與靈魂》（James Hillman, "Suicide and the Soul"）

當冥王星和某個行星或四交點形成相位時，似乎會深化和強化與其相關的事物。如果呈現的是困難相位，那麼冥王星的表現方式，就會跟那個行星的表現方式起衝突。冥王星似乎會埋掉或幹掉另一個行星，因此月冥有相位的人往往會埋掉他們的感覺，或者與自己的感覺隔絕，而且持續很長一段時間。

在神話裡，海地斯從冥府冒出來，誘拐並強暴了天真無邪的波西鳳。而波西鳳似乎命中注定要跟海地斯居住在冥府裡，但是一年之中可以有幾段時間和母親狄米特相聚。如同哈登・保羅（Hadyn Paul）在他的《火鳳凰的躍升》（"Phoenix Rising"）這本書中提到的，「**雖然海地斯好像代表邪惡與腐敗的力量，但是也象徵著推動內在轉化的一股力量。**」他繼續說道：

> **對波西鳳而言，成為女人的時刻已經來臨了。雖然她是被迫脫離原來的現實，去經驗一個嶄新的世界，並且做出了重大的改變。從她誕生的那一刻起，就已經注定要面臨這樣的蛻變過程；冥王星在這裡扮演了她的啟蒙者，也是她生命的計時員。冥王星帶來的經驗對成長是不可或缺的，其中包含著一種方程式，暗示著我們必須被無意識裡的某種東西穿透，才能得到啟蒙和洞見，帶來完整的自我揭露與整合。波西鳳從被強暴這件事的陰影裡面走出來，變成了一個更成熟更有覺知的女性。她原先天真無邪的特質已經不見了，現在她是從再生與整合的層次去迎接她的母親。當她再度回到冥王的國度時，她的成長仍然會繼續下去，因為真正的啟蒙是無止境的；它有一個明顯的開端，卻沒有結束的時刻。**

當某個行星觸及我們的冥王星時，我們會覺得那個行星代表的事物與某種骯髒醜陋的感覺有關，而且真的可能遭到侵犯、強暴或是褻瀆的命運；這種事也可能會在未來發生。我們會在冥王星觸及的行星所代表的領域裡產生一種被迫害的感覺，至少合相或困難相位會造成這一類的經驗。舉個例子，月冥有相位的人會覺得他們的情感遭到了侵犯、褻瀆或踐踏，因此非常害怕這種情況會再出現；太冥有相位的人則會覺得自己的身分曾經被奪走，或是將來可能被奪走；金冥或是火冥有相位的人則可能有過被強姦或是被暴力侵犯的經驗。

被冥王星觸及的行星所代表的領域，往往令我們無法以輕鬆的態度面對。藉由和冥王星的連結，我們才能瞥見冥府的真實情況，也就是集體無意識或個人無意識底端的醜陋面向。瞥見這樣的狀態當然不會太愉快，但卻能轉化或是深化我們對生命的了解。冥王星觸及的行星會帶來一種被剝削的感覺，而且會被埋藏得很深，直到某些行星推進時才會再度浮現出來。在它還沒有浮現，尚未有機會將其統合到整個意識裡面之前，往往會有非常深的恐懼和一股強烈的衝動，想要把與這個行星相關的事物排除於外。某種程度上我們似乎知道自己會被強暴，而且隱約地記得曾經發生過這類事，所以竭力不讓它在未來發生。無論冥王星落在哪個位置，都會令我們緊閉門窗。

海地斯在神話裡代表的是一股看不見的力量，使它有這種隱形能力的就是祂頭上的鋼盔。冥王星的字源帶有「財富」的意思，也代表埋藏起來的寶物。或許被冥王星觸及的行星代表的寶藏，就是對事物的深刻了解。我們很容易把冥府想像成一個黑暗的地方，因為看不見的東西自然會令我們害怕。埋在地底下的東西往往隱藏著最大的力量，因此無法被意識到的人格面向，的確有可能是最危險的，不過這裡面也埋藏著一些珍寶，而這就是進入冥王的領域所能得到的報償。在神話裡，冥府並不是一個很糟糕的地方，起碼海地斯很享受那裡的生活，而且只會偶爾出來一下。在其他的神話裡，冥府則是一個退隱的地方而非地獄。同時它也代表執行正義法則的場所，因為那裡的每一個靈魂都得接受因果的報應。

被冥王星觸及的行星有一段時間會在「過渡地帶」活動（過渡地帶指的是天堂與地獄之間的中間地帶，尤其是那些沒有受洗過的靈魂）。冥王星被發現也有一段過渡期：波瑟沃・羅維爾（Percival Lowell）及其他學者都認為一九一五年冥王星就被發現了，但是十五年之後的一九三〇年，它才被正式定義和確認，而且是由不同的人發現的（克勞德・湯博 Claude Tombaugh）。星盤裡的冥王星也是以這種方式在運作著；某些秘密被隱藏多年之後才浮出表面。

冥王星不但象徵著隱藏的事物和秘密，同時也跟揭露和浮出表面有關。地鼠總會找個時間冒出頭來透氣，而冥王星象徵著的心理議題也會逐漸被我們看到。它們被埋得越深，被看見的時間就越晚；我們越是努力掩蓋這些問題，它們帶來的摧毀力量就越大，但是自我轉化的潛力也越大。冥王星的關鍵詞就是轉化、死亡與再生。像我這樣的占星師運用這類字眼，就像是早餐吃麥片那麼稀鬆平常。這些字都非常的精確，但是因為被用得太氾濫了，所以已經喪失了原意。其實關鍵詞並不能幫助我們深刻地了解冥王星的意義，因為這個行星必須透過親身體驗才能徹底地認識。冥王星象徵的心理議題的廣度和深度是無法言喻的。

以我的經驗來看，肉體的死亡仍然與土星有關，但是當我們的親人死亡的時候，冥王星的能量通常也一定相當活躍，因為死者能夠為生者帶來深切的轉化。死亡當然不僅只是肉體的毀壞，任何一個重大的蛻變和轉化經驗，也會帶來心理上的死亡。把一些不恰當的價值觀、態度或觀念掃蕩掉，讓我們從某種狀態轉化到另一種，才是冥王星真正關注的死亡形式。

史蒂芬・阿若優把冥王星和「禁忌」連結在一起。禁忌這個概念是由已故的占星家理查・艾德曼（Richard Ideman）所提出的，我發現從禁忌的概念來了解冥王星是最容易和最有效的方式。禁忌的定義如下：

——把某個東西分隔出來，只用在特定的目的上；只能被神、國王或神職人員使用的東西，一般人沒有資格接觸。

——暫時或是永遠禁止與特定的行為、食物或人接觸。

——讓某個東西變成一種禁忌：把某個東西置於一個神聖的地方，或是讓它變成有特殊用途的東西，然後不准將其用在平常的用途上。

因此冥王星帶著一種強烈的「禁果」特質。禁忌這個字保有一種神聖性，是很有趣的一件事，因為冥王星帶來的議題不可能隨便地在櫥窗裡看到。冥王星的某個部分之所以很難被了解，是因為人們鮮少談及和冥王星有關的議題。本命盤顯示出來的冥王議題，必須經過長時間的心理治療才會浮上檯面，所以不是一次占星諮商就能解決的，雖然人們還是經常把冥王星推進時造成的問題，拿來和占星諮商師探討。人生中的重大轉化經驗都有其神聖的一面；我們只會拿它和自己真正信賴的人分享。

被某個文化或某段歷史視為神聖或禁忌的議題，不一定是另一個文化或時段裡的禁忌。基於此，我們不妨把冥王星和集體陰影層聯想在一起，這類問題不是我們自己的文化所獨有的。被冥王星觸及的行星會迫使我們認清其禁忌本質，而這些禁忌不但是個人性的，也往往是整個文化都排斥的東西——透過與冥王星形成相位的行星，我們會發現這個事實。有時這意味著我們會被整個社會排擠，或者我們自認為如此，而這就是為何需要掩蓋冥王議題的原因。

被冥王星觸及的部分也帶有守密的意思，譬如有太冥相位的人會守住自我的秘密；有金冥相位的人可能會有秘密戀情，或是有藏在某處的金錢；有火冥相位的人則有性方面的秘密。秘密指的是自己才知道的事；含藏秘密成分的事物，通常比沒有秘密的更具有力量——任何一個被隱藏起來、看不見、未知或是無法知道的事情，無可避免地都比公開的事物要有力量。那些無法探測到秘密領域裡的人會害怕那個領域裡面的東西，但是守密並不是為了傷害別人，通常是為了自保和生存下去。

因此，冥王星一向關注生存議題。如果我們有行星和冥王星連結在一起，會非常渴望那個行星代表的事物能夠存留下去（至少得存留一些能幹掉自己的精力），而且我們會認為別人很想奪走這個部分，因為冥王星帶有一種偏執傾向。被冥王星觸及的行星會帶給我們極大的力量，也可能帶來非常強烈的無力感，至於我們會怎麼去運用那股力量，則因人而異。這股力量可以用在最具有摧毀性的目的上面，也可以用在有益的事情上。

現在讓我們再回到禁忌的議題。在我們的文化裡，盛怒、暴力，以及任何一種本能的、原始的或是不文明的感覺，都帶有禁忌的成分；死亡和性也是如此。強暴或是被暴力所迫，也都是禁忌式的經驗。冥王星顯然不會以客氣的方式對待任何人。由於冥王星關注的是生死攸關的議題和危機，所以也不應該太客氣。

我最喜歡的有關冥王星的著作，與占星學沒有絲毫關係，那就是前文提到過的詹姆斯・赫爾曼的《自殺與靈魂》。這本書談論的是死亡、自殺與靈魂的蛻變。赫爾曼在他的書中推測，自殺的衝動其實是渴望急遽的蛻變，他說：「**自殺並不像醫學所說的，是一種提早出現的死亡；其實是把應該轉化的時間延遲所產生的反應**。」被冥王星觸及的行星會讓我們有一種感覺，好像那個行星代表的面向企圖自殺似的，也好像在以某種急遽的轉變方式來暗中攻擊自己。就像海地斯的父親克羅諾斯一樣，冥王星也會造成反應上面的延遲和無法抵擋的蛻變。

如同赫爾曼所說的，蛻變通常會在絕望的那一刻發生。當冥王星推進與星盤裡的某些行星形成相位時，就會啟動內在的這種轉變。只有當我們跌落到谷底，失去一切希望的時候，轉化才會發生，也就是所謂的死亡和再生。被冥王星觸及的行星帶有一種傾向，它們會階段性地墜落到最底層，而且會階段性地處在過渡期的狀態。

冥王星的相位可能是最難以了解的，但若是深入地探索，往往會有豐富的發現。如同赫爾曼所言：「**死亡經驗可以幫助我們脫離集體意識的洪流，去發現屬於自己的特質**。」

第二章
相位的計算與星盤的劃分

（新手可以採用的方式）

根據《牛津英文字典》的解釋，「相位」意指：「一種觀察或思考事物的方式。一個面向。」

「相位」這個字首先被啟用似乎就是在占星學上。占星家通常用相位來代表行星之間的角度關係，方式是計算黃道上行星之間的經度。由於我們是從地球的角度來觀察行星的，所以太陽和月亮之間也會形成相位。

從技術上來看，星盤裡所有的行星和交點彼此之間都有相位關係，這就像是有一打以上的人坐在一張橢圓形的大桌子周圍，裡面的每個人都可以看到其他的人，而且每個人的角度都不一樣。然而行星或是星盤裡其他被關注的焦點，並不像這些坐在桌子旁邊的人，因為它們是可以移動的，所以形成的角度一直在改變。換句話說，隨著行星的移動，相位不斷地在形成，也不斷地在消失，因此星盤只是一張把某個時辰凝結住的生命地圖。

有一個重點我們必須記住，那就是每個行星與其他的行星其實都形成了一些角度，但整個情況就像有一群人聚在一起吃晚餐，坐在某些位置的人似乎比較容易彼此交談（譬如面對面坐著的人），因此身為占星師的我們已經習慣於重視這類相位，譬如合相、對分相、四分相、三分相以及六分相。直到近年來大家才比較清楚，其實半四分相和八分之三相也同樣很重要。約翰·艾迪（John Addey，英國占星學家）和大衛·罕布林（David Hamblin）及其他的占星學者，都曾主張把星盤的圓圖劃分成五、七、九甚至更高數字的等分，也可能帶來相當重要的資訊。除了與五分相有關的相位之外，本書在相位上的討論，比較集中在大家經常談到的幾個，尤其是跟二或三個等分相關的相位。

在過往一些艱辛的時代裡，相位的本質往往被描述成好或壞、有利或有害。但是從現代化的觀點來看，這樣的詮釋方式似乎太簡化，甚至是完全荒謬的，更不用說那些被劃分成對分相、四分相、半四分相和八分之三相的相位，也就是所謂的困難或挑戰相位，相較於其他通常被描述成柔和或輕鬆相位的三分相和六分相位，在諮商時其實帶來了更有用的訊息。

此外還有合相，這或許是最重要的相位了。合相指的是兩個行星座落在相似的位置上，而且非常接近。

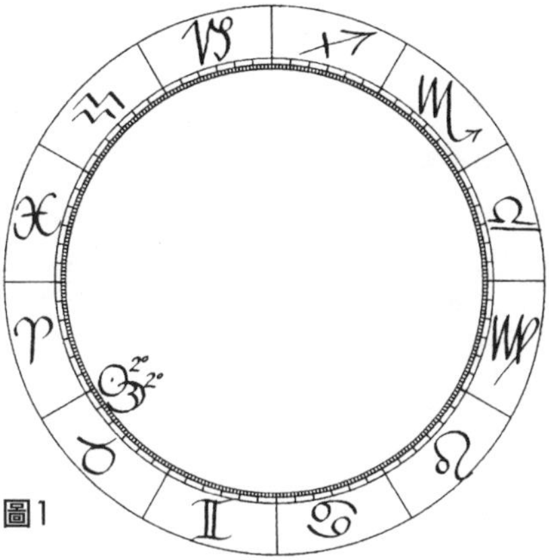

圖1

合相(The Conjunction):
合相如同左圖所顯示的，太陽和月亮都落在黃道上的相同位置：2度的金牛座。

困難相位——對分相、四分相、半四分相及八分之三相

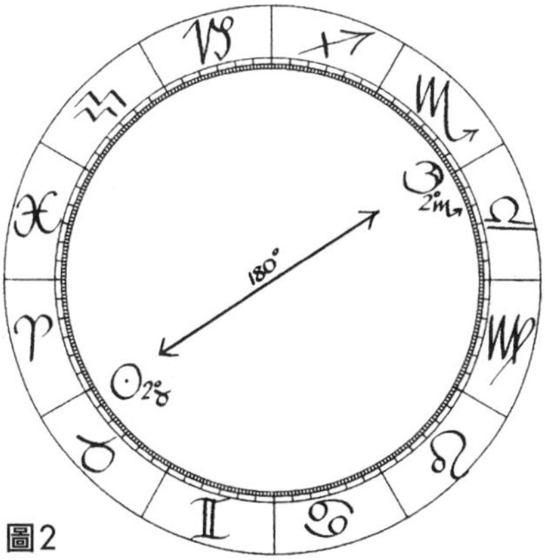

圖2

對分相(The Opposition):
對分相指的是相互對立的兩個行星，就像圖中的太陽是落在2度的金牛座，月亮是落在2度的天蠍座。這個圓圖被劃分成兩個部分，因此太陽和月亮的距離是六個星座或180度。

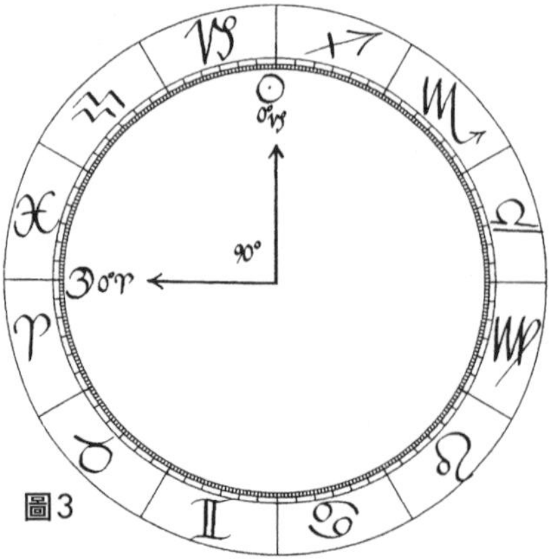
圖3

四分相（The Square）：

圖中的太陽是落在摩羯座0度，與落在牡羊座0度的月亮形成90度角，或者距離三個星座之遠，亦即這整個圓圖被劃分成四個等分。

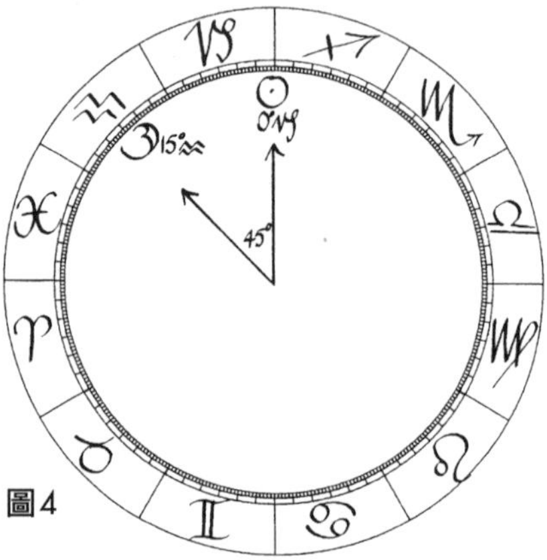
圖4

半四分相（The Semi-Square）：

圖中的太陽是落在摩羯座0度，與落在寶瓶座15度的月亮距離45度，也就是90度角或四分相的一半，亦即成半四分相。

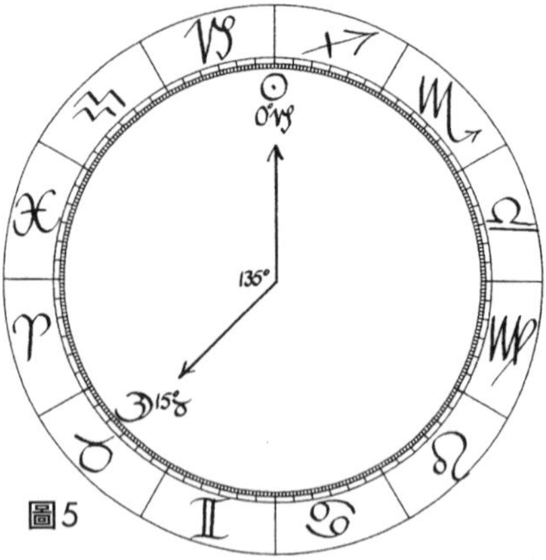
圖5

八分之三相（The Sesquiquadrate）：

圖中的太陽是落在摩羯座0度，與落在金牛座15度的月亮，距離135度。我們可以把這個相位看成是四分相（90度）加上半四分相（45度）所形成的八分之三相（135度）。因此半四分相和八分之三相都是把圓圖劃分成八個等分。

柔和相位——三分相和六分相

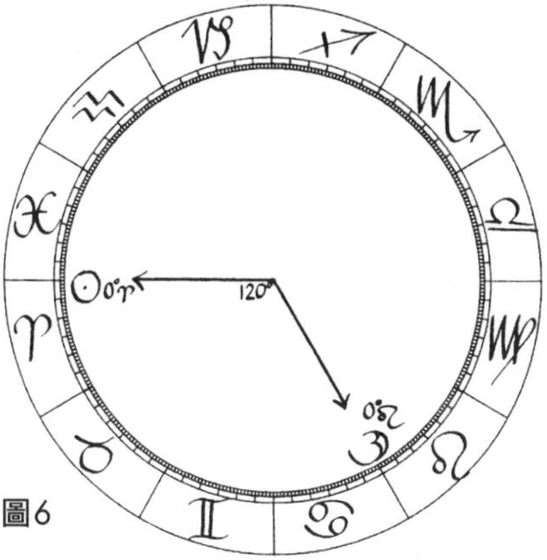

圖6

三分相（The Trine）：
圖中的太陽是落在牡羊座0度，和落在獅子座0度的月亮成120度角，也就是把圓圈劃分為三個等分，距離四個星座，形成一個正三角形的三分相。

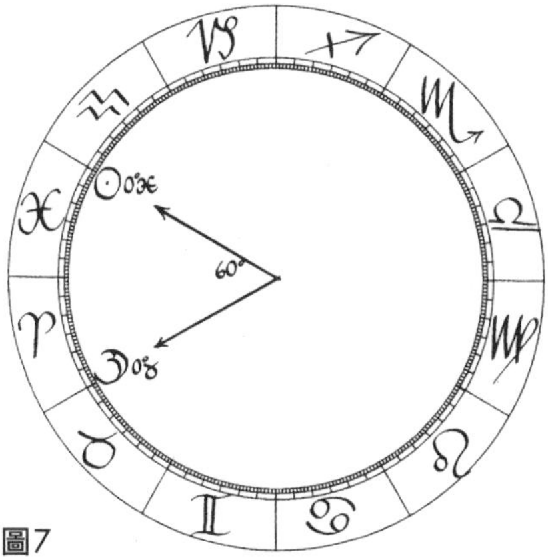

圖7

六分相（The Sextile）：
圖中的太陽和月亮距離兩個星座或60度之遠，把圓圖劃分成六個等分，形成了六分相。

其他相位——

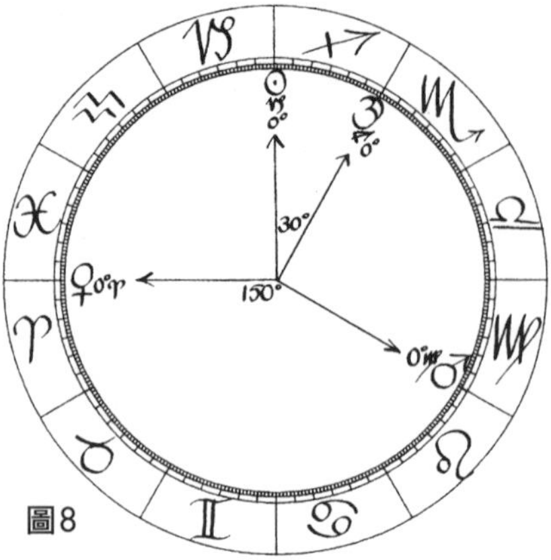

圖8

十二分之五相及半六分相(The Quincunx and Semi-Sextile):
圖中金星與火星的距離是150度，正好是五個星座之遠，因此形成了十二分之五相。此外，當太陽和月亮剛好距離一個星座或30度時，形成的就是半六分相。

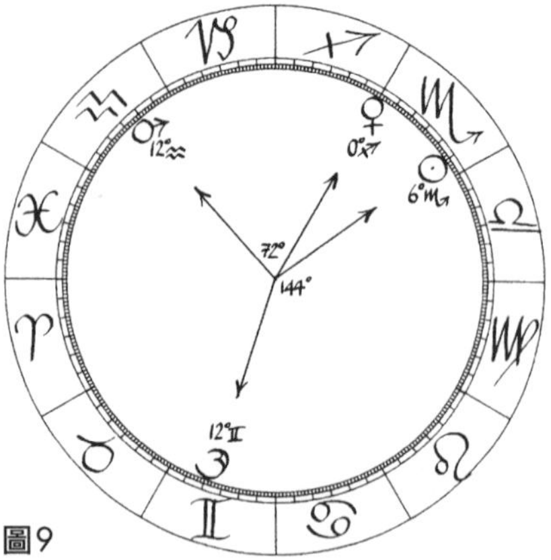

圖9

五分相系列(The Quintile Series):
五分相就是把圓圖劃分成五等分。圖中的金星是落在射手座0度，與落在寶瓶座12度的火星距離72度，形成了一個正五分相。如果太陽和月亮距離144度，就形成了雙重五分相。此外，36度角(72度角的一半)也應該納入五分相的系列。

找出相位

算出行星之間距離的度數，是找出相位最保險也是最辛苦的方式。通常學生得徹底了解以下的詮釋後，才有能力做到這點：

——黃道上有十二個星座。

——每一個星座的經度都是30度。

——每一度有60分。

——相位指的是行星與行星之間較短的距離。

所謂的「容許度」（orb）指的是在多少度之內才算是正向位；也就是我們可以稱之為相位的影響範圍。舉個例子，某個行星是落在雙子座14度，距離落在處女座18度的另一個行星，有94度之遠。雖然我們都知道正四分相的距離是90度，但是這裡的94度，仍然應該當成四分相來看。

我們在別處會談到容許度的問題，為了便於說明，先將下面的相位容許度列出來：合相、對分相、四分相、三分相的容許度是8度；六分相的容許度是4度；其他相位的容許度都是2度。

重要相位表

代表符號	相位	角度	相隔星座數	容許範圍角度
☌	合相	0	0	8
⚺	半六分相	30	1	28~32
∠	半四分相	45		43~45
⚹	六分相	60	2	56~64
Q	五分相	72		70~72
□	四分相	90	3	82~98
△	三分相	120	4	112~128
⚼	八分之三相	135		133~137
BQ	雙重五分相	144		142~146
⚻	十二分之五相	150	5	148~152
☍	對分相	180	6	172~188

圖10

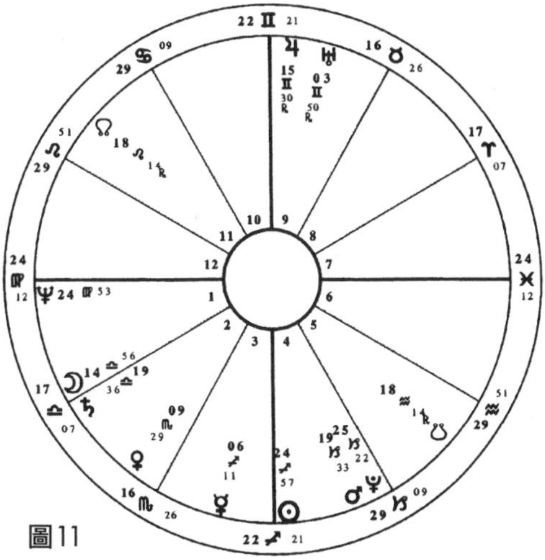

圖11

珍・奧斯汀（Jane Austen）星盤資料：
1775年12月16日，晚上11:45 LMT,
Steventon,England,51N05 1W20

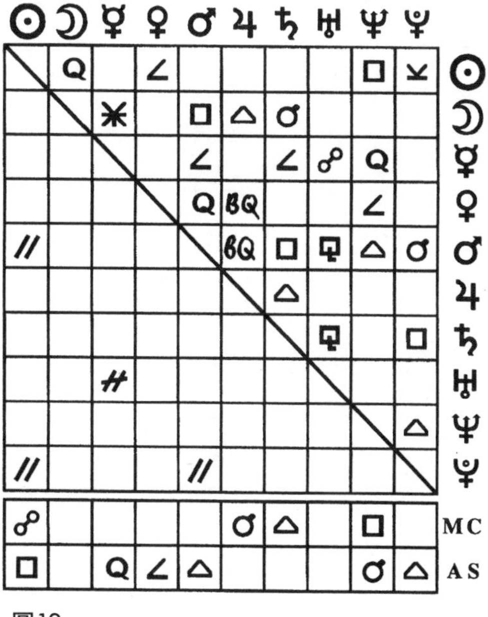

圖12

在珍・奧斯汀的星盤裡，太陽是落在射手座25度（我們可以將24度57分視為25度），月亮是落在天秤座15度，因此這兩個行星的距離是70度。從上頁的「重要相位表」我們可以看出太陽和月亮形成的是五分相。此外，太陽和水星的距離是19度，所以它們之間沒有任何相位。

我們可以用同樣的方式，來觀察圖十二的行星互動關係。

當我們熟悉了元素和模式的內容之後，就會更容易找出相位，也就是要徹底認識哪些星座的模式是創始的、固定的或是變動的，以及它們是屬於地、水、火、風的哪一個元素。要記住創始星座之間形成的是四分相與對分相；固定星座之間形成的是四分相與對分相；變動星座也是同樣的情況。此外，火元素與水元素及土元素形成的是四分相，但是與風元素形成的則是對分相；水元素與火元素及風元素形成的是四分相，但是與土元素的相位是對分相。另外火元素與風元素的相位是六分相，土元素與水元素也是六分相。屬於同樣元素的星座彼此都是形成三分相。

因此，落在不同的創始星座上的兩個行星形成的通常是四分相或是對分相；落在不同的風象星座上面的行星則通常會形成三分相。我用「通常」這兩個字是因為仍然有例外，所謂的例外多半指的是無關聯性相位，而無關聯性相位往往與原先的模式或元素的準則有出入。舉個例子：獅子座27度和摩羯座1度形成的相位，星座之間的距離是124度，所以仍然算是形成了三分相，但是火元素與土元素通常不會形成三分相，因此性質並不相稱。同樣地，我們也可以舉出一個四分相的無關連性相位，例如天秤座27度和寶瓶座2度的相位；雖然它們

	火元素	土元素	風元素	水元素
創始星座	牡羊座	摩羯座	天秤座	巨蟹座
固定星座	獅子座	金牛座	寶瓶座	天蠍座
變動星座	射手座	處女座	雙子座	雙魚座

都是風象星座，距離卻是95度。

無關聯性相位只可能發生在行星、四交點或其他星體落在星座的開端或尾端的情況，譬如下圖中土星和天王星的相位。

在找出相位時請不要忽略無關聯性相位，而進行詮釋時，我們可以說無關聯性的四分相比一般的四分相要輕鬆一些，無關聯性的三分相則比一般的三分相有動力一些。任何一種無關聯性相位都需要小心仔細地加以詮釋。

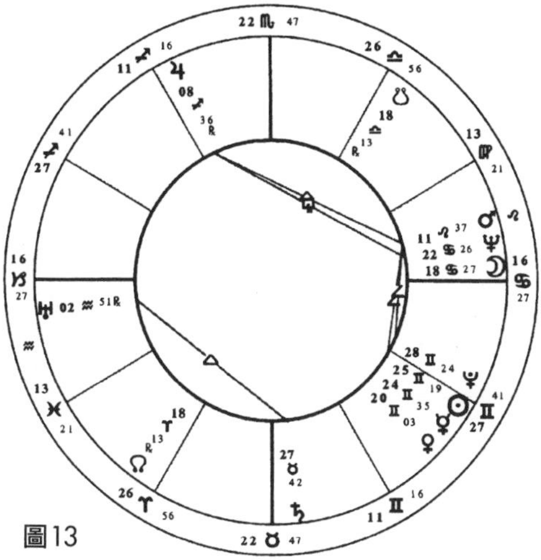

圖13

伊諾克・鮑威爾（Enoch Powell）的星盤資料：
1912年6月16日，晚上9:50 GMT,
Stetchford,England, 52N29 1W54

第三章 相位的意義

合相：

過去的占星家認為兩個行星只有落在同樣的星座上面，才能算是合相。今日的占星家把容許度放大到8或10度，因此合相可能會「跨」兩個星座。這是因為某些占星家認為合相的影響力太大，所以應該把容許度放大。

約翰・艾迪和查理士・哈威（Charles Harvey）都建議，相位的意義有某部分是來自於星盤被劃分的等分數字——換句話說，三百六十度的圓圖必須被劃分成某些等分，才可能形成某些相位。

以合相來看，圓周並沒有被劃分成任何等分，因此這個相位和「一」這個數字有關，也就是帶有「合一」的概念。我們可以說「一」就是合相的核心意義，因為這兩股行星的能量是融合在一起的。如同所有的相位一樣，越是接近正相位的合相，其影響力越強。正相位就像是兩個鈴鐺同時被敲響，你很難區分它們發出的聲音，同樣的，成合相的行星也很難看見彼此。如果兩個行星形成的是正合相，那麼有此相位的人會覺得這兩個行星是同一個；別人或許還能分辨出兩者有不同的特質，但個案本身卻覺得它們是同一股能量。

舉個例子，如果某人的太陽與水星成合相，就會強烈地認同所謂的「理性」。他們會完全認同自己的觀念、意見以及說出來的話。一個沒有這類相位的人，很容易發現自己的觀念、思想和意見並不是他這個人本身；亦即他的思想和話語只是整體人格的一部分，並不必然能代表他這個人。

因此合相帶有一種相當主觀的特質，擁有這個相位的人往往無法意識到它勢不可擋的力量。有時這個相位的特質無法被看清楚，是因為你會假設每個人都是以同樣的方式建構成的，所以你不帶有自己的個人特質。尤其是太月合相的人，很容易受這種主觀能量的影響，因為涉及到太陽的合相一向會影響一個人的身分認同。

一般而言，合相就像是臉上長了胎記，只有在照鏡子的時候才會看見它（特別是涉及到太陽和月亮的合相）。我們雖然可以感覺臉上有胎記，但是因為無法直接看到它，所以很難描述它，因此我們需要一面鏡子來看見自己的真相。只要一開始想到鏡子或是其他人，我們就會跨出自我中心、談論到其他的人，也就是談論關係、他者或是對分相位。

當太陽與月亮合相的時候，亦即所謂的新月時分，你其實是無法看到月亮的；這已經說明了合相帶有一種「盲點」的意思。

那些星盤裡有許多合相的人，往往有一種自動自發和自主的特質，他們不會向外尋找自我的定義，或是靠著外界來確認自己的身分，因此比較沒有自我懷疑的傾向。這就好像他們不必藉由鏡子來看自己似的，顯然這也代表他們很難透過與別人的互動來認清自己。你可以想像如果一位畫家在畫自畫像的時候，從未照過鏡子或是看過自己的照片，會是什麼情況。我想這種畫家畫出來的自己，一定跟真實的狀態不大一樣。簡而言之，合相會帶來非常主觀的傾向，而鏡子或照片都能使它變得客觀一些。

我發現新月人很少尋求占星師或心理治療師的協助。他們對自己的方向或目標十分清楚，但是也可能認知不夠周全，因為只有透過與他人互動，我們才能完整地認識自己，變成一個更圓融的人，也更能意識自己和整個社會的複雜面向。

合相很容易找出來，由於能量都集中在一個小小的區域裡，所以它一向是觀察星盤的重點，特別是涉及到個人行星的話。合相就像一幢房子裡的壁爐一樣，會立即成為注意力的焦點。合相不帶有好或壞、輕鬆或困難的成分；它就只是在那裡罷了。至於這兩個行星相處的情況如何，就要看它們是否能融合在一起了。譬如月亮和金星合相，就不容易改變原先的柔順特質。月亮如果合相土星，感覺上當然不會很舒服，因為此人的滋養能力和自發的情緒反應（月亮），會被謹慎、自制、恐懼、責任、義務和掌控的能量影響（土星）。

由於能量融合帶來的效應，所以成合相的行星，特別是有好幾個合相的情況，會變得很難詮釋，必須做仔細的綜合性研判。通常外行星對內行星的影響是比較強烈的。由於合相大部分都會連結到星盤的其他行星或交點，所以必須仔細地考量。

如果有三或三個以上的行星形成合相，而且是在8度之內，便是所謂的「星群」了。星群當然會強化合相代表的特質，因此星群顯然是一張星盤裡非常重要或是應該關注的焦點，但由於星群的能量是連結在一起的，所以詮釋會變得相當困難。有個說法是，星群可能會變成個案的盲點；他會很難意識到自己在相關領域裡的態度有多麼偏頗。由於我們必須找到詮釋星群的方式，所以不妨將其中最強勢或最顯著的行星先獨立出來。

以前文提到的伊諾克・鮑威爾（Enoch Powell，英國政治家）的星盤為例（詳65頁），我們可以先把水星和冥王星獨立出來，因為它們是這組星群裡面的關鍵點；水星是這一組行星所落入的雙子座的主宰行星，而水星又落在它自己的星座上，而冥王星之所以重要，是因為它的能量是最沉重的。這組星群代表鮑威爾是一位強勢的溝通者，很喜歡談論一些禁忌議題，更是集體陰影層的代言人。此人認同（太陽）的是理性邏輯（落在雙子座，水星被極度強化），非常重視知識，而且熱愛（金星）語言，可能把語言看成是美好的東西；但是他也可能執迷（冥王星）於概念（水星），習慣以強勢的態度來溝通。我們可以像這樣一直詮釋下去，希望讀者從其中能得到一些概念。

在這個例子裡，星群是落在五宮裡，但是其主宰行星影響了整張星盤——至少會影響到由太陽、水星、金星或冥王星主宰的宮位。心理學家可能會把這種情況描述成「情意結」（complex）。如果我們把這些宮位裡的任何一個行星及其相位也納入考量的話，就可以把這組星群視為鮑威爾整個生命的關鍵所在。

伊諾克・鮑威爾是一位英國著名的議員，他的一些帶有種族歧視色彩的激烈言論，老一輩的人都很熟悉，他的意見都是以非常強勢的方式表達出來的。他可以說是一位知識份子，但是有點過度強調理性思維，而且學術味濃厚的言論顯得相當枯燥。他能夠說八種語言，包括一些早已死掉（冥王星）的語言，例如希臘文和拉丁文。戰爭期間他曾經在情報單位服務過，這也反映出了水冥相位對秘密資訊的掌握能力。從某次的公開訪談中我們可以得知，他最舒服的示愛方式就是寫詩。他喜歡的是華格納之類有力量的音樂（金冥相位）。

對分相

對分相就是把圓圖分成兩個等分。當我們開始思考「二」這個數字時，立即進入了二元對立的領域。這種哲學觀點不但是占星學的基礎，也是所有的哲學、心理學和玄學的基石。我們的存在就是奠基於二元對立的法則，譬如我與非我、陰與陽、光明與黑暗、男人與女人、意識與無意識、內與外、上與下等。有趣的是，所有對立的事物其實都很相似。

英國的小孩都知道傑克・史布萊特（Jack Sprat）不吃肥肉，而他的太太不吃瘦肉（此為一首著名英國童謠歌詞）。如同這對夫婦一樣，星盤裡的對分相渴望的也是反向的東西，但反向的東西與正向的東西其實是息息相關的。我們所經驗到的對分相，就像我們的內在既有傑克又有他的太太似的，這兩者所渴望的好像都是對方擁有的東西。

另外有一個比較貼切的比喻是：當我們正站在屋子的中央，而前門和後門的鈴聲同時響起，那麼我們到底應該去開哪一邊的門呢？顯然我們不可能同時出現在兩個地方。處理對分相的秘訣就在於覺知及善用兩個面向。重點是，雖然我們無法同時照顧到前門及後門，但仍然可以按順序來回應它們，否則我們就會讓那位陌生人站在緊閉的門外，而喪失了一次重要的晤面。就算這個陌生人是我們的敵人好了，但是忽略敵人也無法使他離開，反倒會強化他進入屋內的決心。

我們只有意識到對立的一面時，才能覺知到自己的這一面，而對立的那一面可能會有一段時間被阻擋在密閉的門外。所以通常能符合自我形象的那個行星，是我們比較樂意接納的，被我們排斥的那行星，則往往是比較「沉重」的，或是社會不太能接納的面向。當然這並不是一成不變的法則，因為情況會隨著一個人的性別和文化背景而產生不同的變化。生活在西方世界的人比較能接受月亮和金星的特質，而不太願意承認火星或是土星的特質。

或許我們會排斥某一股能量，但是我們的靈魂要求的是完整性，因此會讓那個被排斥的行星能量以某種方式侵擾我們的生活，它侵擾的程度就像我們排斥它的程度一樣。如此一來，我們就會跟這股看似陌生的能量相遇，而且是透過某個人、團體或事物看到的。我們會成為對方的「受害者」，此即所謂的「投射作用」。

每一回當我們在外面遇見自己所排斥的行星能量時，我們就被賦予了認識它和擁有它的機會。我們會一再地與它相遇，直到我們發展出對它的覺知為止。這種情況並不是不公平或是很糟糕，因為我們必須活出生命本質的所有面向，才能變得完整。如果只活出其中的一面，就等於只用了一半的能量。

顯然不是只有成對分相的行星才會遭到我們排斥，而且我們也不需要把它們看成是負向的。正如在談戀愛的時候，我們其實不可避免地會跟愛人星盤裡的某個相位的能量相遇。同樣地，當愛情幻滅時，代表我們已經把投射出去的那股行星能量拾回來了。

讓我們再回到剛才說過的，對分相的星座特質雖然是對立的，但是也有互補的作用，就像政治上的反對黨彼此監督，不讓對方發展得太過分。更有趣的是，反對黨往往會促使另外一個黨走得更極端，因此右翼會變得更右傾，左翼會變得更左傾。如果我們認為每一個黨都能夠把對立的黨，看成是平衡自己的另外一方，那我們就太天真了。雖然如此，當兩個黨勢均力敵的時候，仍然會在做決定時考量到對方的狀態。

從東方哲學的觀點來看，光明可以詮釋成「黑暗」的消失，而黑暗則可以詮釋成缺少亮光。如果從這個角度來看對分相，也許能帶來比較正向的態度。在我們的文化裡，對立的一面通常會被看成敵人，而且必須竭盡所能地壓制。有一些嘲諷主義的觀察家發現，衝突越極端，雙方的相似度越高！這就像是朝著東面的方向去旅行，最終我們會發現自己又回到了原點，也就是西面的起點。

對分相的元素通常是相稱的，它們彼此可以相處。譬如風象星座與火象星座是對立的，但風是唯一不能滅火的元素。事實上，缺少了風，根本無法生火。儘管如此，當我們考量「相稱」這個字的意義時，也必須想像一下風如何使一根火柴的火變成了森林大火，這樣我們就會很清楚對分相為何素有極端主義的聲名了。風元素雖然與火元素相稱，但這只站在火元素的立場詮釋的結果！

同樣的，土元素也跟水元素是對立的，它們不但可以快樂地合作，而且非常需要對方。土需要水來變得肥沃；但是太多的水卻會淹沒土，太少的水則會使它荒蕪。對立的星座需要彼此來達成最高的功效，不過首先得學會妥協、適應以及施與受的藝術……，這也是讓關係持久的條件。所以對分相與其他的困難相位最大的不同，就在於對分相通常會顯現在關係的領域裡。如果一個人的星盤佈滿了對分相，很容易形成擺盪到兩端的極端行為，也可能很難下決定，而變得凡事都想要與人商量，無法自己採取行動。

對分相會促進覺知；它們的存在就是為了讓我們透過關係來發展覺知力。可是太敏銳地覺知到對立的兩面，也可能使我們變成網球賽中的觀眾，不停地來回觀察著。一直留意到事情的兩面，會使我們完全朝著一個特定的方向發展，但是也可能制止我們走得太極端，或者導致我們不採取任何立場；我們可能會一直站在中間的位置。有時這會是最能覺知整個情況的位置，然而一直坐在圍籬上觀望，也是很辛苦很不舒服的狀態。

基本上，我們必須以整合的方式來運用對立相的能量。某種程度的左右擺盪或許是無法避免的，而且也不是很糟糕的事，因為這樣我們才能看到自己的另外一面，變成一個更圓融，更有洞見和深度的人。在最佳的情況下，對分相不但能使我們透過自己的矛盾性來發展更完整的覺知，同時也能透過人生所有遭遇之中的矛盾性，來發展出完整的欣賞和接納的能力。

相位的目的就是要增強覺知和注意力，一旦擁有了完整的覺知，我們就可以與人分享自己的洞見。對分相是特別重視關係的相位，這不但為其帶來了製造問題的戰場，也帶來了獲得最大成長的舞台。

三分相

兩個行星如果成120度角，把三百六十度的圓圖畫分成三個等分，就形成了三分相。傳統認為三分相這個最主要的柔和相位，是星盤裡最輕鬆有利的要素。這裡所謂的輕鬆有利，指的是行星或交點之間的相處很容易，能量互動得很和諧。通常這兩個行星都是落在相同的元素上面，它們的發展方向也許不同，卻不會彼此阻擾；它們會相互支持。因此三分相涉及的行星，能夠道出我們在何種事物上會顯現流暢自在的特質，就好像做這類事是與生俱來的能力，而且有一種享受的感覺。因此在某種程度上，三分相代表的是天生俱足的才華，使我們感覺愉悅和享受的事物，也有一種精神上的提振效果。

因此我們可以說三分相代表的是我們的動機，它會使我們追求享受和快樂，也帶著一種「存在」而非「做為」的特質。當我們還年輕的時候，很自然會渴望過輕鬆舒服的日子，也許上半生應該努力完成一些事情，這樣下半生就能過得舒服一點。隨著年紀的增長，我們會發現自己越來越不在乎輕鬆與否的問題，反而會傾向於存在、反思、安住，甚至會渴望與「神」

連結（不論你認為神代表什麼）；心理學家也許會將其詮釋成渴望與內在的核心本質連結。最後的這種說法，會使我們聯想到三分相是把圓圖劃分成三個等分，在基督教的傳統裡，「三」這個數字象徵的就是聖父、聖子與聖靈的三位一體本質。

當我們談到四分相的時候，才會明白緊張的能量是成長和存在最重要也最有價值的驅力。當然太緊張的能量也會造成壓力，損害到我們身心靈各個層面的福祉。因此星盤裡的三分相所帶來的輕鬆感覺是有治療功效的。困難相位帶來的壓力則會剝奪我們的能源，耗掉我們電池的能量。三分相使我們藉由做自己喜歡的事來充電，所以它可以說是最少阻力的相位。人們會透過各式各樣的活動來放鬆自己，學習放下執著，這些活動就是由三分相所代表的。

困難相位則使我們覺得沒有任何事是夠好的，所以會造成挫敗感以及快要被壓垮的感覺，但三分相能夠幫助我們接納自己以及自己的成就，即使這些成就搆不上我們的期望。多年來我藉著去看骨科醫師而了解了三分相的治療本質。我因為背痛而去看了好幾位整脊醫師，我接受的是扳來扳去以矯正脊椎的方法。每做完一次治療，我就可以維持一段時間不痛，但是卻無法產生長遠的療效。後來我發現了一位顱骨整治專家，他的手法細膩到我幾乎無法感覺什麼。總之，他把我的背治好了。重點是，這種治療方法只是讓我們的背脊自然地回歸到它原來的位置。這位大夫運用的就是三分相的能量，而以往的那些整脊醫師都是用強迫式的手法在治療。

大部分的心理治療師採用的也是三分相的治療方式，有時也會選擇用挑戰或驅迫的方式來治療病人（在這種時刻他們就是在使用四分相的能量）。理想上，治療師應該創造出一種溫暖的氛圍來促進療效，藉著治療師的支持、包容以及最重要的接納，個案就能逐漸接納自己，也比較能處理內在的衝突，面對困難相位帶來的議題時也顯得比較成熟圓融。因此三分相會促成接納和輕鬆的態度，但不一定能帶來與和諧相位有關的幸運、利益，或是其他的正向狀態。輕鬆和快樂的能量固然能治療我們，但未必能帶來成長。反之，四分相或是困難相位也未必會帶來壞消息。好或壞都是觀察者的主觀感受，並且得視情況而定。

行星的元素能量若是能自然地融合在一起，就能產生每個人都羨慕的性格特質，但是行星本身並不一定融合得很好，這就是三分相比較難詮釋的部分。我認識的一位女士有一個水象星座的大三角圖型，涉及的行星是土星、金星和冥王星。我們可以說這位女士有一種才能，可以讓一份強烈而深刻（冥王星）的親密關係（金星）持續下去，通過時間的考驗（土星）。我們應該還記得水元素容易使人產生情感的依賴性，而大三角圖型尤其帶有一種強迫性，所以這位女士能夠讓婚姻持續下去，並不是令人驚訝的事。在她的觀點裡，愛是跟恐懼、損失及權力有關的，但是因為這三個行星形成的是三分相，所以她沒有去質疑這些心態和經驗。她對丈夫很兇，對小孩也很嚴格，她總是以「為他們好」或是「愛他們」來合理化自己的作風。因此她的孩子繼承了金土困難相位的特質，也是不足為奇的事。他們覺得自己不被愛，無法產生自我價值感，而且基本上也無法接納別人。三分相和其他的要素造成的這種行為模式，可以寫好幾頁也談不完，我要說的重點其實是，這位女士受了三分相的影響，變得很難覺知眼前的情況，也很難改變自己。因此，有困難相位的人反而容易看到自己的心理活動，因為這種相位會讓人產生自我懷疑，也比較不能接受眼前的經驗。三分相令我們有接納的能力，但是不會去質疑與這個相位有關的事物。當然這種特質是很有幫助的，因為任何一個人都需要有某種程度的接納能力，但是我們也需要困難相位帶來的質疑和不確定性，才能有更多的成長。如果我們從不質疑自己和自己的作為，就會變得非常自滿，無法有任何改善。

三分相是非常被動的相位，雖然它也能提供某種程度的動力，可是卻無法像困難相位那樣驅迫我們去做一些事情。當事情變得很困難的時候，三分相會讓我們被動地接受那種情況，因此三分相加上困難相位，可以把一些壓力和緊張感減輕，所以才會具有治療功效。有時不利的情況也會發生（特別是當三分相的容許度很小，而困難相位的容許度較寬的時候），因為三分相也可能使一個人太容易接受困難的情境，合理化自己的不當處理方式。

一張星盤裡如果有太多的三分相，代表這個人永遠會揀容易的路走，也很容易「脫逃」。而這類人可以說是很幸運的；好運似乎會自然降臨到他們身上，令人不知道該說什麼才對。而且這類人也往往認不出三分相帶來的才華。當別人指出他們在三分相那方面的才華時，他們可能會聳聳肩，認為每個人都能輕易發展出這種才藝。很奇怪的是，他們可能花一輩子去做一些自己並不擅長的事（由困難相位代表的事物），或許想像一下克服困難之後的滿足感，就能明白為什麼會有這種傾向了——我們通常會比較重視必須付出努力的事情。總之，我們經常以不在乎的態度，來面對三分相帶來的才華和報償。

四分相

四分相就是把整個圓圖劃分成四個等分，它跟對分相有好幾個不同之處。

首先，四分相不像對分相那樣，它是由不相稱的元素構成的角度，因此這個相位裡已經帶有某種程度的緊張了。或許我們應該先思考一下「緊繃」（tense）和「緊張」（tension）是什麼意思。《牛津英文字典》對這兩個字的定義如下：

把某個東西拉長或是伸展之後的狀態。

情緒上的張力；把興奮感強壓下去；把強烈的感覺壓抑下來，讓外在顯現出平靜的樣子，但是很可能會突然瓦解，或者爆發成憤怒及某種暴力行為。

因此四分相比對分相更容易帶來緊張和壓力。這種感覺很不舒服，但也是非常有利的條件。譬如在生理的層次上，如果我們不繃緊身體的肌肉，甚至連坐、站或其他的動作都做不出來了。反之，經常活在緊張的狀態裡，也會耗損我們的能量，令我們提早老化，甚至傷害到我們的健康，而無法再做任何事情。到了這種地步，我們就是四分相的受害者了。不過從正向的一面來看，緊張的感覺往往會促使我們行動，令我們成長，變得更卓越。

如果說對分相描述的是「上與下」「左與右」的對立，那麼四分相描述的就是「上與左」的衝突。因此形成四分相的行星不但渴望不同的東西，而且會彼此干擾。

四分相能夠讓我們意識到兩個矛盾的面向，但是這兩股能量經常會阻礙彼此的運作。由於這兩股行星的能量干擾了彼此，所以我們會面臨一種緊張的情況，繼而產生一種不確定感，懷疑自己是否有能力面對未知。四分相如同土星一樣會製造強烈的恐懼，但是這種恐懼和不確定感，也會促使我們尋求不同的解決辦法。首先，為了讓自己有能力處理四分相帶來的問題，我們或許會以極端的方式，來強行解決相關生命領域裡的問題，因而造成各式各樣的挫敗和外在世界帶給我們的阻擾。我們會有一種用頭去撞牆的感覺，但是這種不斷想證實的驅力，也會增強我們的力量，促使我們做出偉大的事情。

四分相是很有用的，因為它可以使我們的態度和想法更圓融周全，內在變得更有力量。因此處理四分相的議題就像處理土星的能量一樣，越老越有能力面對。努力解決四分相帶來的問題，就是成長和成熟的重要經驗。星盤裡缺少四分相的人通常成熟得比較晚，因為早期的生命經驗沒有帶給他們足夠的挑戰，所以長大之後面臨挑戰時會覺得很難產生力量，這類人容易走捷徑，選擇阻力比較小的路去走。

查理士・哈威認為「四」這個數字與四分相有關，它代表的是物質與顯化。四分相迫使我們努力地解決它所帶來的問題，而且會藉著外在事件和我們的行為舉止，將這股能量具體地顯現出來。我認為四分相之所以會具體地顯化出來，是因為它帶有過多的能量而傾向於過度興奮。

四分相的英文是square，在日常用語上也時常出現。譬如當我們不再欠彼此任何東西的時候，我們會說「我倆的帳已經結清了」（We are all square）；當我們想要和解時，我們則會說「讓我們的口徑一致」（Let's square something）。基本上，四分相的確與和解有關，因為這個相位帶有一種衝突的意味。對分相會使我們從一端擺盪到另一端，但是面對四分相時卻無法這麼去做，因為把重量放在四方形的任何一邊，結果都會變成長方形！我們不可能把四方形變成長方形，所以唯一的辦法就是盡可能帶著覺知去努力生產。

四分相最負面的展現方式是無能做任何事，因為我們找不到方法讓兩個行星達成和解。如果呈現的是這種狀態，我們的能量就會因為受阻而停滯不前，尤其是落在固定星座上面或是觸及到冥王星。這將會是很危險的狀況，因為四分相的本質就是要「做」，不做就代表這個四分相會反過來操弄我們。四分相以及所有的困難相位最主要的問題，就是會帶來過多的能量（手拉著手一定不會比以拳頭相向的能量來得高）。總之，四分相一定得在物質世界找到能量的出口，否則它就會破壞我們或是去損傷別人。

如果能以建設性的方式來運用四分相的能量，我們甚至可以達成不可能的任務。四分相會創造出強大的意志力和力量來迫使我們成長。

五分相系列

五分相是72度的相位，雙重五分相是144度的相位。按照泛音盤（Harmonic）的理論，我們可以把五分相一直延伸下去，方式是把整個圓圖繼續按「五」這個數字的倍數延伸下去，而發展出18度角、36度角和108度角的相位。但是這些相位的容許度都很小，甚至不應該超過幾分的度數。

我強烈推薦讀者去閱讀約翰・艾迪、查理士・哈威和大衛・罕布林的著作，他們在五分相系列和「五」這個數字的本質上面，帶來了許多的洞見。

罕布林在五分相的詮釋中一直提倡「風格」的概念，他認為五分相不但能道出一個人的風格，而且能描繪此人在創作上的風格。在五這個數字上面，罕布林引用了藍諾・波斯南（Leonard Bosnan）曾經說過的一句話：

根據「五」（Five）這個字的字根來看，它代表的是「收成」（harvesting），有點像把農作物捆成束狀，使得一種東西的能量變成具體的物質產品……，因此五這個數字代表的是把物質分類組合，像收成的農產品那樣供人們使用。

這種描述的方式，令我覺得與五有關的事物帶有一種處女座的特質。處女座是由水星所主宰的，在數字學家的眼裡，這個行星一向與五有關，因此把五分相和水星聯想在一起，算是了解這個相位的正確方式。

占星家一向把五分相與心智能力連結在一起，而這也跟水星有關。約翰・艾迪甚至把這個相位描述成「把自己的想法加諸在世人身上」。

如果五分相代表的是風格，或許我們可以說這個相位也代表溝通，把思想透過說、寫或雙手的運用，變成具體的形式。罕布林同時也主張，星盤裡有五分相的人，往往很強調做、連結、安排以及讓想法成形。

約翰・艾迪在他的《占星學的泛音盤理論》（"Harmonics in Astrology"）這本書裡提到，五分相系列描繪的是一個人喜歡的藝術形式。他還認為五分相系列與掌握物質的欲望有關，也代表一切創造活動的前奏，可以說是一種對權力的渴望；知識就是權力，而概念則是創造背後的驅力。艾迪同時也把五和婚姻的特質連結在一起。此外，我們也可以把水星的某個面向和婚姻連在一塊兒，因為水星負責的就是連結。廣義的結婚就是一種結合，而五分相最關切的也是把理念和物質形式結合在一起。如同艾迪所說的：

每一位藝術家（雕塑家、都市規劃者、廚師、政客、醫師等）都有自己的理想和內在的理念，而且都很渴望將其表達出來，所以經常會問自己該如何將這份理想變成現實。

況且，藝術家往往都嫁給了自己的藝術工作。比爾・提爾尼認為五分相似乎代表與生俱來的才華或能力，但是這份能力不一定會發展出來或是被外在的經驗所侷限。

把圓圖劃分成五、七、九等分形成的相位，的確帶有很特殊的才能，因此這些相位無法以傳統工具書的方式來加以詮釋。工具書的本質是在處理一般的共通現象，而不是少數人所擁有的特殊才能。讀者如果想了解五分相、七分相或九分相，必須參考更細膩更精確的詮釋，因此不妨閱讀一下大衛・罕布林的精采著作《泛音盤》（"Harmonic Charts"）。

也許舉出一些例子，我們會更了解五分相的意義。首先讓我們研究一下太土的五分相。某人的星盤裡有這個相位，他顯現出來的個人風格是自制、自律、自我保護和嚴肅認真。這個人的才華涉及到規劃和結構，他的頭腦喜歡按照系統式的方式來運作。他的心理狀態和太土有困難相位的人很像，但是工具書的解釋並不適用於這個人。如果說五分相描述的是一個人的父親，那麼此人的父親也帶有自制和嚴肅認真的特質，在規劃和結構上面也有一些才能。我就認識一位有這個相位的個案，他父親的工作是為商店和花園做設計規劃，他會先把平面設計圖畫好，一切都計劃周全了，再決定如何下手去做。這位個案本身也喜歡在建築上發表一些評論。

我自己的木星是落在十宮，與三宮的土星成雙重五分相。我的工作涉及到寫作及占星學方面的交流，可以說是在宣揚木土所代表的古老哲學。我會把這方面的知識加諸在別人身上，這是十分吸引我的一種藝術形式，也是我經常思考的事情。

珍・奧斯汀的星盤裡有許多的五分相，包括水星與上升點的五分相。這是很符合作家特質的相位，但是因為她的出生時間不準，所以讀者對這個相位不需要太在意。不過她的確有水星與海王星的五分相，這是很有利於想像力和創作力的相位，更有趣的是她的太陽與月亮、金星與火星都是五分相，而且都跟木星成雙重五分相。

如果一個人的金星、火星和木星形成了困難或是柔和相位，我猜想這個人的愛情生活一定很有趣。這些行星的組合代表浪漫愛情和性生活一定很精采，如果形成的是困難相位，那麼此人就可能同時交往好幾個對象。這種行為在十八世紀是不太能被社會接受的。珍・奧斯汀無疑地是一個非常浪漫的人，而且一直夢想能找到完美的對象，卻始終沒有結婚。我想我們可以很確定地說她從不隨便和人上床，這一點很容易從星盤看出來；她的上升點是落在處女座，與海王星合相，與金星成半四分相，而海王星又跟落在射手座的太陽成四分相。這些全都代表珍是一位浪漫主義者和理想主義者，而這種人是不會隨便進入不完美的關係的，因為她們不願意讓自己的夢想破碎。很顯然這樣的女人也不可能為了經濟或生存的理由去嫁人。

珍的金星、火星、木星的五分相，很清楚地道出了她的創作才華。她所有的著作描寫的都是浪漫愛情，或是年輕女人（金星）與年輕男人（火星）交會的過程。她的父親是一位教區牧師（太陽落在射手座與天底合相、與海王星成四分相，而木星則是跟天頂合相），向她求婚的人之中也不乏神職人員。

太陽和月亮的五分相則代表有創作才能，而且關切的是陰性法則與陽性法則的結合。

約翰・艾迪曾經指出五分相帶有一種執迷的特質，我認為這句話的意思是五分相會令人朝著同樣的主題去思考。珍・奧斯汀的太月與金火都是五分相，我們可以說她執迷的就是關係議題。由於她的關切是源自於五分相，所以並沒有在外境裡顯現成婚姻的形式，比較是把自己的想法加諸在世人身上。

六分相

六分相的詮釋與三分相很類似，雖然六分相的特質不像三分相那麼輕鬆和被動。比爾，提爾尼說四分相是一種驅動力，三分相是允許或促進的能量，六分相則是誘使的力量（coax）。我認為「誘使」對六分相而言是很貼切的形容。

三分相是由同樣的元素連結成的，六分相則是落在不同卻相稱的元素上面，譬如火象星座與風象星座是六分相，土象星座與水象星座也是六分相。不同的元素結合在一起會提供某種程度的刺激，使得六分相比三分相的被動性要低一些。

「六」這個數字是由二乘三形成的（或是一加五），因此「二」這個數字或許也能為這個相位帶來一些動力。

一般而言，星盤裡的六分相會讓我們有能力做出它所代表的事情；我們會有那方面的資質，但是還需要一些努力才行，因此六分相也被形容成「機會」的相位。六分相代表的事情不像三分相來得那麼順利，基於這個理由，我們往往會比較重視六分相的才華。

「六」這個數字通常是跟金星連在一起的，因此六分相也帶有金星的特質。六分相是一個象徵著享受、歡娛和價值的相位，特別是心智上的價值。

六分相也跟韻律和重複的節奏有關，因此象徵著舞者或音樂人，這類人通常都帶有金星特質。六分相顯然是重視和諧性的相位，所以與這個相位有關的行星也會重視合作議題。不過六分相並不像三分相有一種手牽著手的感覺；它需要一番努力才能學會合作。

半四分相和八分之三相

我不太清楚這兩個相位和四分相有什麼不同，但是它們的能量不一定比四分相來得弱，而且也不是小相位。緊密的半四分相或八分之三相，無疑地比寬鬆的四分相要更重要一些。為了理解起來輕鬆一點，所以下面的段落將會集中在半四分相的探討上面，但是也可以將其運用在八分之三相上面。

我從觀察意外事件的星盤，發現了四分相與半四分相的差異。這類星盤裡通常有許多的三分相和對分相，但是顯然缺少四分相。同時這類星盤裡的土元素和土星也往往很弱，最主要的是不乏半四分相和八分之三相。當然還是有例外，但例外多半指的是意外事件尚未變成既定事實，而當事者必須竭力求生、辛苦地掙扎奮鬥。

三分相在意外事件的星盤裡之所以非常顯著，是因為它們會讓能量暢然無阻地流動。四分相在這種星盤裡比較少見，我認為這是因為它們會阻礙能量的自由流動。因此在代表火災的星盤裡如果有四分相的話，就意味著這場災難不會太嚴重，因為它會遭到一些阻力。這也說明了為何四分相不一定會帶來壞消息，而三分相不一定會帶來好消息。在火災這個例子裡，太多的三分相意味著從火災的角度來看是個好消息，因為這個相位會帶來暢然無阻的燃燒。對分相則會助長極端傾向，因此也經常出現在意外事件的星盤裡。合相也一樣，因為它會增強行星的能量。

根據查理士・哈威的觀察，半四分相和八分之三相都能具體地生產出一些東西。我認為這是因為這兩個相位不像四分相那麼遲疑，帶有一種不確定性。這兩個相位都有清楚的目標，就好像沒有任何東西可以阻擋它們做出具體的事情。它們會以非常外向的方式來完成自我實現。換句話說，這兩個相位都會促進事件的形成，但是其能量會遭到一段時間的阻擾，因為我們在整合這兩種能量時會遭到一些困難。半四分相則會強迫這些能量釋放出來。

從我的觀察來看，半四分相和八分之三相的童年心理議題，和其他的相位有些不同。人們似乎不太能跟這兩個相位代表的心理議題連結。也許這類議題根本不存在，或者與別的心理議題有所不同，因為我們比較容易將它埋藏在無意識裡面。這些無意識裡的問題可能會意外地爆發出來。我們如果能察覺某個問題，它就不會以太戲劇化的方式將其顯現出來。能夠覺察到內心深處的面向時，就會有較多的人生選擇，也比較能掌握自己的生命。我認為半四分相和八分之三相之所以會顯現成外在事件，主要是因為不易覺知它們帶來的問題。連占星家本身也都剛剛意識到這兩個相位的重要性，雖然它們已經存在好幾個世紀了。我們也可以用同樣的方式來看五分相，因為早在十七世紀克卜勒就發現了這個相位，但直到最近這幾年人們才開始注意它。

總之，在實際觀察的時候，我認為半四分相與八分之三相其實和四分相十分類似。如果讀者還有對這兩個相位的疑問，以下的例子應該可以掃除你們所有的懷疑：

我們都知道，行星（月亮除外）每天不會移動太多，因此任何一個特定事件的星盤，應該都會顯現出一些涉及到四交點的重大活動，因為上升點和天頂的軸線一向攸關時空裡的個人經驗。

一九八七年「自由企業使者號」沉船事件的星盤，清楚地說明了上述的觀點。這張星盤裡也有許多的四分相，這可能是因為這個事件涉及了極大的不確定性和掙扎。

這個事件的星盤裡有緊密的火冥對分相，分別落在二宮和八宮。這些要素都象徵著意外死亡，以及為生存竭力掙扎的情況；數百人被困在這艘船裡面，奮力地想逃出來。這種奮力逃亡的狀態，是源自於火冥對分相連結到了天王星；因此我們應該說這種情況與火、天、冥代表的突發暴力有關。火冥對分相也代表生還者的憤怒和無力感，因為他們經驗了親屬的死亡而被迫轉化自己。同時這個相位也牽涉到保險公司巨額理賠的掙扎過程。但這個意外事件為什麼會在澤布呂赫港的某個特定的時間發生？答案之一是，擁有這艘船的公司的推運星盤，還有英國的推運星盤，以及澤布呂赫港本身的星盤，都跟這個意外事件的星盤一樣。

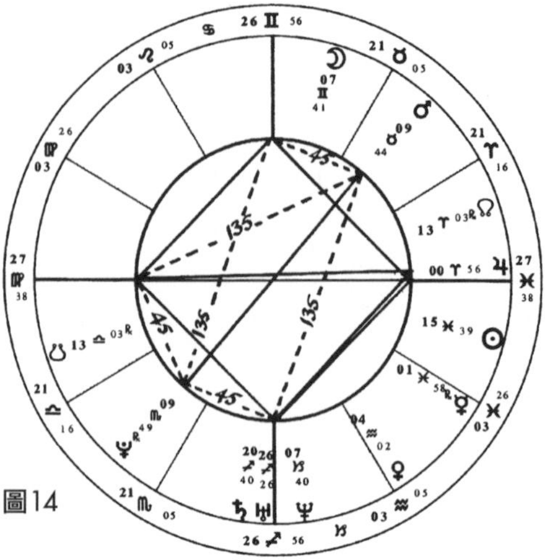

圖14

自由企業使者號出航時間：

1987年3月6日，晚上6:38 GMT,51N19 3E12

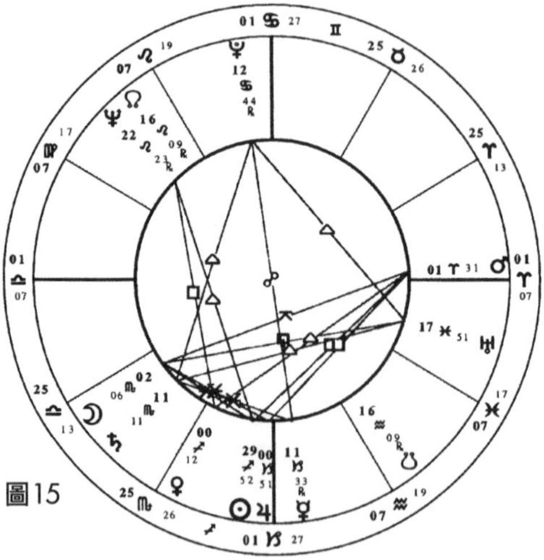

圖15

湯森・索羅生公司（Townsend Thoresen）星盤資料：

1924年12月22日，凌晨 GMT,51N07 1E19

基於研究的興趣，我把湯森・索羅生公司的星盤也納入觀察。這張星盤的行運和四交點的情況的確和出航星盤有相似之處，如果再以沉船的時間繪出一張星盤，而且是加上了半四分相和八分之三相，你就會發現這張星盤的確夠驚人的了。這張公司盤裡的火星與上升點成對分相，冥王星與天頂很接近，而出航盤的天王星也跟火冥對分相產生相位，而且是落在天底，與木星成90度角。這些要素都很符合突發暴力事件的本質。

舉出這兩個星盤的目的，主要是在闡明困難相位的意義，尤其是涉及到半四分相和八分之三相，不過其他的象徵符號顯然也很重要。星座和宮位裡的情況清楚地描繪出一個事件產生的舞台，而月亮和海王星的正十二分之五相，在描繪這個戲劇性的事件上面也有一些貢獻。

從這艘船的名字「自由企業使者號」，也可以看出背後的哲學意義。此外，湯森・索羅生這家公司座落在一幢名叫「企業大樓」的建築物裡面，它的許多其他船隻也被冠上了與「企業」有關的名稱。自由企業的概念不但突顯出湯森・索羅生的星盤之精神，同時也能代表當時英國的政治潮流。我暫時把這些部分留給讀者自己去思考。很顯然的，個人往往會遭遇反映出自已無意識面向的事件和人，國家或公司也一樣。

十二分之五相

這個相位的星座不會像對分相那樣挑戰對立的一面，也不像四分相那樣彼此阻擾；它們是來自於不同的地方，而且發展的方向也不同；它們甚至不會去看對方一眼，就像兩架飛機在自己的航線上飛行一樣。若想意識到我們的十二分之五相的能量，似乎得付出更多的努力。但是我不認為這個相位的心理議題，比半四分相或八分之三相埋藏得更深，可能是因為比較不重要，所以才被推回到潛意識裡面。

四分相或對分相描述的是必須解決的重大衝突，因此會被推出來變成外在的戲劇性事件，十二分之五相則代表某些額外的干擾和壓力。想像一下某人的親密關係正在面臨危機，同時又快要失業了；這個人的生命正充滿著嚴重的衝突，但是當他回到家的時候，竟然發現廚房也迫切地需要整修，眼前的情境更加重了他的衝突。我認為十二分之五相的運作方式就像這個廚房一樣。此相位背後通常也有一些心理議題，不過這些議題大多是次要的。個案會被迫面對由困難相位代表的重大議題，然後才會留意到十二分之五相代表的內在衝突。

卡特和其他的一些占星家，將這個相位和疾病、甚至死亡連結在一起，我認為這是因為六宮、八宮都和上升點成十二分之五相的緣故。以我個人的經驗來看，我既不能肯定也不能否定這種說法，不過其中的確有某些邏輯，因為許多的健康問題都是由持續不斷的壓力造成的，但是不會緊迫到必須立即解決的程度。我懷疑這個相位之所以和健康問題有關，但是又不會帶來致命的嚴重問題，是因為它導致的是潛藏在底端的憤怒和虛弱的體質。

十二分之五相也會導致缺乏韻律感、組織力和笨拙的傾向，或許就是因為這些原因，所以這個相位會帶來吹毛求疵和不舒服的感覺。這就像是鞋子裡有一小顆石頭，如果你調整一下腳的姿勢，感覺上就不會那麼不舒服了。如同其他的困難相位一樣，十二分之五相帶來的不舒服感的目的，也是要我們留意和面對它所導致的問題。

如同其他的占星家所指出的，這個相位也會促使我們付出一番努力以解決它帶來的衝突。事實上，與其說是衝突，不如說是一種不太嚴重的摩擦。

十二分之五相的星座既不屬於同樣的模式，也不屬於同樣的元素，所以乍看之下沒有任何相似之處。試想巨蟹座和寶瓶座，金牛座與射手座，雙魚座與獅子座，彼此之間有什麼關係？因為金牛座和天秤座的主宰行星都是金星，牡羊座和天蠍座的主宰行星都是火星，所以被視為例外。十二分之五相的行星之間似乎都沒有共通之處，所以這個相位既會帶來一些能量，也會帶來一些摩擦。假設某個星座的能量可以把另一個星座的能量修正得更完整、更不偏頗，那麼這兩個星座一定和十二分之五相有關。

舉個例子，雙魚座由於過度無私，所以需要獅子座的自我中心傾向，反之亦然。此外，寶瓶座可能需要巨蟹座的顧家和體恤的特質，而巨蟹座則能使寶瓶座的抽離傾向減輕一些。十二分之五相落入的星座和半六分相落入的星座，都會使另一個行星的能量變得比較不極端，當然對分相也帶有這種功效，方式是將能量拉向對立的那一面。由於十二分之五相的星座能量是來自於完全不同的源頭，因此不會像對分相那樣帶來極端的傾向。

我發現十二分之五相經常出現在星盤比對之中，但不一定會形成真正的相位，反而是星座之間會產生此相位代表的關係。在親密關係或是夥伴關係的星盤裡，十二分之五相和對分相一樣常見，而且其中一個人的太陽星座往往和另一個人的太陽或上升點成十二分之五相。這其中的意義是什麼我並不清楚，或許仍然涉及到六宮、八宮與上升點的關係。如果其中一個人的行星是落在伴侶的八宮裡面，而且涉及到個人行星和上升點的相位，那麼這兩個人的關係就是重要的。由於重要關係會神奇地轉化我們，而且與最深的情感交流有關，所以有上述的情況是不足為奇的事。這一類的關係經常是由工作的互動開始，其成敗會在我們的健康和福祉上帶來極大的影響。

由於十二分之五相的星座沒有什麼共通之處，所以能帶給對方許多成長，也許這就是它們會在星盤比對上經常出現的原因。

十二分之五相也會帶來洞見和新的資訊，所以會強化星盤裡已經具備的特質。我認為這個相位應該被視為次要相位。

半六分相

卡特主張這個相位可以被忽略，除非涉及到更多的要素，我的看法也是如此。如同十二分之五相一樣，半六分相也能為星盤的其他要素帶來支持和確定感，尤其在移位法（progression）上特別會發現這種情況。半六分相有時也扮演串聯的角色。舉個例子，如果星盤裡有兩個完全沒有關聯的相位，但是和半六分相產生了關係，這時就會形成一組複雜的能量，而非兩股不相干的能量。也許這兩個獨立的相位代表的次人格，會透過這個半六分相得到整合。如同卡特所說的「**連續的兩個星座在本質上應該是和諧的，所以如果星盤強化了連接在一起的兩個星座的能量，應該會帶有一種本質上的和諧性。這種情況往往會造成特定的事業形式，這和分散在各處的相位是不同的，因為後者暗示著興趣太廣泛，不夠專注。**」

第四章
諮商時的相位詮釋

當我們試著去詮釋某個相位時，通常會太在意那個相位的本質，這其實是沒有必要的。從我的觀點來看，與其注意某個相位是對分相、三分相或是四分相，不如把涉及的象徵符號綜合起來解釋。

兩個行星組合在一起所引發的議題，不會因為形成什麼相位而有不同的顯現方式。舉個例子，一個有火冥相位的人永遠都會關切生存、勇氣和勝利的議題，不論形成的是三分相、四分相或五分相，都不會有什麼差異。

因此本書後半部以工具書形式解析相位的部分，我才會決定不去個別解釋每個相位的意義。我認為工具書只能呈現出一種通論，個別地解釋反而不利於了解。不過讀者仍然得謹記在心，每當你在使用工具書的詮釋時，要把三分相和六分相的解釋淡化一些，而其他相位的解釋也無法完全呈現真實生活裡的現實。

最佳詮釋相位的方式，或是看待任何一種占星資訊的方式，都應該是透過自己的長期觀察和仔細的檢視，然後富創造性地去運用它們。書籍所能提供的詮釋只能為你的思想帶來一些滋養。

這些不同的相位詮釋方法中，有一種比較傳統的「關鍵詞提示法」是我個人比較喜歡的，或許舉些例子，可以幫助讀者理解這一點。假設我們想要研究的是土星和天王星的相位，這時我們就可以列出所有與土星相關的特質，然後再列出與天王星相關的特質，得到的結果可能如下：

土星	天王星
老舊	新穎
控制	叛逆
紀律	冷硬
死亡	獨立
延遲	真相
時間	覺醒
傳統	偏離正軌
結構	急遽的改變
父親	震撼
權威	解放
責任	自由
骨骼／皮膚	革命
煞車	決裂
鉛	鈾
謹慎	矯正
恐懼	集體理念
防衛	突然／無預警
考驗	脫離
否認	不屈服
約束	不依常規

雖然這些關鍵詞看似很簡單，但如果將兩邊的字詞排列在一起，就會帶來令人非常驚訝的啟示：

謹慎的改革
改變的時段
與權威決裂
無預警地煞車
受到控制的改變
懼怕改變／懼怕真相／否認真相
反叛權威／與權威一起反叛
突發的死亡
新時代
破裂的骨頭
冰冷的皮膚
凍結的鉛
背離傳統
打掉圍牆
責任意識的覺醒
解放的義務
嚴峻的紀律
技術造成的延遲
獨裁型的激進份子
不傳統的父親

如果你在詮釋相位的時候「卡住了」，上述的關鍵詞是很有用的。這些關鍵詞不但可以運用在相位上面，其實舉凡需要把占星符號結合起來運用的時候，都可以藉助它們來提醒自已。這些句子雖然看似簡單，實際上卻頗能帶來更深和更廣的理解。我們可以利用關鍵詞來聯想已經知道的相位詮釋。

神話也同樣可以幫助我們深入地了解行星的關係。一個人的生命歷史裡的某個面向，往往能透過相關的神話故事反映出來，甚至到令你吃驚的地步。

我們可以藉由神話、關鍵詞或其他工具，來達成對占星符號的理解。也許一開始學習的時候，我們只懂得分析某個人的行為模式，但理想上我們還需要探究這個人或是我們自己為何會如此，相位背後的目的是什麼，還有沒有別的運用相位能量的方式。在諮商時，個案可以和占星師共同探索未來的可能性，這可以從試著去發現個案過往的重要驅力著手。

我們都認為自己有某種程度的自由意志可以運用，實際上我們是被各種潛藏的影響力所驅動，而且是不太能意識到的。毫無疑問地，這些影響力都跟童年的家庭背景有關，因此接下來有關行星相位的章節大部分都在探討童年經驗的背後究竟蘊藏著什麼。未來永遠是奠基於過去，成年生活的基礎都是在早年打下來的，雖然早期的生活很難再回想起來，但追蹤早期的歷史仍然非常有用。這並不意味童年歷史應該為成年的經驗負責，如同占星家依芙・傑克森（Eve Jackson）所說的，童年歷史和成年後的經驗「**都受到更早之前由星盤象徵的因果律的影響。**」

換句話說，在我們投生到世界之前，我們已經被預先設定將會以某種方式反應，並因此而招來特定的生命經驗；所以童年發生了什麼並沒有那麼重要，重要的是我們如何去經驗它們和消化它們。早期的經驗之所以重要，是因為那時我們仍然是個脆弱的小嬰兒，就像泰德・曼（Tad Mann）所說的：「**當我們才兩天大的時候，一天的經驗就足以代表我們的半生**」。

等我們到了五十五歲的時候，一天裡不論發生了什麼事，都只會像大海裡的一滴水珠那麼微不足道。

不論這類情況背後的哲學是什麼，很少有心理學家會認為早期的創傷不會延續到後半生。觀察本命盤會使我們更清楚早期的心理創傷是什麼，背後的原因為何，對目前有什麼影響，以及為何我們會做出特定的選擇。這些認識會使我們在未來更有選擇的自由。

因此我們星盤裡的相位就像其他的要素一樣，既可以帶著覺知去認清它們，也可能無意識地循著其中的能量去運作。既然我們注定得整合行星或四交點的能量，不妨試著以各種方法來達成這一點。

斟酌輕重

在詮釋相位時最困難的一點，就是要把星盤裡的每個要素與個案的生命經驗連結在一起，加以深入的檢視與理解。由於行星和四交點的重要性各不相同，因此占星師必須斟酌哪個元素是最重要的，哪個是次要的。譬如容許度比較大的相位在詮釋時就不該過度強調，但是它也可能令那些比較受重視的部分變得更明確，或者得到修正和改善。簡而言之，我們首先要納入考量的是最重要的元素，然後再來考量次要的訊息。斟酌時的重點如下：

一、與四交點形成相位的行星。與四交點成緊密合相的行星，通常帶有明顯的重要性，但是出生時間如果不夠精確，這類的合相就必須謹慎地考量，因為它們可能根本不存在！其他與四交點形成的緊密相位也有其重要性，雖然我不認為它們會比合相重要。

二、正相位。正相位及接近正相位的相位，一向是星盤裡最重要的元素之一。

三、涉及到太陽、月亮和上升點的相位，或是涉及上升點與太陽的主宰行星的相位（我個人認為上升點的主宰行星與星盤裡的太陽一樣重要），都比其他的相位來得重要。

四、落在自己的星座或宮位裡的行星，會顯現出比較純粹的特質，所以帶來的影響力相對也比較大。

五、「雙重撞擊」（Double Whammies）是史蒂芬・阿若優經常採用的詞彙，它代表的是重複出現被加強的特質。舉個例子，瑪格麗特公主的水星與火星形成的四分相頗能突顯「雙重撞擊」的特質：她星盤裡的火星是落在雙子座、三宮（雙子座和三宮都是由水星主宰），而水星又落在處女座、六宮（處女座和六宮都是由水星主宰）。由於她的上升星座是牡羊座，其主宰行星火星就是整張星盤的主宰行星，因此水火的能量互動是非常純粹而明顯的。

容許度

相位的容許度到底該怎麼訂定，一向是受爭議的話題。我認為這種意見不一致的占星議題目前是找不到正確答案的。既然每個心理學家都發明了屬於自己的一套心理學，而且是根據親身經驗和心理傾向建構出來的，那麼占星家當然也有各自的看法，或許這就是容許度或其他的占星議題意見不容易一致的原因。

「占星研究學院」（The faculty of astrological studies）建議大家採用以下的容許度：

相位	容許度
合相	8度
對分相	8度
三分相	8度
四分相	8度
六分相	4度
十二分之五相	2度
五分相	2度
雙重五分相	2度
半四分相	2度
八分之三相	2度
半六分相	2度

如果涉及到太陽和月亮，容許度可以放大到10度。但如果形成的相位距離是22.5度或是36度，容許度通常只有1度。相位的距離如果是18度（五分相的四分之一），則容許度不可超過半度。

占星家雖然無法在容許度上面達成一致的意見，但應該都能接受相位的能量是不可能停止運作的，而非正相位的相位能量顯然會減輕一些。

約翰・艾迪在《占星學的泛音盤理論》這本書裡，就容許度的問題提出了許多恰當的意見。舉個其中的例子，假設我們為對分相設下的容許度是10度，那麼圓圖就會被劃分成兩個等分，這樣我們就應該為四分相設下5度的容許度，因為四分相是把圓周劃分成兩個等分的兩倍，也就是四個等分。這就是約翰・艾迪提醒我們要注意的部分，也就是容許度的設定必須參照圓圖被劃分的等分數字。

每張星盤的情況都不一樣，某些星盤有一打以上的相位是呈現緊密的容許度，有的星盤則大部分是較寬的容許度，還有的甚至沒什麼相位。也許我們應該按照每個人的特定情況來考量容許度的問題，如果一張星盤裡的相位很少，那麼此人就會對那些容許度較寬的相位有強烈的感覺。

我認為大部分的情況下都應該採取緊密的容許度，特別是在出相位（separating aspect）上面。容許度緊密的相位一向佔有最重要的地位，不論這個相位的本質是什麼。我所謂的緊密，指的是合相及重要的困難相位的容許度是4度，三分相的容許度是3度，六分相的容許度是2度，其他的相位則是1度。如果容許度放得太大，會讓相位的性質全部攪在一起。舉個例子，我一向覺得自己可以感受到星盤裡的太木三分相。事實上，這個三分相距離正相位差了6度，所以應該說是容許度寬了一點，至於我為什麼會意識到這個相位的能量，可能是因為它們其實形成了與緊密五分相有關的相位（72°+36°+18°=126°）。

在諮商時，我們會發現個案很難感受到容許度太寬的相位（包括10度或12度容許度的重要相位），除非他們星盤裡的相位很少。如果星盤裡有許多容許度緊密的相位，我們就不太能意識到容許度較寬的相位，除非刻意地去覺知它們。這就像在聆聽交響樂一樣：如果你知道有位樂師正在演奏三角鐵這個樂器，你就會在各種樂器之中聽到它的聲音，但是缺少了對它的認知，它的聲音就會被銅管樂器、木管樂氣或絃樂器蓋過去。

當容許度比較大的相位和其他行星形成正的中點時，我們就會感受到它們的能量。舉個例子，柴契爾夫人（Margaret Thatcher）的星盤裡有緊密的木冥對分相，而木星、冥王星都跟太陽、火星形成5度容許度的四分相。這張星盤裡的太陽和火星距離是10度，形成了較寬的合相，但是它們的中點是天秤座14度，與木冥的對分相剛好形成四分相，因此太火的10度合相就可以看成正合相，與木冥形成了正四分相。

一般而言，在決定相位的容許度時，還是要看個人星盤的本質是什麼而定。

行星的重量

占星學中有一個理論，認為可以按照行星和太陽的相對距離，來決定這個行星的威力。那些比較遠的外行星，影響力往往大過於比較近的內行星。舉個例子，在金星與土星的相位上，土星通常被詮釋成為金星帶來了限制、形式和約束，較沉重的外行星某種程度上為內行星帶來了無法阻擋的力量。

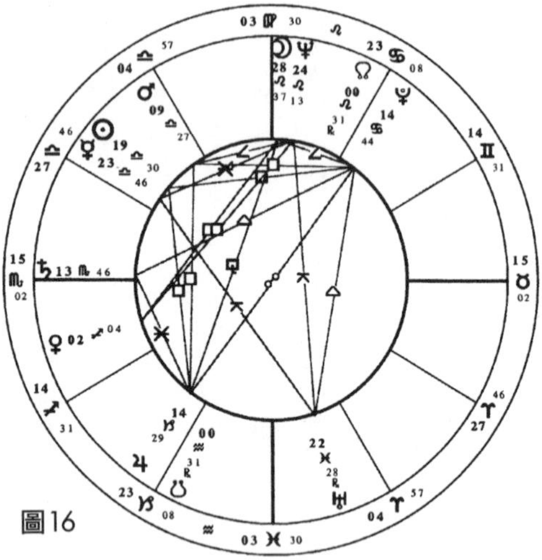

圖16

柴契爾夫人（Margaret Thatcher）星盤資料：
1925年10月13日，早上9:00 GMT,
Grantham, England, 52N55 0W59

這個理念無疑地是有用的，不過我個人認為這種說法有點誇大。以剛才的金土相位為例，我們其實也可以說金星能軟化土星的法則。在諮商時這個相位的意思是個案可能很難去管束別人，因為這會跟有愛心或是受人歡迎的形象相抵觸；這類人也可能很難管束自己，因為這種能力與自我耽溺或是活躍的社交生活相抵觸。因此若想決定是哪個行星為另一個行星帶來了無可阻擋的威力，還是得檢視當事者的星盤才能做決定。首先我們要考量的是，這張星盤裡哪一個行星的能量是最強的，是金星還是土星？由土星主宰的摩羯座或者被影響得比較輕微的寶瓶座，在星盤裡是不是比金星主宰的星座金牛座或天秤座來得重要？這個金土的相位是不是比其他的相位更有能量？同時我們還要看這兩個行星落入的星座和宮位是什麼？

入相位與出相位

當某個行星接近另一個行星還未形成相位時，就是所謂的「入相位」（applying aspect）。如果相位已經形成，而其中的一個行星正在逐漸離開時，便是所謂的「出相位」（separation aspect）。在這兩種情況裡，進行速度比較快的那個行星，才帶有入或出的作用力。

如果一個相位是入相位，那麼這個相位會在此人誕生之後或者在生命的某個階段裡，形成正相位。如果是出相位的話，那麼此人誕生之前已經形成了正相位。或許是因為這個原因，許多占星家，包括我個人在內，都認為入相位比出相位的能量要強一些。

測試這個理論最佳方式，就是去觀察人們在行星推進這個相位時會形成什麼經驗——這也是理解特定相位的好方法。如果推進的冥王星正在與太陽形成入相位，你就會在這個階段裡意識到太冥相位帶來的感覺。人們似乎會按照推進行星的本質來經驗這個階段的感覺。譬如土星要離開時的感覺，甚至比它成正相位的時候還要強，這當然是因為土星與「延遲」有關。如果是火星推進的情況，則會有一種過早發生的感覺。當天王星推進的時候，帶來的感覺則似乎沒有一定的規律。

我不確定這樣的說法能不能幫助讀者了解入相位和出相位，總之還是得看涉及的行星的本質是什麼。另外還有一個可能性，那就是入相位與行動和未來將要發生的經驗有關，出相位則代表已經發生過的事情，對目前仍然有一些影響。因此出相位或許代表效應，入相位代表的可能是肇因。因此自由意志對入相位比較能產生作用。那些入相位比較多的人，也許外在的活動會比出相位多的人來得頻繁。約翰・艾迪認為入相位和出相位的確有性質上的差異，在《本命盤最新解析》（"Recent Advances in Natal Astrology"）這本書裡，約翰闡明了出相位和入相位的區別的重要性，在心理占星學上面，其重要性可能不亞於柔和相位與困難相位的區別。他把入相位詮釋成努力、不安於室和富有出擊力，出相位則帶有穩定、寧靜和不活潑的特質。我個人的確覺得入相位比出相位要更活躍和努力，同時我也認為出相位的容許度應該比入相位小一些。

相位的傾斜度

雖然本書是從經度來計算相位的——從黃道的0度牡羊座開始計算行星的度數——但我們也可以從其他的有利地點，來計算任何一個行星、恆星或其他星體的位置。舉個例子，從天球赤道的南北兩面計算出的行星位置，通常被視為傾斜的位置。

兩個行星如果是落在赤道南北兩面相同度數的位置上，通常被稱為「平行相位」（parallel）。如果一個星體和另一個星體是對立的（譬如太陽是落在3度的北面，而月亮是落在3度的南面），它們形成的就是「反平行相位」（contra-parallel）。這類情況下容許度都是1度。

在詮釋時，平行相位與合相很類似，反平行相位則與對分相很類似。討論這些相位已經超出本書的範圍，不過它們的確有其重要性，而且能確定星盤裡其他要素的性質。

珍・奧斯汀星盤裡的太陽、火星和冥王星在相位表裡顯現的是平行相位，水星和天王星則形成了反平行相位。

第五章
相位的元素與星座特質

詮釋相位的時候必須理解行星組合起來的特質是什麼，同時也得了解相位所涉及的星座、宮位和主宰行星，而這當然不是一件簡單的事。另外還有一種思考相位的方式，就是去考量不同的星座互動的情況。本章就是在探討這方面的細節。

為了整體性地詮釋一張星盤，占星師必須了解元素和模式是如何運作的。坊間有許多精采的著作和資料都在探討元素和模式，所以我不在本書贅述。我想探討的是創始、固定和變動星座的大十字，以及由相同元素形成的大三角圖型的內容。

創始星座大十字

創始星座的對分相和四分相，似乎會在個人和家庭生活的領域裡，製造出一些涉及到嚴酷現實的衝突，譬如到底是應該直接追求自己想達成的目標（牡羊座），還是去滿足伴侶的需求，以及自己對伴侶關係的需要（天秤座）。首先這類人必須在社會闖出一番事業（摩羯座），同時又得挪出時間來享受家庭生活（巨蟹座），或許還得學習如何與父母相處，或是如何扮演父母的角色。

擁有創始星座困難相位的人，最主要的才華就是勇於面對衝突。這類人會在沒有足夠的計畫或設想的情況下，直接地面對眼前的困境和問題。創始型的人具有強大的驅力和活力，隨時準備採取行動。那些星盤裡有許多創始型的對分相和四分相的人，永遠都活在忙碌的狀態，他們會在不清楚方向的時候，就立即站起來行動，因此生活裡一向充滿著忙碌的活動，而且不斷地在開創一些事情，但是不一定能完成（如果星盤裡有強烈的土星能量，或是有許多固定星座的話，就比較能彌補這種情況）。他們對於外界加諸在他們身上的限制，往往是聽而不聞、視而不見。

這類人很容易和權威人物起衝突。他們堅持以自己的方式和速度，做自己想做的事。堅持以自己的方式行事，其實是牡羊座的一種特質，因此這些相位如果涉及牡羊座或火星的話，上述的傾向就會更明顯。創始型星座也缺少耐性、穩定性和平衡性。

創始星座的對分相

牡羊座——天秤座

我vs.我們。我vs.你。我渴望的vs.社會常規。自我確立vs.妥協。抗爭vs.合作。獨立vs.關係。果決vs.猶豫不決。

人如何才能獨立做自己的事而又能跟另一個人合作？你如何能進入一份關係而不需要犧牲自己的原則？如何能保有自己的個人性、堅持自己的立場，同時又能合作分享，從別人的觀點來看事情？星盤裡如果這兩個星座的能量很強，就代表注定得解決這些問題。

這種人非常在意關係，尤其是一對一的關係。這兩個星座都跟戰爭或爭戰有關，加在一起當然和這類議題更有關係。通常打仗的責任一定會落到牡羊座跟前，天秤座則因為關切公正、平等的議題，所以也帶有為正義而戰的意思。天秤座是由金星主宰的，而金星象徵的就是金錢與價值，大部分的人都是因為自己的價值而與人起爭執，大部分的戰爭也都是因為金錢或經濟的理由而爆發的；這個對分相也會使人在婚姻之中為了彼此的差異而起爭執。這兩個星座的組合使人強烈地覺知一切事物之中的二元性，包括對人和關係在內。在最佳的情況下，牡羊、天秤型的人很懂得平衡自我的興趣與合作的需求，而且知道如何不帶攻擊性地確立自己。這類人要學習的就是聆聽、接納，允許別人擁有不同的欲望和需求，又不至於喪失自己的立場和觀點。

巨蟹座——摩羯座

流暢vs.僵固。家庭vs.事業。內在生活vs.公眾生活。放任vs.自制。母親vs.父親。家庭vs.國家。

這兩個星座的組合帶有保守、負責和自律的特質，因此這類人大部分是家族、社會和現狀的維護者，而且對歷史和傳統都很尊重。巨蟹座是敏感的、負責的及順從的，摩羯座則能覺知到家族和社會的律法、界線及制約。巨蟹座往往會說「我愛你，因為你是我的。」摩羯座則會說「我愛你，是因為你能遵守規範，懂得分寸。」

如果這兩個星座的特質能夠調和得很好，或許會使這類人變成相當理想的父母。這兩個星座的對分相顯然與廣義的父母有關；巨蟹座象徵著家庭與家族，摩羯座則代表社會和國家。政治關切的是社會對個人的影響，心理學則主張社會是由家庭組合成的。孩子在父母的教育之下才有能力適應社會，因此這類人對政治及社會議題十分關切，經常投入這類問題的辯論。

創始星座的四分相

牡羊座——巨蟹座

卡特將這兩個星座的組合形容成「熱情的朝聖者」以及「會帶來霉運的人」。如果月亮與火星分別落在這兩個星座上面，的確很容易變得火爆。這類人在家族受到威脅時特別容易惱火，尤其是攸關房子或家的議題。這兩個星座之間的矛盾就在於牡羊座的法則是獨立、以自我為中心、富有開創精神，巨蟹座則帶有強烈的依賴性、以家庭為中心、喜歡待在家裡。這類人一方面想獨自出擊，一方面又被家庭、母親和家族歷史所拖累，這些衝突帶來的張力會令這類人感到非常挫敗。牡羊座與巨蟹座的組合有利於擺脫過往的歷史，或是為傳統和歷史而戰，這類人既可能護衛這些議題，也可能對抗這些議題。這個相位有利於代表廣義的家族去打一場聖戰，也有利於社區開發的工作。

牡羊座——摩羯座

這個相位會帶來強大的野心、驅力和開創力，所以有利於一切形式的企業活動。

有時這類人會太急於爬到頂峰，因此不在乎自己採取的手段是否正當。這兩個由火星及土星主宰的星座帶有自私和粗魯的特質，而且經常忽略他人的感覺和自己的原則。如果星盤裡有比較多的水元素和風元素，或是明顯的金星能量，這種傾向就會減輕一些。

這種急於成功的傾向如果發展得太極端，就可能不斷地產生挫敗感，而且會遭到外在世界的制約和阻擾，而這又會促使這類人更奮力地對抗權威。這個星座的組合有利於對抗政府、傳統或建制，但是那些竭力想在社會架構裡獲得崇高地位的人，也往往有這個相位。不過這類人也可能缺乏事業上的野心，但是卻為自己設定了很難達成的目標。這兩個星座帶來的勇氣有利於各式各樣的情況；那些喜歡登山或攀岩的人星盤裡往往有這個相位。

巨蟹座——天秤座

這兩個星座被強化的人非常關切伴侶、家庭以及家的議題。有時四分相會顯現成為了成家而結婚。這類人也可能覺得家、家庭和孩子會阻礙一對一的親密關係。

巨蟹座是一個有明顯依賴傾向的星座，因為它非常需要情緒上的安全感。天秤座則渴望有個伴兒來分享和反觀一些事情，不過這兩個星座如果太被強化，就會使一個人無法獨立自主地面對問題。這顯然是個非常順服、猶豫不決和帶有伸縮性的星座組合，這類人很容易在心理上產生動搖，尤其是跟他們真正的感覺有關的事。他們的關係之所以會產生衝突，是因為天秤座對平等性的渴望，抵觸了巨蟹座渴望滋養和被滋養的需求。這類人經常發現自己無法擺脫不快樂的關係，他們會為了孩子而停留在一份關係裡；同時他們也不信賴自己的感覺，特別是攸關眼前的情境是否公平的問題，這也可能是源自於對獨自生活的恐懼。

天秤座——摩羯座

那些星盤裡有這兩個星座被強化的人，通常會給人一種圓滑和不易被擾動的感覺。他們顯得非常文明、老練及心平氣和，所以很適合成為公眾人物，或是扮演不得罪人的角色。

這類人很在意別人的看法，所以對外界的意見很敏感。他們有一種想要被尊重的強烈需求，有時也會為了提高地位而結成夥伴關係。他們容易面臨的挑戰，是一方面想照顧關係，一方面又想兼顧事業。

天秤座追求的是公平、公正、協調與妥協，摩羯座關切的則是權威性和紀律。天秤座容易猶豫不決，摩羯座容易有權威傾向，因此它們的衝突是很明顯的；人不可能同時保有大家長式的作風和民主式的作為。

這兩個星座的組合帶有「絲絨手套裡的鐵手腕」的味道。這類人很關切「對與錯」的問題，因為這兩個星座的確與法律有關：摩羯座掌管社會的法則，天秤座渴望公平。有時這種對法律和秩序的關切，也會顯現成對宇宙律法的興趣，譬如因果律。這類人一生都很渴望得到秩序以及達成秩序的方法，甚至在外貌和家庭環境裡都很在乎這類事情。

固定星座大十字

那些星盤裡有許多固定星座的對分相及四分相的人，通常是可靠、穩定、果決和抗拒改變的人。固定星座的特質就是執著；金牛座執著於財物和安全感，天蠍座執著於情感、欲望和權力，獅子座執著於自尊和個人特質，寶瓶座執著於理念和法則。

這些固定星座都很難放下執著，但堅持力和可靠的特質，往往能讓這類人發展出強大的意志力和力量，但也會使他們缺乏伸縮性和適應力，而變得非常抗拒改變。

有固定星座困難相位的人，經常會被迫放棄一些東西，如此才能解決某些深層的心理問題。他們緊抓著擁有物不放的態度往往會面臨一些挑戰，而當這類人面臨挑戰時會有兩種反應的模式，他們要不是決心忍耐到底，強迫自己接受眼前的情境（這類人的忍耐力是變動型和創始型的人所無法了解的），就是以謹慎、緩慢和果決的態度，一點一滴地把問題解決。

有固定星座大十字圖型的人，通常具有強大的意志力和源源不絕的能量，但是因為太不喜歡變動，所以會選擇保留而非花掉精力。難怪在他們身上改變很難自然地發生，通常會以相當劇烈的方式爆發出來。在關係裡面這類人也很難改變，他們拒絕被對方驅迫或推動，這種不配合的態度既是一種美德，也是一種缺點。如果他們能覺知什麼時候該執著，什麼時候該放下，那麼固定星座帶來的力量，就可能使他們達成不可能的任務。

固定星座的對分相

金牛座——天蠍座

建造者vs.秘密破壞者。平穩vs.情緒風暴。安全vs.誘惑。維持現狀vs.面臨危機。性vs.禁忌。

這兩個星座都關切欲望的滿足，特別是金錢、性、權力上面的滿足。這類人很容易碰到此種議題，而產生嫉妒或憤怒等情緒。如果星盤裡有一個以上的這種對分相，情況就會更明顯。佛洛依德的上升點是落在天蠍座，太陽是落在金牛座，他的心理學理論強調的就是性，或是口腔期、肛門期的性心理狀態等。天蠍座關切的是如何與人或自己的靈魂達到深切的交融；金牛座則比較扎根在物質、安全保障、食物及財物的累積。金牛座在性上面注重的是感官的享受。

獅子座——寶瓶座

個人vs.團體。個人特質vs.大眾通性。專制vs.民主。藝術家vs.科學家。佔有vs.自由。

寶瓶座渴望的是成為一個民主團體裡的成員，獅子座則渴望君臨天下。獅子座會覺得沒有觀眾（寶瓶座）是無法活下去的，因此這兩個星座的組合，會令一個人產生驕傲、固著和不依循常規的特質，或者至少會因為獨特性而出眾。他們解決專制與民主之間的矛盾性的方式，往往是爬到一個重要的位置之後，再去宣揚民主、自由和機會平等的理念。他們也可能以自己的原創性和怪異的特質而成名。這兩個星座的組合也會令人關切愛和友情。玩樂（獅子座）往往是發展友情和團體關係（寶瓶座）的第一步。獅子座會說「我愛你，我以你為榮，你是我的。」寶瓶座則會說「因為我愛妳，所以我要你自由。」

固定星座的四分相

金牛座——獅子座

這類人既穩定又可靠，但是會有頑固和欠缺伸縮性的傾向。自尊心很強也是他們的特質之一。由於這兩個星座都渴望過美好的生活（美酒與美食！）所以非常想擁有穩定的基礎。如果星盤裡這兩個星座呈現的是四分相，上述的傾向就會加倍。這類人不但在食物上的胃口很大，在生活的各個層面也都要求舒適。他們可能因長期攝取過度濃重的食物，或者因為沒有投入於自己真正喜歡的工作，而形成健康問題。如果他們缺乏和諧的情感及性關係，往往會在物質上面過度耽溺。

這類人很適合經商或是在金融業工作，因為他們重視金錢帶來的力量與安全感，而且渴望擁有昂貴的好東西。這兩個星座的組合之所以會在金融業裡成功，是因為除了金牛座帶來的穩定性和謹慎的特質之外，同時還具有投機冒險的能力。獅子座對遊戲特別感興趣、喜歡賭博和冒險，而獲得大筆的金錢通常都涉及某種程度的冒險。這兩個星座的組合也會帶來貪婪的傾向，不過當然星盤裡的其他要素也得仔細地考量。這類人不會太在乎行為背後的準則和造成的反彈。

這個組合是非常有創造力的，而且不限於商業領域，因為金牛座永遠想要生產出一些具體的東西。

金牛座——寶瓶座

金牛座關切的是保存、傳統、建構物質基礎。寶瓶座則是完全抽離和不依循傳統的，並極為關切友情和團體生活，因此這兩個星座的矛盾性是很明顯的。不過這類人也會努力整合金牛座的踏實性和寶瓶座的理想主義。

他們十分關切社會在物質層面上的問題，也希望每個人都能得到自由。

卡特曾經說過，這兩個星座的組合會帶來「落實的理想主義」傾向。這類人很適合從事帶有激進特質的企業，例如為物質世界帶來革命的電腦行業。

但是這類人也可能尋求簡單和接近大自然的生活，或者建構出像公社的生活方式；他們會以穩固的方式推動一種反傳統的生活，所以嬉皮士的星盤裡經常有這類相位。這兩個星座也會顯現成「地球之友」之類的推廣和平運動的形式。星盤裡如果有天王星落在金牛座的顯著能量，也會有相同的傾向。

這類人有一種了解土地的本能，而且十分有發明能力。從事有機農業的栽培者、渴望改良大眾食品的人，也往往有這類相位。他們喜歡為朋友或所屬的俱樂部準備外燴餐飲食物。

獅子座——天蠍座

這兩個星座的組合會形成熱情和溫暖的特質，但是也可能製造出驕傲、嫉妒和頑固的傾向。這兩個星座都喜歡權力，渴望維持現狀。由於八宮就是天蠍座的宮位，而這個星座一向和他人的錢財有關，所以這兩個星座的組合有利於銀行業或大型的金融業。

這個組合帶來的矛盾是獅子座這方面想要被讚美、被注意，天蠍座這方面卻渴望保有隱私。不論怎樣，這兩個星座被強化的人通常都喜歡戲劇化的生活，因此很少過著平靜的日子。他們對戲劇或多采多姿生活的渴望，有利於在娛樂業或藝術創作上找到出口。

雖然這兩個星座帶來了深切的情感，但是也容易凍結情感，而且當事情出問題時不太容易驅散心中的煩擾。這些特質再加上強大的自尊（尤其是性上面的自尊），很容易帶來報復和尖酸刻薄的傾向。若想免除報仇的後果，這類人最好能找到創造的出口。這個組合非常有利於黑社會的地下活動，戲劇也是釋放這類能量的理想途徑。如果星盤裡有許多風象星座，就可以幫助這類人從眼前的情況抽離出來，以更宏觀的角度看待事情。

天蠍座——寶瓶座

如同卡特所指出的，這兩個星座產生的矛盾是源自於天蠍座渴望擁有隱私，喜歡過孤獨隱密的生活，寶瓶座卻喜歡朋友、渴望群居生活，而且很在乎誠實與否的問題。

有時這類人會藉著反傳統的生活形式，來解決內在的這份衝突。他們會在日常生活的層面保有隱私，同時又擁有忙碌的事業活動。他們也會在天蠍座的議題上——性、玄學或死亡——展現非常反傳統的觀點。他們既想與人分享這類觀點，又害怕不被大眾接受，所以可能會投入由相同想法的人所組成的小團體。

卡特說這類人也可能會排斥人性。寶瓶座與天蠍座的組合會使人不信賴別人的動機，只對少數人展現熱情。

這兩個星座都對心理學有興趣，但著眼的角度不大一樣。如果一張星盤裡這兩個星座被強化的話，就可能會投入心理學的研究，加入心理治療團體。

這兩個固定星座會製造強烈的意見和情緒以及最深的信念，但是也可能一會兒熱情地投入於某件事情，下一刻又變得毫不在乎了。這類人有冷淡無情和強烈地想改造別人的傾向。

天蠍和寶瓶型的人通常不會退縮，因為他們不在乎是否受歡迎，而且有強烈的反社會傾向，但是仍然要看金星的能量如何。在最佳的情況下，天蠍座的洞見和深刻的理解力，加上寶瓶座的理想主義和人道主義精神，往往可以製造出一個具有高度改革能力的人。

變動星座大十字

當這類人面臨困難的時候，最典型的反應就是逃避。他們會為了逃避挑戰而不惜做出任何犧牲。

雙子座、射手座、處女座和雙魚座，全都跟理念、知識的蒐集或是理想有關。如果形成的是對分相和四分相，會容易導致內外交戰的情況，特別是理想、理念和信念上面的掙扎。

變動星座比較不在乎權力，所以是三種模式之中最不危險的一種，但是星盤裡如果有許多雙子座和射手座的話，可能會造成明顯的交通事故。

變動星座最有利的部分就是伸縮性和適應力都超強，但是不斷地渴望改變和不安於室的特質，也會使這類人很難獲得穩定的保障和安全感。不過他們在這方面並不怎麼擔憂，因為他們更渴望擁有探索和追尋的自由。被變動星座掌控的人，大部分的時候都不知道自己要什麼，因此也會出現強烈的不滿足感。

變動星座最能適應的就是要求伸縮性的情況——譬如教育和溝通（雙子座和射手座）及服務他人（處女座和雙子座）的工作。只要工作涉及到改變和伸縮性，都會令他們覺得很舒服。

這類人不是目標導向的人，所以比創始型和固定型的人更能適應每個當下的活動。由變動星座形成的T型相位和大十字圖型，最嚴重的問題就是缺乏一貫性，而且太容易妥協。這類人最糟的狀態可能是漫無目標及搖擺不定。變動星座需要學習的就是集中精力在某件事情上，思想和行動不集中令這類人很難清晰地看待事情，因此會有一種擔憂的傾向。他們也容易神經緊張，不斷地變動。如果火星落入的星座和宮位能帶來明確的方向，就可以減輕上述的傾向。

變動星座的對分相

雙子座——射手座

瑣碎的訊息vs.完整的畫面，理性vs.直覺。知識vs.智慧。一般學校vs.大學。短程旅行vs.長程旅行。無道德vs.道德。

這兩個行星關切的是教育和旅行的各種面向，同時也關切資訊的蒐集、連結和傳播，以及長程和短程旅行。這類人對什麼事都感興趣，十分健談，急於知道各式各樣的訊息。雙子座就像個學生一樣，什麼都想知道；射手座則像個應該什麼都知道的老師。雙子座代表的是天真、無道德感的年輕孩子，喜歡不斷地提出「為什麼」之類的問題——有點像塔羅牌裡的愚人。射手座關切的則是智慧、道德和判斷。它們組合起來可能代表「永遠的年輕人」，也就是卡特所謂的「小飛俠」和榮格所謂「孩子氣的人」——他們很難擺脫掉稚氣。

處女座——雙魚座

劃分vs.合一。秩序vs.混亂。批判vs.慈悲。完美vs.完整。

有這個對分相的人性格十分柔順，而且善於服務。處女座的辨認和批判能力，加上雙魚座的謙卑、仁慈和同情心，會讓一個人變得有用、喜歡給予。處女座尋求的是實際的服務，雙魚座則傾向於奉獻、犧牲，這兩個星座組合起來會形成謙卑和仁慈的特質，所以也有明顯的自我犧牲傾向。星盤裡這兩個星座被強化的人，往往會扮演受害者、烈士或是救贖者的角色。救贖與被救贖是這類人在關係之中的常態。

這兩個星座造成的衝突，是源自於處女座對純粹性和秩序的渴望，以及雙魚座的混亂傾向。處女座會認為如果檢視一個議題夠長的時間，就可以把不必要的東西排除掉，把剩下來的整合在一起，然後就能得到正確的答案。雙魚座卻不關切答案正確與否的問題；它認同的是相對性的價值。處女座渴望的是改善自己、他人和社會；雙魚座則會臣服於某個人或情況，有隨波逐流的傾向。

變動星座的四分相

雙子座——處女座

這兩個星座的本質是衝突的，但是也有許多相似之處。處女座雖然是土象星座，卻顯然帶有風象的特質，與雙子座結合在一起就更帶有風象的特質。簡而言之，這兩個星座都是由水星主宰的，因此占星師會很快地搜尋出水星落入的星座、宮位和相位，來決定這個四分向將會如何運作。

這個四分相帶有特別明顯的變動性。星盤裡如果有這個相位的顯著能量，往往很難下決定。卡特說變動星座最大的弱點就是「缺乏動機」，很難找到自己認為有價值的目標。這的確是非常貼切的觀察。這種傾向也容易帶來不滿足感。雙子座和處女座的四分相最糟的表現是喜歡批評、易怒以及永遠在找碴；卡特稱之為「吹毛求疵的態度」。此外，水星如果特別被強化，也可能帶來語言和文學方面的興趣及才華。這類人的興趣十分廣泛，相當有知識，但經常因為蒐集過多的資訊，而無法充分消化吸收。雙子座與處女座的結合會讓一個人的興趣和活動太分散，什麼事情都知道一點，而導致膚淺的了解和自認為無所不知的態度，同時也容易感覺乏味無趣，覺得任何事都沒什麼價值。星盤裡如果有明顯的火象星座或是帶有爆發性的行星，就比較會有明確的方向、熱情和信心。

這類人一旦有了清楚的方向，往往會努力地進行各種形式的研究。這兩個星座的組合也很有利於資訊的蒐集、分類和細部的研究。如果工作很有趣，他們也能適應官僚體制裡面的資料蒐集和校對的工作。但這並不意味他們特別有秩序——除非土星或摩羯座的能量很強；他們只是很善於處理資料罷了。雙子座加處女座，會形成實際、理性、現實和枯燥無味的特質，但是也可能相當機智，有能力蒐集奇聞軼事，所以利於各種形式的寫作。

雙子座——雙魚座

這兩個星座的組合就像所有變動星座的四分相一樣，會帶來不安於室的特質。雙子座是一個理性的星座，它關切的是概念、事實和知識，雙魚座關切的則是理想而非概念，相對性的價值和內在經驗而非事實。這類人可能會在客觀現實和內在真相之間不斷地掙扎，他們的人生目標就是要整合這兩個面向。如果星盤裡的水星座落的位置很好，那麼這兩個星座就會帶來對非理性議題的研究才能。這個相位有利於詩詞和富想像力的寫作形式。

卡特將這個相位與恐懼、孤獨連結在一起；這類人也很怕自己會精神失常，他們之中有些人的確會被頭腦裡的想法和意象淹沒。他們也可能過度理性地分析自己的感覺，和那些自己不了解的事物。他們很渴望廣泛地了解各種事情，也有一種想要讓事實吻合自己想法的需求，如果不能吻合，他們往往會感到焦慮，因此容易有心智上的困惑。如同卡特所說的，交談會是這類人最佳的解藥，透過某種藝術形式與人溝通，也是很好的治療方式。

處女座——射手座

由水星和木星主宰的這一組星座，經常顯現出多話和不安於室的特質。處女座關切的是日常生活的細節，這種傾向會令渴望冒險的射手座感到被侷限。當這兩個星座形成四分相的時候，往往帶有「小題大作和吹毛求疵」的傾向。

這類人時常批判別人的信念，對自己的信念也有自大傾向。不過這兩個星座的組合，的確有利於研究和分析各種的意識型態及信仰，也善於研究和健康有關的治療哲學。這個相位也很適合提供建議給別人。這類人往往會把他們的人生哲學和服務精神結合在一起，所以很適合在慈善組織裡擔任義工。

射手座——雙魚座

這類人會追求某種理想，容易變成做大夢的人。他們若不是真的旅行到異國，就是在心裡面想像遠遊異國的情景。如果星盤裡還有天王星的強烈能量，就很適合寫科幻小說。這兩個星座都不喜歡被侷限；他們渴望敞開大門，讓奇妙的事情能夠發生。這類人有不安於室、不容易滿足的傾向，因此往往成為浪跡天涯的人。

雙魚座能夠讓射手座的活力變得比較細緻，射手座則能為雙魚座帶來熱情。它們組合起來會形成一種天真的渴望和洞察的能力，而且會對其他人很感興趣，想要深入地了解別人。星盤裡有這兩個星座的人，往往帶有天真和無法輕信於人的矛盾特質。

這個四分相也有誇張和粗心大意的傾向。這兩個星座都關切信念問題，如果形成四分相容易在政治和宗教方面帶來衝突。這類人的信念和意識形態經常會對立，而且很難以理性的態度堅守自己的信念，如果水星的能量很強這種傾向就會減輕。他們經常發現自己的宗教或政治上的信念，與眼前的環境相抵觸，所以必須做出一些調整。

火象星座的三分相

火象星座大三角會增強一個人的熱情，帶來享受生命的能力，為直覺和自我中心傾向提供一些支持。這類人關切的是未來的動向，而且能夠直覺地嗅到未來的可能性，但若是缺乏四分相的話，就很難讓這些可能性成為現實。

這類人喜歡冒險，也很容易涉入需要冒險的情況。由於他們根本意識不到恐懼，所以並不覺得自己很勇敢。他們追求的大多是能夠令他們興奮的活動，他們喜歡熱切地投入於某些事情，保持一種活力充沛的狀態，而且不相信有任何糟糕的事會發生。至少他們很有信心自己會受到保護，而這份信心也往往使他們不至於受傷害。這類人比較享受別人帶給他們的娛樂，但並不會真的去演戲或是做出戲劇化的舉動。

土象星座三分相

土象星座的三分相會強調物質層面的保障，對金錢議題通常很在意。星盤裡有土象星座大三角的人，比較不必擔憂沒有飯吃之類的貧窮問題，這是因為他們最關切的就是如何在經濟上獨立，在物質上獲得安全感。這個相位會帶來實際、可靠、現實和社會化的特質，而且會渴望在物質世界生產出一些具體的東西。這類人對自己的身體和現實世界都很能掌握，他們知道什麼時候該吃東西，該如何照料自己和他人。

風象星座的三分相

我永遠記得第一次教授占星課的情況。班上有一位學生每週都來上課，而且總是坐在前排。她的臉上雖然顯現出興趣濃厚的表情，但從不做任何筆記，也似乎沒什麼進展。她買了許多這方面的書，但似乎都是淺嚐即止。由於她是個非常聰明而討喜的人，當時我又沒什麼經驗，所以我懷疑自己是不是出了什麼問題？我的課是不是令她覺得很乏味？她是不是真的明白我在說些什麼？如果她真的明白了，又為什麼會一直來上課呢？後來我才發現她的星盤裡有風象星座的大三角，而她已經上遍了坊間所有的占星課，但是都沒什麼進展。她上課是因為她很享受各種的學習情況，她追求的就是心智上的刺激。

我想指出的重點是，風象星座並不代表博學、智力或用功，它們也不一定主宰思維能力或智力，如同水象星座不一定主宰感覺次元一樣。其實風象星座或是它的三分相，代表的是一個人消化資訊和概念的能力。風象星座的三分相會增強一個人的溝通能力，還有對各種社交情況的適應力，但不一定能增強智力；它帶來的比較是興趣和好奇心。除非星盤裡有其他的要素，否則風象星座的三分相，特別是大三角，反而會造成膚淺的認知和理解。這類人很滿足於自己在心智上的才能，所以不覺得有必要進一步地發展。不過如果有行星落在三宮和九宮裡面，或者水星形成了許多困難相位，上述的情況就會被消解掉。

水象星座的三分相

這類人會有強烈的依賴性，如果形成了水象星座的大三角，那麼需求很容易被滿足，所以就不需要去面對依賴性的問題了。

水象星座的三分相帶來了支持和保護他人的能力。這類人最主要的動機就是追求安全感。他們對自己的感受有一種敏銳的覺知。不管他們喜不喜歡自己的感覺，在判斷上面都不容易受應該如何的標準影響。基本上，我們可以說水象星座的三分相會增加對本能反應的覺知，比較能體會他人的感覺。不過我們必須認清「感受」和「了解」並不是同一回事，因此水象星座的三分相不代表一定能了解自己的感受，也不一定能與人分享自己的感受。這類人的才華是立即能意識到自己對某個東西的感覺，但是不一定比其他人有更好的感覺，比較是能夠

【第二部】

相位的組合

第六章 太陽的相位

太陽——月亮

渴望／需求。未來／過去。父親／母親。性格／人格。顯意識／潛意識。

如同在別處曾經說過的，星盤裡的太陽和月亮通常是格外重要的部分，因此這兩個行星形成的合相、困難相位及柔和相位，都必須加以清楚的識別。

誠如丹恩・魯依爾（Dane Rudhar，法國作家及占星學家）和其他人所建議的，假設這兩個行星呈現的是「入相位」（譯注：運行速度較快的月亮正在接近速度較慢的太陽），其意義應該有別於「出相位」（譯注：正相位已經形成，而月亮正在脫離太陽），雖然我個人並不清楚這兩者有何區別。從技術上來看，如果月亮是落在太陽之後，便是所謂的「香酯月」或「消散月相」（Balsamic Moon），為了方便起見，我將採用「新月」這個名詞來代表太陽與月亮的合相。

太陽與月亮的合相顯然會強化它們座落的宮位、元素和星座，而形成星盤裡的重要焦點。如同其他所有的合相一樣，和新月形成的相位的確需要仔細檢視。

太陽代表的是我們的未來，以及我們努力達成的目標，月亮代表的則是我們的過去，以及能夠帶來舒適感和滿足感的事物。當這兩個星體形成合相時，一個人的需求和目標通常是一致的，也就是具有統一的焦點、方向和目的。我們可以說這個人將所有的雞蛋都放在一個籮筐裡面；而此合相落入的星座與宮位，則可以描繪出這個籮筐的模樣。

新月人往往來自父母角色單一的家庭背景，甚至可能從小就寄宿在學校或孤兒院裡，而其中的某個人或整個組織，同時扮演著母親和父親的角色。更常見的情況是父母的態度及人生目標很相似，他們總是以相似的方式回應孩子。這種現象的影響是孩子無法聽到其他的權威之見，所以長大之後也很難從別人那裡尋求建言或是向別人學習。這類人渴望自己是最高權威，似乎無法藉由別人的協助來界定自己的目標或身分。基於上述的理由，新月人很少會出現在占星師或治療師的諮商室裡。當新月人變成父母時，也不太願意和另一半分享交流，而逕自扮演起雙親的角色。

新月人是非常主觀的，他們認同的是自己以及自己的完整性；他們不太容易認同別人，也不容易察覺別人的需求，因此這個相位與偏狹的心性有關。

由於此相位在星盤裡會呈現出陰陽兩面的融合，所以這類人也可能有雌雄同體的傾向，或是對自己的性別感到困惑，特別是在年輕的時候。新月型的男孩童年時經常有許多女人環繞在周圍，而且會被自己的女性傾向所困擾；女孩則會顯現出陽性特質，或者家裡有許多男性，而且同樣會感到困擾。但是這類情況不一定是一個問題，它之所以會造成困擾，顯然是源自於社會抱持的陰陽兩極看法，更危險的是將它和男女的角色混淆在一起，要求每個人都必須臣服於特定的角色。

有這個合相的男性經常有一張月圓似的臉孔，通常對母親的認同會大於父親。我認識的女人之中有這個合相的並不多，所以不太有資格說些什麼，其中的一個可能性是她們比較認同父親。

新月人通常十分敏感，相當重視需求上的施與受以及滋養的議題，但是由於他們的偏狹傾向，所以對別人的需求感受得很慢。這跟月圓人永遠能清晰地察覺別人的需求很不一樣，後者對周圍的人每一個微小的反應都很敏感。

太月有相位的人與家庭的關係十分緊密，呈合相的人尤其很難「離開原來的窩」，甚至可能到四十五歲都很難脫離家庭！不過其他的情況也可能發生，譬如完全擺脫掉家族的歷史、觀念和態度。月亮代表的是我們的歷史，當它被太陽強化的時候，童年歷史的影響力就會變得極為明顯，因此往往有深埋在潛意識裡的一些慣性。新月指的是一個月份裡最暗的夜晚，而這可以被視為一種象徵，意指新月人完全被內心和社會無意識底端的運作模式所操縱。從定義上來看，無意識指的是無法被覺知到的部分，而新月人的確很難接受無意識這個概念，當他們察覺到無意識裡的活動時，通常會感到相當困惑。

這類人的人生目標乃是藉由專注於過去來影響未來；他們必須意識到過往的歷史，認清童年曾經發生過什麼事。新月人專注的特質可以從馬克思的身上清楚地發現，他的太月合相在金牛座、落在二宮裡面。他對擁有權以及缺乏擁有權的關注，完全反映出上述的相位和宮位的特質；對他而言，人的劃分方式只有兩種，一是擁有生產工具的人，另一半則是無法擁有的人。馬克思是以非黑即白的觀點在觀察這個現象，而且始終堅信不移。

如同馬克思一樣，典型的新月人也從不妥協，只是一味地勇往直前，至於是以積極果決的方式，還是以較為被動的方式展現這種特質，就要看涉及的星座是什麼了。基於上述的理由，新月人似乎帶著牡羊人的特質，具有一種打前鋒的拓荒精神。太月合相的人若非發起人，也會樂於參與事業的草創期。這類人可能會說：「什麼事我都能做，因為我永遠是我自己。」不過這個合相落入的星座顯然會影響此合相的特質，但即使是內向型的人，也可能顯現出缺乏伸縮性的強烈性格。果決、聚焦、強勢、目標清晰，是這類人的通性。

對分相

太月對分相即是所謂的「月圓人」。月圓人與新月人有顯著的差異，他們不太能集中焦點，也比較不果決。由於他們對關係有強烈的需求，再加上內心有不安全感，所以經常從外界的人或事物上尋求滿足。你可以在占星師和心理治療師的諮商室裡，發現許多這類月圓型的人。關係就是這類人存在的理由，他們深知如何藉由一對一的關係，來進一步地界定自己和釐清目標。這種傾向能夠為月圓人帶來客觀性和覺知力；他們既能覺知自己也能覺知別人，而且能意識到各式各樣的可能性，也頗能欣賞內心和人生的曖昧性和各種悖論。雖然這能令他們顯得比較周全，但是在達成目標上卻有困難，因為人若是一直意識到凡事還有其他可能性，或不同看待事物的方式，勢必很難果決地推動任何事情。試著想像一下，假如馬克思的想法是：「事情可能是這樣的，但或許也有別的可能性……，你認為呢？」會是什麼結果。我們可以說馬克思的太月若呈現的是對分相而非合相，那麼馬克思主義很可能不會產生。

月圓人也經常來自於一個和新月人完全不同的家庭，因為他們眼中的父母扮演的是截然不同的角色；也許其中的一位極為內向，另一位則極為外向，或者一位老是待在家裡做家事，另一位則永遠在外面忙碌。這個議題可能以任何一種方式顯現出來，關鍵就在於父母雙方在人生態度和面對孩子的反應上面，有著截然不同的差異性。

有時這類人的父母也可能選擇分居或離異；對大部分的孩子來說，這種情況並不一定會造成極大的困難，但是對月圓型的孩子來說，卻會因為渴望留在雙親身邊，而對父母分居兩地的情況感到相當難過，繼而發展成極大的不安全感。這類人的父母經常爭執，因此他們很難確定南轅北轍的父母，是否真能提供角色上的典範。不管真實的情況如何，這類孩子時常覺得自己像個夾心餅一樣，長大之後也很難把這兩種人格面向統合到一塊兒。月圓型的孩子和月圓型的成年人一樣，都顯得極為敏感、容易發脾氣；我們可以把他們的脾氣看成是一種需要被人關注和不安全的表現。和四分相一樣，呈對分相的人的雙親或父母之一，很可能沒有把自己最真實的感覺表達出來，於是孩子就替他們發洩了出來。

四分相

四分相和對分相的議題很類似，但是我認為它更容易帶來焦慮不安。這類人必須下許多苦工才能獲得情緒上的安全感，認清自己究竟是誰。他們在適應環境和發揮創造力上面，往往會覺得衝突矛盾。我們可以說太月所有的困難相位，都會顯現成渴望（太陽）和需求（月亮）之間的分裂性，因此這類人的目標就是要統合這兩種心理要素。可是當他們找到自己的人生目標時，似乎又會出現某些現實層面的障礙，有時困難是源自於他們自己的慣性模式。

譬如我認識的一位男士本來很想成為有機產品的雜貨商，但最後還是做罷，因為他無法在清晨起床去市場辦貨。他一向起得很晚，而他無法也不願打破這個習慣。有時這類人的家庭或家庭情況也會阻礙他們達成目標，擺脫過往的束縛。譬如某個年輕人正準備上大學，但是家裡的親人突然生病，亟需他的照料。這類人似乎很難弄清楚自己渴望的究竟是什麼，也很難將其表達出來，如果我們允許這種現象存在，那麼家族和過往的歷史就會不斷地干擾未來的人生目標。

呈四分相的人似乎真的需要達成某些成就，讓家人為他們感到驕傲。孩童時期的他們可能會覺得父母並不以他們為傲，這份欠缺感會促使他們不斷地成長和發展，但也可能是阻礙他們發展的理由之一。儘管如此，太月呈四分相的人還是能逐漸認清父母對他們的評價並不重要；他們來到這個世界已經被設定好必須接受某種暗示，變成一個和過去世截然不同的人。

四分相的人比對分相的人的童年更困難一些，因為他們的父母會不斷地產生衝突，彼此阻擾。這些孩子對父母也有同樣的感覺，有時甚至覺得自己就是家庭起衝突的原因所在，因而變得羞於表現自己；他們以為說任何話都可能令情況變得更糟。這種壓抑自我的傾向可能也涉及到土星的能量。四分相經常會帶來家庭的分裂；父母之一可能意外地或是被設定好不再扮演雙親之一的角色，或者如對分相的情況一樣，孩子會卡在父母之間變成夾心餅。

呈四分相的孩子通常不願意和雙親保持緊密的關係，或者父母之一會阻礙他們和另一方建立緊密的關係。有時他們也可能不斷地跟著父母搬家，但是這種一直有事故發生的情況，也可能令他們覺得很興奮，或者因此而缺乏內在的安全感。他們比其他人更能體會人必須藉由父母的關係來轉化自我，或者人必須重複父母的模式，然後學會將其轉化成更富有創造性的運作方式。

如同所有的太月困難相位一樣，四分相帶來的挑戰也是要整合個人目標上面的矛盾需求，並且要整合家族和家庭的過去、現在、未來。

三分相與六分相

太月呈柔和相位的人，似乎對自己和自己的人生感到相當舒服。他們不覺得自己人格裡的顯意識和潛意識是分裂的，也不覺得過去、現在和未來有什麼衝突。這類人的雙親通常有穩定的關係，早期的家庭生活也能帶來一種安全感，而這並不意味他們的家庭生活或父母的關係是快樂或不快樂的，而是比較不會去破壞父母的安排。

有柔和相位的人比較能自在地表達自己，特別是自己的感覺。從負面來看，這些有三分相的人容易感到自滿，因為他們不像呈困難相位的人那樣，時常質疑自己或是自己的人生。當然三分相也會帶來一些問題，因為一個人如果太接納自己，勢必很難轉化星盤裡的其他缺點。從另一方面來說，柔和相位也代表對自己有足夠的好感，所以比較有能力應付人生中的困境。

太陽——水星

自我認知。獨立思考者。強烈的意見。知識的重要性。

由於太陽和水星的距離不會超過28度以上，所以本命盤裡出現的唯一太水相位，很顯然就是合相。

傳統的阿拉伯占星學主張，某個行星如果和太陽的距離在5度之內，往往會被太陽「燃燒掉」。如果是在30分之內，就算是一種「極度燃燒」（casimi）的現象。某些占星權威認為極度燃燒的水星代表的是卓越的智力，而燃燒程度較輕的水星則是智力偏弱。以我的觀察來看，我們既不能否定也不能肯定極度燃燒的說法，或許我們應該說水星和太陽如此接近的相位並不多見，所以很難證實哪種說法是正確的。我所認識的水星極度燃燒的人，在腦力上面和其他人幾乎沒什麼不同。以我看來，太陽和水星合相不但不會把水星的能量燃燒掉，反而會帶來力量。

基本上，太水合相的人會藉由他們的意見伸張自我；他們強烈地認同所謂的「理性」思考。這類人十分認同自己的想法、概念以及說出來的話，並且渴望自己的話受到重視，被人看成：「我就是我說出來的話，我就是我的思想。」

對太水合相的人而言，知識是值得驕傲和極為重要的東西，也是展現力量、權威性和信心的方式，他們的人生目標就是成為某個領域裡真正的權威。如果這兩個行星的組合是落在有利的星座上面，而且和其他行星形成有利的相位，那麼這類人就會信心滿滿、熱情十足地表達他們的意見。這個合相代表的是有機會成為真正的獨立思考者，或是擁有獨立想法的人。

這個合相最大的問題就在於無法接納別人的意見。雖然大部分的人都有主觀的傾向，但太水合相的人特別難意識到自己的這種傾向，而且永遠無法明白別人的看法也是有效的，或者別人的確會有截然不同的看法。約翰・艾迪在《自選集》（“Selected Writings”）裡說過的一段話，應該算是對上述特質最佳的詮釋：

卡特先生在他的《占星相位》那本書裡曾經指出，太水合相的人似乎有思想過於固執的傾向，他們最糟的一面就是冥頑不靈、堅持己見、傲慢自大，又意識不到自己的驕傲和主觀特質。占星學子們可以從這些傾向去思考這類人的水星受到了何種影響，包括他們的觀察力、記憶

力、視野、說話的方式以及適應力……。我們可以藉由希臘神話的依卡若斯（Icarus）來比喻這個相位的特質：他天真的父親為他打造了一對由臘製成的雙翼，當他飛到高空逼近太陽時，臘翼被太陽的高熱溶化，以至於墜海而死。此外，神話裡的貝勒洛豐（Bellerophon）也帶有這個相位的特質。他騎著飛馬佩佳索斯（Pegasus）上天，但因為自己的放肆自大而喪失了眾神的恩寵，最後落得眼瞎腿跛地在世上遊蕩。

由於天空裡的太陽和水星是如此地接近，所以我們可以說人人皆是凡人。我們擁有的知識都是主觀的，全是一些奠基在不完整的資訊而形成的意見，因此根本無法從完整的角度來觀察任何一種情境。

很顯然有關水星過度燃燒的傳統觀念，乃是源自於太水合相之人的觀點的確有盲點。從最佳的角度來看，他們是真正的獨立思考者；從最糟的角度來看，他們過度主觀的傾向令他們的觀點變得極為狹隘。當人們不贊同他們的看法時，他們往往會把對方的意見當成是對自己的人身攻擊。

這個合相落入的星座和相位顯然十分重要。如果這個合相和土星形成四分相，就會造成對自己的想法不確定，對自己的溝通能力缺乏信心。如果是這種情況，那麼這個合相代表的就是：此人極度渴望自己的想法和說出來的話受到重視。如果這個合相落入的是固定星座，便可能展現出堅持己見和頑固的特質，但如果是落在水象星座和風象星座，則比較不會有這種傾向；屬於固定星座的寶瓶座卻是個例外。

太水合相的人通常會重視兄弟姊妹的情誼，以及眼前環境裡的其他人。除非這個合相與土星或冥王星形成相位，否則通常是來自於大家庭，而且裡面的人總是進進出出的，很喜歡交談。有時這類人的父親也很健談。來自於大家庭的背景，說明了這類人為何擅長與人談天說地。他們十分好奇，對什麼主題都感興趣，他們本身也十分有趣、擅長學習。

如果這個合相的距離很近，而且是落在有利的星座上面，就會像太陽落在雙子座的人一樣善於表達、充滿著好奇心、喜歡說話，而且不時地會用手去碰觸他們的聽眾，以確保這些人繼續聽下去。甚至可能當你一走進門來，他們就對你提出了好幾十個問題。這類人通常很勇於談論自己及自己的人生目標。

這個合相有利於所有和水星本質有關的行業及活動：一切形式的溝通交流、教育工作、仲介工作、運輸業，以及涉及到人、地方和概念的任何一種活動。

太陽——金星

重視關係。在意自己是否受歡迎。性格柔順。自愛。有愛心。父親有愛心。追求心靈的寧靜。

由於太陽和金星永遠不會超過48度的距離，因此本命盤裡的這兩個行星只可能形成合相、半六分相及半四分相。在以下的論述裡，我主要想談的是合相，因為我們的確很難對半六分相的影響做出任何解釋。

太金合相的人最渴望的就是愛與被愛。不論屬實與否，他們都自認為是有愛心和溫暖的人，同時也很渴望被看成是受歡迎、心地仁慈和親切的人。這類人由於渴望受人歡迎，而且懂得取悅別人，所以人緣通常很好，尤其受女性青睞。對他們而言，成為一個有愛心的人或是被別人視為如此，乃是世上最重要的一件事，但顯然星盤裡的其他要素也必須仔細檢視。由於他們渴望受歡迎的需求太強烈，所以很難面對不愉快的議題，也很難展示自己令人不愉悅的一面。他們會發現難以堅持己見，因為這會掀起波瀾，他們寧願不去冒這種險。

他們願意相信眼前的情況是美好的，其中的人也是美好的，即便自己或他人其實並不完美。這種傾向會使他們變得短視，只看自己想看到的一面。但是從正向的角度來看，這類人的確很能接納別人，懂得給別人「留餘地」。這個相位一向和真正的愛心有關。由於這類人喜歡從同情的觀點看事物，所以能夠接納旁人無法接納的情況。他們連打死一隻蒼蠅都下不了手，何況是別人的自我呢？

太金合相的人一向願意妥協和提供協助。由於他們非常強調關係的和諧性，同時有逃避痛苦和渴望受歡迎的傾向所以在別人的壓力之下會顯得懦弱，容易被人制服。如同天秤座的人一樣，這種不計一切要維持和諧性的傾向的確是個問題。這兩個行星的組合顯然不利於領導者的工作，因為性格太過於柔順，很難堅持自己的原則，固守自己的立場。

不足為奇地，太金合相的人最重視的就是關係；從這兩個行星落入的星座和宮位，可以看出他們關係的類型。太金呈緊密合相的人通常會從他們重視和愛戀的對象來反觀自己，換句話說，他們似乎只能透過人際關係來看清楚自己的真相。

這類人的父親或者父親的某個面向也可能帶有這種傾向。在這類人的眼裡，父親是個有藝術細胞、不喜歡粗野作風的細緻之人；他可能真的是個有愛心的男人。他也可能經常逃避眼前的挑戰，或者無法有效地扮演父親的角色，甚至會對受歡迎這件事上癮，或是堅持要讓婚姻維持下去，儘可能地保持討人喜歡的作風。總之，有此相位的孩子往往會覺得他們是爸爸的好女兒或是好兒子。

太金合相的關鍵詞之一就是自愛，而且要發展出對這個概念的理解、形成一種對話。如果這個合相與其他的行星成困難相位，那麼達成真正的自愛就不是一個簡單的任務了。這個合相如果和其他行星（譬如木星）形成柔和相位或困難相位，則可以詮釋成虛榮心。太陽一向代表我們努力想達成的狀態，而非我們已經形成的狀態，因此這兩個行星的組合，意味著人生的英雄之旅涉及的是發展出自愛的能力。事實上除非我們懂得愛自己、與自己和平相處，否則永遠無法真的愛任何人。

但太金合相的人似乎很難與自己和平相處，因為他們對自己的某些面向總是感到不滿，因此他們的長程目標就是追求內心的平安，得到內在與外在的寧靜。

這類人通常有藝術鑑賞力和細緻的品味，也可能有這方面的才華。他們只消看一眼美麗的臉孔、優美的風景或是欣賞和諧的音樂，精神就會為之一振。他們也可能為自己的藝術才華感到自豪。這兩個行星形成的任何相位都格外喜歡音樂。半四分相和半六分相經常出現在歌手的星盤裡，但我認為合相卻不常見。

有此相位的男女兩性都特別重視陰性法則。整體看來，不論是合相或其他兩種相位，都顯得較為被動或懶散。這類人的性情愉悅和順，喜歡過輕鬆的生活，逃避各種粗糙的狀態。如同月亮和金星的相位一樣，這兩個行星的組合也愛甜食和味道濃重的食物。太金合相的人通常有奢華傾向，喜歡過舒適日子。金錢對他們來說是十分重要的，因為他們總想逃避辛苦的工作，耽溺於感官享受之中。這類人因為太被動、太隨性，也太喜歡社交生活，所以不願投入競爭激烈的商業領域，不過仍然要看星盤裡的其他相關要素是什麼。

這兩個行星落入的元素也非常重要，如果是落在風象星座上面，往往會有特別理性和公平的傾向；如果是落在水象星座上面，則會顯現出關懷和慈悲的傾向；如果是落在土象星座上面，則會格外樂於助人，有自我耽溺傾向，也可能有生意頭腦；落在火象星座上面，則特別溫暖和富有愛心。

太陽——火星

與自己做對。與父親對抗。從勝利中獲得榮耀感。重視勇氣和膽識。

這兩個行星形成的強烈能量，通常會帶來顯著的人格特質。這類人是真正的個人主義者，他們喜歡當領袖和參與者，而非追隨者或旁觀的人。除非星盤裡有相反的元素，否則他們通常是充滿著精力的，而且很渴望積極地做些事情，不喜歡被動地等待事情發生；因為有這種人生觀，所以許多事情自然會發生在他們身上。

那些有太火相位的人是非常專注的；他們知道自己要的是什麼，並且會以最快的速度得到它。當他們渴望某樣東西時，態度會非常急切，立即就想得到。有時這會讓一個人涉入不法的活動，而且很容易被逮到！藉由蠻力獲得某樣東西是最快的方式。

這類人通常有極大的野心、富競爭性，如同牡羊人一樣，他們也急於爭先。他們認為成就和作為是非常重要的事，而且為自己的勇氣、膽識和追求成功的能力感到自豪。除非星盤裡有強烈的土星能量，否則太火型的人並不如自己渴望的那麼容易獲得成功，因為這兩個行星的組合會帶來衝動和魯莽的特質，可能會不假思索地栽進某種情況裡，犯下非常嚴重的錯誤。太陽加上火星的魯莽性格，通常會被星盤裡的其他元素沖淡，也會因為時間、年紀和經驗而逐漸減輕。

不管怎樣，這類人的確有強烈的戰鬥力，特別是有困難相位的人；他們充滿著內在的驅力和領導潛力。他們一味地想贏！贏！贏，而且一旦獲勝，又會渴望征服新的領域。他們不怕為自己所渴望的事情奮鬥，因此善用這股能量的最佳方式，就是為那些力量較弱的人抗爭。

在平等心、穩定性和平衡性上，這類人通常缺乏良好的記錄。他們永遠是準備好要行動的人，因此不善於平靜地解決問題，除非星盤裡有明顯的天秤座和金星傾向。

不過這類人的確善於發現和修理故障，也很適合發動事情。他們在利己的傾向上，通常抱持健康和誠實的態度，雖然有時也可能完全忽略別人的需求，而呈現出這兩個行星組合之下的負面傾向。這類人的性情很少是溫和的，而且容易踐踏那些過度軟弱的人。他們也可能假設每個人都是從相同的利己立場在運作。

基本上，太火的相位就像月火的相位一樣，最好是找到可以奮鬥的目標，以便將自己的勇氣、行動力和熱情展現出來，並善加利用自己的行動力和快速做決定的能力。這些人是天生的鬥士，如果找不到表現的管道，很可能會惹事生非。

如同上升點與火星的相位一樣，太火的相位也可能使人碰壁、撞上電線桿、涉入危險的暴力場面，或者經常有刀傷、碰傷或擦傷，特別是在頭部。這兩個行星的組合很利於當軍人，或是必須展現戰鬥力的工作。俠盜羅賓漢很可能有太火的相位，許多為不公不義現象抗爭的人也可能有這一類相位。這兩個行星的組合也有利於富競爭性的運動，譬如網球、拳擊、壁球，或是和自己、過往的歷史或他人競爭的活動。那些星盤裡有太火相位或是強烈火星能量的人，也可能把後果設想得很糟而選擇不去競爭，其實內心仍然有強烈的競爭性。

我們可以說太火型的人經常和自己為敵，或是早期和父親對立。這種對父親的憤怒很可能促使他們達成各式各樣的成就，但也可能令他們一輩子都和男人為敵，同時又暗自認同陽性特質。他們的父親本身也可能是好戰份子，孩子從小到大都為了自衛而和他對立。他們的父親也可能有自己意識不到的強烈性慾，導致孩子不明所以地感覺受威脅。有時父親和孩子之間也會出現競爭性，或者父親的工作領域帶有火星特質，譬如經常會用到金屬工具的軍人、外科大夫和屠夫，亦即他的手時常會染上血跡，或者其職業會讓他運用到太火的能量。

這類人的父親在人生的某個階段可能會遭遇勇氣方面的挑戰，譬如必須上戰場打仗，或者他們本身必須挺身為父親抗爭。我認識的兩位有太火合相的人，他們的父親不但不是戰士，反倒成了拒絕服兵役的人。其中一位的父親堅持留在家裡務農和養豬；他展現出來的還是太火相位的行為模式，因為他仍舊是為了自己的信念而與體制為敵——在戰爭時期選擇不參戰的人，比參戰的人更需要勇氣。這位父親的女兒就是有太火的相位，所以經常在學校裡遭到其他同學的攻訐，指責她和她的父親是膽小鬼。但是稱這類人為膽小鬼，簡直就像是對蠻牛揮舞紅旗一般；結果很可能是一場血戰！

那些有太火四分相的人很難確定自己是否有勇氣，他們很怕自己是懦夫或者被視為如此，因此經常會製造一些情況，使他們展現出無懼的精神以證實自己是勇敢的。那些有對分相的人更容易陷入一對一的戰爭中，特別是年輕的時候，因為他們很容易把別人看成帶有攻擊性或好辯之人。那些有太火合相的人則比較會認同自己的火星面向——勇敢、大膽、熱情，而且不知道自己的果決傾向該展現到什麼程度。我認為太火相位的關鍵詞應該是「勇氣」，雖然我們經常把這個字和驍勇善戰或大膽冒失連在一塊兒。「勇氣」這個字真正的意思是「用心投入」，這個字的字根 cor- 原來的意思是「愛心」。

許多占星家包括卡特和艾柏丁（Ebertin）在內，都認為太火的相位代表罹患心臟病的可能性。有這類相位的讀者在開始擔憂自己可能得心臟病之前，我必須進一步地指出，其實和太陽有關的一切相位都可能造成心臟方面的問題；太金的相位可能造成心跳緩慢，太木的相位會造成心室肥大，太土和太天的相位則可能造成心律不整或心肌梗塞。無數有這類相位的人，包括有太火相位的人在內，雖然並沒有心臟方面的問題，但是從推進法和移位法來看，上述的現象仍然是成立的，尤其是呈對分相的情況。太火的相位之所以會造成心臟方面的問題，主要是因為這類人一向過度忙碌，很難停下來休息，除非被迫如此，所以他們的心臟及他們的精神都可能消耗過度。這類人容易用心過度，因此必須學會讓事情自然發生，不要一味強求，應該學會「存在」而非不停地「做為」。然而反過來看，有太火相位的人更可能因為手上沒有事情可做，而出現健康問題。缺少可以展現自己才能的管道，會令他們相當惱火和挫敗，這對身體是非常不利的，特別是中年之後。但是這股憤怒不需要以負面方式來詮釋，因為它也可能促使這類人採取行動，改善令他們感到惱火的情況。

從約克公爵夫人（Duchess of York）的星盤可以看出太火合相的特質。以她的身分地位來看，她顯得相當大膽而率性。她一向勇於做自己，似乎很難適應媒體加諸在她身上的王妃形象。由於她非常敢於做自己，所以仍然十分受歡迎；甚至她還帶有另外一個太火合相的特質——紅頭髮。

由於太陽和火星都是代表陽性的元素，所以女人有這兩個行星的組合，很可能被展現出火星特質的男人吸引，譬如軍人、打前鋒的人或是勇於冒險的人。

太陽——木星

探險家或遠征之人。機會主義者。夢想家。志向遠大。自我擴張。對上帝的認同。

不論這兩個行星的相位是什麼，似乎都帶有樂觀主義和充滿信心的傾向。如果呈現的是柔和相位，就會顯現出樂天知命的溫和心性；困難相位則會帶來過度的自信心和比較顯著的活力；合相則可能在不同的時段裡展現出這兩種特質，或是其中的一種。這類人也往往是非常慷慨的，而且不僅只於外在層面。大體而言，太木型的人多半有善良的動機，也容易從同情的角度去詮釋別人的動機。這類人也會有自大的特質，最糟的情況是同情心變成了紆尊降貴、施恩於人的高姿態。他們可能無法從平等的角度去看自己的同胞，反而將其視為低於自己的人，所以才需要以寬容的態度相待。太木型的人也可能很傲慢地假設認同上帝是絕對必要的事，因此他們的行為有時會被視為高高在上，帶有大家長式的作風。他人的這種反應會令這類人感到洩氣，不解為何自己的慷慨大方和慈悲心，竟然被如此無禮地看待。

他們的確很容易洩氣，不過為時很短。在體型上木星就像個大氣球一樣，顯得又大又輕，而這會激起人們的一種衝動——用針去洩掉它的氣。木星會誇大太陽的自尊傾向，所以這類人很可能相當驕傲，就像孔雀展翅一般，這也令我們聯想起古老的格言：驕者必敗。

太木的困難相位最糟的一面就是自我膨脹和浮誇——一種缺乏現實基礎的自大傾向。他們的自我雖然看似很大，實則非常脆弱。他們認為自己就像上帝一樣無所不能，而且壞事都不會發生在自己身上。他們對生命以及對自己的信心都似乎過高了一點。「似乎」是個很正確的字眼，因為有木太相位的人其實並不像他們顯現出來的那麼自信；因為如果真的具有信心，就不需要這麼辛苦地展現出過度自信的態度了。

這類人是偉大的夢想家，能夠直覺地看到自己在整個事件中的位置，而且能夠從更大的畫面來看任何一種情況，同時能看到未來更佳的可能性。他們的目標似乎過高，但令人感到意外的是，他們往往有能力使美夢成真（通常得涉及到土星落在固定星座上面），這是因為對生命以及對自己的信心使然。這類人骨子裡是個賭徒，很喜歡冒險犯難，而且很少覺知到失敗的可能性或是危險。他們深信自己的計畫是受到神庇祐的，所以不會有任何災難發生。他們對冒險的熱愛以及對自己所做的事的信心，再加上深信未來一定會成功，所以頗能帶給別人信心。

這兩個行星的組合帶來了高超的領導能力，而且對於權威以及成為權威都抱持正向態度！柴契爾夫人就有這兩個行星的四分相（同時與火星及冥王星呈四分相），可以說是很顯著的一個例證。

這類人深信成長和自由的重要性，理想上也會重視每個人的成長及自由，而這會形成對政治的興趣，雖然這並不是一個特別具有民主精神的行星組合，因為這類人喜歡按照自己的方式做事，對民主進程中必要的謙虛和自我收斂特質並不是十分熱衷。

如果星盤裡的其他元素也都能配合的話，太木的相位就會促使一個人成功，在自己的領域裡變得越來越顯赫。此刻讀者可能會以為這類人受到了麥德斯的加持（譯注：Midas是希臘神話裡的點石成金之神），但是我必須指出一點，那就是呈困難相位的人仍然可能遭逢困難，而且是相當嚴重的困難。不過太木的組合最氣人的一點，就是不必負太多責任便能過關。他們受歡迎的程度只會因此而下滑一點，甚至還能從不幸之中看到更偉大的命運安排。沒有任何類型的人能夠像他們一樣，毫不在乎地又重新開始。

呈困難相位的人由於粗心大意、誤以為自己一向受神的庇祐，所以很容易發生意外，特別是火星和天王星也牽涉進來的話。那些有柔和相位的人通常比較幸運，而且不像呈困難相位及合相的人那麼過度擴張自己，或是過度粗心大意。因此呈困難相位的人必須碰碰運氣，看看自己是否能通過考驗。

這類人是天生的探險家和遠征者，他們只想不斷地成長，擁有更大的空間。他們也喜歡積極地拓寬視野，擁有更多的經驗，而且不太可能依循成規，或是以瑣碎刻薄的方式行事。他們的視野極為宏大，不喜歡被小事干擾，除非碰上最嚴重的阻礙。這類人通常是肉體和精神層面的偉大探險家，就像射手型的人一樣。他們對法律、宗教及教育都很感興趣，也非常關切人生的意義和人類的未來，因為這些領域通常能提供進一步的探險空間。

這兩個行星的組合也利於諮商行業，因為這類人可以在其中扮演上帝的角色。他們也適合在舞台上表演，因為戲劇讓他們有機會用誇張、諷刺和宣揚自我的方式來表現自己。雖然太木的相位（特別是合相和困難相位）會呈現出過度膨脹的人格，但這兩個行星的組合也可能出現在較為內向的人的星盤裡；這類人比較無法忍受聚光燈下的生活。不論是內向或外向型的人，基本上都渴望不斷地拓展自己的視野。

太木呈困難相位的人（特別是落在變動星座時），很容易因為失望而感到痛苦；他們總覺得別處的草比自己腳下的草要綠一些，而這種不滿足感往往會促使他們做出重大改變。反過來看，當他們面臨困境時也很懂得以最佳方式自處，並且能激起別人的希望和樂觀心態。有時這種樂觀傾向也會令這類人拒絕落實下來，面對嚴酷的現實。太木型的人的確像個被神庇佑的大孩子，讓這些孩子落實下來就等於把他們變成了凡人。

有這類相位的人並不一定會隸屬於正統教會，但通常有強烈的信仰。困難相位一向與「信仰上的困難」有關。這類人的父親也可能有信仰上的問題，特別是父親的信念和道德觀容易會阻礙孩子的發展。這類人本身也容易遭遇信念系統和人生目標統合上面的困難。道德意識過強也可能是他們的問題之一，他們的父親也經常被視為道德觀很強的人。這類人的父親通常是喜歡旅行的人，他們需要很大的空間和自由，拒絕被別人約束；這意味著父親可能經常不在家，留給孩子一種探險家的印象。有時孩子也會把父親看成是神一樣的人物，或者很難接觸到遠在天邊的父親。如果呈現的是柔和相位，父親就比較帶有哲學傾向，而且慷慨大方。無論如何，這類人往往會把父親的信念內化在心裡，因此必須將其和自己的信念整合在一起，仔細地審視和消化一番。

太陽——土星

自我否定。自律。自制。自我防衛。權威的重要性。認清恐懼。時間的重要性。

當星盤裡的某個行星被土星觸及時，就會讓人特別渴望被觸及的那個行星所代表的事物，這是因為此類人會對那個相關的領域產生缺憾感。由於太陽的關鍵詞是「重要性」，因此有太土相位的人十分渴望變成重要人物，因為他們認為或者害怕自己是微不足道的，而且這種感覺從小就有了。

每個小孩都有權認為自己是世上最重要的人，也鮮少有父母不認為自己的孩子是最重要的，但是有太土相位的小孩對自己的重要性卻沒有強烈的感覺，也不覺得世界是繞著自己在轉的。基於某種理由，這些孩子的獨特性和個人性並沒有被父母接受、認可和強化；孩子童年時與自我重要感有關的出風頭傾向，或是一些能展現出自我重要性的行為，往往都遭到了打壓。另外一個可能性是，父母並沒有從孩子的角度去看事情，只把孩子當成了自己的附屬品。這類人的父母或照料者小時候也可能沒有被父母肯定，因此轉而在下一代身上尋求自己的價值。基於此理，有太土相位的人的身分認同經常是受到嚴重壓制的。

這類人小時候很可能被父親忽略，他們感覺父親的時間似乎不夠用，只能擠出一點時間來滋養和發現孩子獨特的價值。父親似乎無法扮演強而有力的至親角色，但是錯又不完全在他身上，因為在這種情況下母親往往會扮演起土星代表的規範者角色，她會抱持強烈的看法，去模塑孩子的性格發展；孩子的獨特性非但沒有被認可，還時常被母親緊密地監督著。這類人的照料者通常意見強烈，認為孩子應該發展出特定的性格，所以一直嚴密地掌控和監督孩子，以確保其發展能符合這些設定。因此這類孩子很早就接收到一些信息，認為自己必須成為某種類型的人，於是真實的自己就被否定了。

不論原因是什麼，有太土相位的人主要的問題多半出在身分認同上。我們的確可以說太土的相位（特別是合相與困難相位），就是要一個人建構出真正屬於自己的身分，而且要透過非常辛苦的方式才能了解、接納和建構自己。早期遭到父母忽略的感覺（有時太陽落在十二宮的人也有類似的感覺），會讓這些人無意識地渴望被關注、發現和認同，或是渴望自己是很重要的人。有太土相位的人很想成名，同時又有一點羞於出風頭。他們一方面渴求名望、榮耀以及被認可，而且的確需要這些外在的支持，另一方面則由於小時候父母不准他們強化自己的獨特性，所以很難認清這份需求，故而無法自在地成為眾人的焦點。這有點像老師問課堂上的學生有誰想把自己的照片掛在牆上，其中至少會有一個小孩半舉著手帶點遲疑地表達這份渴望，因為這個孩子某種程度上認為自己的照片不夠好看，或者還不足以成為別人矚目的焦點。更重要的是，有太土相位的人或許認為自己的照片很好看，但並不想讓別人看出心裡的這種念頭——典型的「自卑情節」。

有太土困難相位的人小時候經常對權威人物失望，所以也很難讓自己成為權威，雖然心中暗自渴望這個位置。他們會給人一種印象，好像他們深信自己才是最佳的權威，但只有不再害怕自己的無限潛能時，才可能讓自己成為權威。這種矛盾性的另外一面也必須加以面對，那就是他們很怕自己是微不足道的人。這類人最重要的任務就是在內心發現自己真正的權威性。他們到了中老年之後，往往除了自己之外別的權威都不相信。他們學到的一切都是經過千辛萬苦才領悟到的，所以自然會變成只仰賴自己而不仰仗任何人。

他們渴望成為權威者和負起重責大任的人，以肯定自己的價值。他們要不是傾全力達成這個目的，就是半推半就地希望別人將他們推上這個位置。這類人很怕自己的表現遭到別人批評（其實是他們在批判自己），所以會試圖在世上做出一些有意義的事。他們希望自己是值得自豪的人，因此必須創造出一些具體的成就（請記住土星一向關切具體的事物），或是對人類做出一些特殊的貢獻，而且是經得起時間考驗的。換句話說，有太土相位的人渴望的是成為真正的英雄。

這類人不論成就了什麼豐功偉業，仍然不認為自己是夠好的，所以會不斷地努力下去。從許多層面來看，這種傾向的確比太木型的人要強得多，因為後者很容易對自己的成果自滿。太陽和土星的組合會讓一個人不停地努力下去，最後變成人人欣羨的卓越人士，即使他們沒有達成自己的願望也不打緊，因為他們的確有了真實的成長。每通過一次考驗，他們就會獲得進一步的信心和自知之明，通常他們的努力也多半能獲得認可，這種正向的支持頗能幫助他們療癒自己的創傷。反過來看，這類人內心深處缺乏信心的傾向，也可能使他們無法有任何建樹，因為他們無法承受自己創造出來的東西被視為二流貨。如果他們不能認清自己對失敗的恐懼，那麼他們的恐懼很可能會變成事實。如果一個人太仰仗別人的撫慰或是外在的支持，就會強化自己的弱點，繼而被別人的讚賞所掌控。這種情況一旦發生，他們的完整性就不見了；這才真的是對自我的否定呢！

太陽一向會促使我們認清它所觸及的部分，因此有太土相位的人必須認清自己的恐懼。意識到這個心理議題一向是自我治療的第一步。如果這類人無法察覺內心的真相，就會出現嚴重的後果，因為強烈的不妥當感會促使他們掌控其他人或情況，以確保無人能勝過他們。通常他們掌控得最厲害的對象，不可避免地就是自己的孩子，如此一來我們就強化了我們父親的罪惡。另外還有一種惡性循環傾向，就是過度果決和依賴自己，永遠不讓別人穿透到內心深處，而導致別人無法真的重視和珍惜我們。這類人的自保機制通常非常強烈，或許他們年輕時的確需要保護自己，但成年之後這種傾向如果仍舊發展得過於極端，反倒會讓自己變得孤立無援。

他們往往是認真嚴肅的人，而且很容易把周遭發生的事看成和自己息息相關，特別是在身分認同必須靠外在環境反映出來的童年階段。不過他們通常能隨著年齡的增長而找到真實的身分，獲得十足的自信心。這類人的自信心不像太木型的人那麼脆弱浮誇，因為是從對自己的真實評價和侷限中產生的。他們的確會限制自己，以非常謹慎的態度建立自己的目標，這些目標一旦通過考驗並且達成了，他們就會有真正的信心。土星帶來的自我否定一向會隨著時間而消失。

雖然太土有相位的人總是認真嚴肅的，但是這類相位卻經常出現在諧星的星盤裡，因為他們必須有良好的節奏感，譬如「我愛露西」中的露西・包爾和艾瑞克・墨克姆（Lucille Ball and Eric Morecambe）。我發現太土的合相經常出現在丑角的星盤裡，因為小丑喜歡戴上面具來保護自己。就大部分的人來說，皮膚都是身體最重要的防護罩，也是我們和外在世界的藩籬，而小丑的面具就是一種雙重防護罩和藩籬。小丑比其他的諧星更歡迎「嘲笑我」這件事，這裡面有一種帶著挖苦意味的反諷，其中的信息是：「不要太認真地看待我」，然而說這句話的人往往是以最認真的態度在看待自己。有太土相位的人喜歡藏身在面具之後以保護自己，因為他們很怕面對徹底裸露真相的後果。

有太土相位以及月土相位的人都很難活出真實的年齡，他們要不是很小就得滿足父母的要求，就是在晚年時才會展現童稚的一面，也許這些傾向都是源自於童年遭到過否定。童年是成年的見習階段；對太土有相位的人而言，這個見習階段並未完成，所以很難真的成熟。我認為大部分有太土相位的人，其生命會隨著年齡的增長而變得越來越輕鬆，越來越舒服，因為那時他們的內在孩童才會被允許充分展露出來。

太陽——天王星

改革者。無政府主義者。創新者。激進份子和革命家。堅持保有自由和獨立性。重視真相。

以自己的獨特性和原創性為榮。改變和抗拒改變。

太天呈合相及困難相位的人，通常會展現出強烈的想要與眾不同的渴望。另外一個常見的特質就是明顯的獨立性。不過這類人有時也會一方面想要與眾不同，一方面又渴望符合常規。這兩個行星形成的困難相位，尤其會令人覺得自己是古怪的、與眾不同的局外人，因此最渴望的就是被別人接納。與眾不同的特質也可能使他們得到家族成員的關注，但又覺得自己是個局外人。卡特曾經談及這類人也可能完全誤解別人的話。我懷疑這種焦躁傾向是源自於怕被人嘲笑，或是被視為怪異的人。

他們不論早年的歷史是什麼，似乎都有一種強烈的欲望，想要擺脫過往的一切，向家族的傳統或價值觀宣戰。他們不想和年輕時遇到過的權威人物或體制有任何關聯，這種叛逆傾向其實是在對抗早期的父權形象，或是對抗所屬的國家及政治氛圍，也可能是其他的集體影響力。星盤裡太天呈柔和相位的人，這種叛逆和求異不求同的傾向當然會減輕一些；他們對自己的獨特性感到很滿意，所以不急於向世界證明這一點。

呈困難相位的人最主要的問題，就在於總是以堅持己見的方式行事，有時這是因為他們曾試圖這麼去做，但是遭遇過強大的阻力。這類人非常難與人合作，不過星盤裡如果有強烈的金星能量，這種傾向就會減輕一些。如果你想和他們達成協議的話，最好以徹底誠實的態度相待（他們最受不了的就是被人操弄），而且要給他們許多空間和自由。指導這類人如何做事，或者告訴他們什麼是最佳的方式，通常不會有什麼好結果；即使他們的意見和你相同，也會選擇相反的做事方式。他們在合作方面之所以有困難，是因為他們很怕自己的靈魂被抹煞；他們認為如果妥協的話，就會喪失自己的個性。

這也意味他們可能會變成局外人或獨行俠，一個被異化和冷落的人。有時這種被異化的現象，也可能源自於他們表達的觀點太過於超越時代或太前衛，所以他們的觀點經常會遭到他人的排斥。不過這種現象之所以會產生，也可能源自於這類人的態度而非觀點；由於他們一直在預期自己會遭到排斥，所以經常以強烈的方式表達意見，但星盤裡如果有水星和金星的能量，就可能緩和這種傾向。太天合相或呈困難相位的人，很可能是非常乖僻、難以預料、頑固及任性的人，而這也經常會引發別人的強烈反彈。

比較極端的太天型人也可能非常缺乏持續力，他們也許在某一天展現出堅定的支持態度，十分熱衷地追求特定的目標，但幾天之後又去鼓吹其他的理想了。更令人感到挫敗的是，他們似乎很難察覺自己的善變傾向。太天型人的觀點通常是非常極端的，而且會以最不妥協的方式表達出來。不過這種詮釋方式也可能偏頗了一點，因為只有當星盤裡有強烈的寶瓶座特質，或者太天呈困難相位時，才會出現極端的行為和革命傾向。這類人也時常會發現自己處在不該或無法妥協的情況裡，譬如我就認識好幾位激烈的反種族隔離政策的南非白人，他們的星盤裡都有太天的相位。他們的強烈意見不單是針對種族隔離政策，也是在強調自己有別於所屬的體制。他們的主張背後埋藏著一種恐懼：很怕自己被視為一丘之貉，可是他們的白人背景的確使他們成為與眾不同的人。

基本上，這些有太天困難相位的人很難真的「改變」，雖然他們看似在促成各式各樣的改革，其實內心裡非常害怕變動。在日常的層次上，這類人是很難往前進展的——如果缺乏風象星座或變動星座的話，這種傾向就會更明顯。但這麼一來變動卻會突然發生，而且是來自外在世界，不是由這類人主動選擇的，那些戲劇化和急遽的改變，可以看成是他們內心的改革和求變所需而導致的結果。

在任何一個層次上，改變都會造成他們內心的抗拒。同時他們也可能頑強地拒絕改變他們的人生，或者可能遭到現實及社會層面的阻力。不但他們的內心對改變有恐懼，而且別人似乎也不允許他們改變；他們也很怕別人會試圖改變他們。人畢竟得先有堅強的自我，才能伸縮自如地應變，因此太天型的人必須花很長的時間，才能發展出堅定的自我形象和人格。我認識的好幾位盲人都有太天的四分相，對他們而言，即使是環境裡出現最微小的變動，都意味著會帶來行動上的不便，或者必須非常謹慎地行動。

太天型的人一向喜歡和主流唱反調，或者喜歡破壞既定的計畫，但這並不需要從負面的角度來評論，因為這兩個行星的組合就是要為這類人帶來此種特質。這兩個行星的組合就是要促成改變。這類人非常善於為眼前的情境注入新氣象，因為這些情況已經變得無效、矛盾或是被視為理所當然。許多在電腦及高科技領域的人都有強勢的太天相位，因為這類科技會不斷地為以往的建樹帶來挑戰——電腦挑戰的是土星的結構，而它就像其他的發明一樣能夠節省時間。太天的任務不但是要挑戰落伍的傳統，還要幫助人發現自己的獨特性，以及在真相之中找到自己的尊嚴。太天型的人往往是進步的代言人和拓荒者，而這兩種身分正是他們最佳的功能；他們雖然缺乏伸縮性且頑固，但是這些人格特質的確能促成改變。

太天型的人可以成為極佳的改革者，他們鮮少尊崇權威，所以也不會被權威束縛，所以在超越傳統和保守主義上相當有才能。他們不會因為既定的常規而接受事情的運作方式，也不會輕意認同某些權威人物在未來做法上的主張。

不過即便他們有這些優點，仍然可能在促成改革上面變得過於極端。這類人可能會採取非常激進的手段，將過往的一切連根拔起，而這也許也不見得是恰當的。因此，極端型的太天人經常遭到別人的阻抗，因為那些人會被連根拔起的震盪所影響。

有時這種行為是來自對家族根源的反抗，特別是父親這方面的親人。我們不難發現這類人的父親帶有權威傾向，或是喜歡欺凌弱小，因此他們很渴望有別於父親或其他的父權人物。諷刺的是，他們執意要脫離常軌的做法，恰好展現出那些父權人物的法西斯作風。這類人的父親也可能不再扮演父親的角色，或是以疏離冷淡的態度對待孩子，因為他發現自己很難一面渴望空間和自由，一面又負起做父親的責任。他也可能拋家棄子，或者孩子根本無法確定自己能否見到父親，也無法預料父親會有何種舉動。基於某種理由，這類人的父親和其他人的父親往往有極大的不同，而這可能令孩子感到很興奮，但也會造成深埋在內心的不安全感。

作為一名激進份子，很可能變成一個團體的局外人，不過太天型的人並不擔憂這種情況。或許他們根本不想加入任何一個俱樂部，因為他們鄙視他人，甚至會以退席的方式來顯示自己是更有價值的。選擇不按家族或社會其他人的方式行事，能夠讓他們活得無拘無束，當然有時也會被孤立。

雖然慈悲心並不是這類人的特質之一，但是他們也經常為不幸的人爭取權益。那些不幸的人通常也是被社會放逐的人，而太天型的人最容易認同的就是被異化的族群；由於他們堅持擁有個人自由，所以也會支持他人爭取權利和自由。

那些有柔和相位及合相的人比較不像困難相位及合相的人，展現出極端的頑強、乖張和一意孤行的特質。柔和相位也不會帶給人改變世界的潛力，它們會讓人展現出比較溫和的反傳統傾向；這類人會覺得自己與眾不同，而且對這種狀態很滿意。但那些有四分相的人反倒對自己的特殊性不太確定，也不太確定自己是否渴望與眾不同。合相與四分相都會使人變得緊張，必須以不尋常或是最戲劇化的方式展現自己。他們會覺得自己就像小提琴的琴弦上得太緊似的。他們可能介於天才和歇斯底里症之間。

佛洛依德早期的研究對象就是歇斯底里症病患，他的那些富有革命性的觀點一直歷久不衰，而他本身就有太天合相的相位。精神病學家萊恩（R.D.Laing）的星盤裡也有緊密的四分相，他以精神病領域的激進療法馳名，經常提到「異化」這個概念。凡妮莎・瑞格雷夫（Vanessa Redgrave）的太陽則是落在寶瓶座、與天王星成四分相，而且與天頂合相，她在政治上的激進理念比她在舞台上的精采演出更為人所熟知。另外一位激進人士哲明・格瑞爾（Germaine Greer）也有太天的四分相。

太陽──海王星

自欺。自我美化。父親是受害者。喪失自我。逃避自我。媒介體。自認是受害者或救贖者。對願景的重視。以擁有慈悲心為榮。

不論相位是什麼，太海型的人都會渴望活出理想的人生，譬如渴望成為獨特的人、以某種方式和神性連結。這兩個行星呈緊密相位的人往往帶有一種傷感的特質。卡特用了下面這段話完美地描述了這種傾向：「**一種與平庸、具體及確鑿的事物保持距離的纖細特質。**」

海王星一向會提升它所觸及的元素。我們的經驗如果被海王星所提升，就會使我們更脫離現實情況。當太陽被海王星觸及時，就會使有這類相位的人渴望提升和美化自己的經驗，隨之而至的則是一種對自己的失望、失落或困惑感。

渴望成為特殊人物的問題，就在於很難接受自己和人生平凡的一面，因此這兩個行星的組合與自我懷疑及不滿有關，乃是不足為奇的事。這類人會一直渴望變得更好，擁有更多的經驗，也可能在自己和自己的動機上面編織許多幻想。有太海相位的人一向以自欺著稱，不是沒有理由的，他們最極端的傾向就是對自己和自己的動機編造許多妄想，最糟的是他們可能扭曲事實，緊緊抓住自己的幻覺不放，包括身分認同和眼前的情況在內。

每個人都需要有強壯和穩定的自我，才能照亮自己的其他部分。有太海相位的人童年時往往沒有發展出一個強壯的自我，所以一直在尋找靈性上的救贖，其實是在尋找自己。

這類人的雙親之一，特別是父親，很可能在他們童年時就消失了，或是很少在他們身邊。如果四宮裡沒有其他元素，那麼父親通常是在身邊的，卻無法參與孩子的自我發展。雖然如此，太海型的人仍然會把父親理想化（特別是呈困難相位的人），而且要花很長的時間才能意識到父親一向難以被接觸到，而當這類人意識到這種情況時，往往會把自己看成是父親的受害者。他們早期對父親抱持的形象通常和真實的情況大不相同，他們可能把父親的形象扭曲成自己喜歡或不喜歡的模樣，不論理由是什麼，這個形象對此人的發展似乎是必要的。想像出來的父親形象取代了父親本人——或許這麼做是必要的。

更精確地說，太海型的人通常很難描述父親的真實狀態，也很難以切實的方式來了解他。同樣地，這類人也必須花很長的時間來了解自己。他們的父親可能在海上工作，或者跟孩子有一海之隔的距離。他也可能是行善之人，譬如當傳教士或是別人的教贖者，因此經常不在家。他可能是藝術家或神秘學家，也可能是商人、清潔工或酒鬼。孩子會把他看成追求夢想或理想的人，或逃避現實或超越現實生活的人。孩子可能會在父親身上編織許多浪漫的幻想，甚至根本不知道他是誰、身處何處；也可能覺得父親的夢想或逃往的對象比自己重要得多，或者把父親看成是追求靈性經驗的人。不論情況是什麼，這種設計都是要這類人把父親當成追求海王式生活的典範，以便超越平庸的現實，去達成自己的夢想。不過父親也可能被視為一名受害者，譬如他也許很有藝術才華和潛力，卻被現實生活綑綁，必須負起沉重的責任及重擔。他也可能對精神層面的事物上癮，或是對酒精、藥物上癮。

這兩個行星的組合有各種的可能性，我發現最常見的發展就是童年時缺乏教育上的界線或原則，也缺乏權威人物的引領（如果星盤裡有土星，這種情況就會改變）。這說明了有此類相位的人，特別是困難相位，似乎沒什麼正確、正常或可能性的概念。他們對人生很早就感到幻滅了，主要是因為他們不知道該抱持什麼樣的期待，對自己對任何一方面都是如此。他們也很難決定自己的工作、家庭和關係究竟是可以接納的，還是真的糟透了。他們似乎很難對現實做出任何論斷和衡量。這種缺乏衡量準則的傾向也許非常有利，但也可能使人喪失方向。如果我們不知道什麼事是正常的或是可以接受的，那麼很顯然任何事都可能發生；我們不需要接受他人設定的標準。反過來看，如果對自己對人生設定的標準太高，那麼眼前的情境就不可能是夠好的。

困難相位最主要的問題就在於無法如實接納事物的狀態，但是也由於有這種傾向，所以會產生一股想要改變和改善的驅力，因此困難相位也會帶來利益。太海型的人對自己和世界都抱持非常高的理想，他們渴望超越平庸的現實，但挑戰就在於得設法讓這種狀態發生而非一直逃避，或者誤以為不該被接受的事是可以接受的。有太海相位的人就像太陽落在雙魚座一樣，通常都非常敏感、能夠察覺物質世界的痛苦和粗糙性，所以經常想逃離。

那些有困難相位或合相的人對命運時常感到不滿，他們很難決定該朝哪個方向發展，該跟什麼樣的人合作，或者該選什麼類型的工作。他們要不是期望過高，就是覺得選了某個方向會喪失其他的可能性。接納現實會令這類人覺得出賣了自己，無法完成內心的遠大抱負。其實他們得透過接納某種情況或是與人合作，才能使自己的夢想成真。在我看來，這些困難大多和自我接納的議題有關，因為他們不接納自己，困境才會以各種的方式顯現出來。有時太海型的人也可能太快接納某種情況，而且容易變得太被動。同時他們也不太能接受眼前的現況；或許表面上是接受了，但內心並沒有真的接受。

太陽和自我概念有關，當海王星觸及太陽時，會讓一個人的身分認同和疆界感變得模糊。太海型的人或海王星能量很強的人，幾乎可以變成任何一種人。他們的自我和別人幾乎沒什麼界線，就像變色龍一樣，可以變成眼前的任何一種情境，或是任何一個人的顏色。這種疆界模糊的情況，也會讓這類人產生自我懷疑和挫敗感，他們不只在身分認同上容易產生困惑，而且從小就覺得很難決定將來該成為什麼樣的人。他們雖然渴望變成特殊又有魅力的人，但那會是什麼模樣呢？

由於他們太渴望擁有某種身分，又意識不到什麼疆界，因此往往會變換成他人的身分，藉由他人來活出自己。由於我和非我之間的界線很薄弱，所以有這類相位的人才能輕易地滲透其他人和情況。就因為對身分認同十分渴望，所以他們會試圖去接近自己所崇拜的人，但並不是源自於喜愛而是很想變成對方，正如門徒一向渴望變成他們的上師。基本上，太海型的人既渴望與人合一，也渴望跟宇宙及上主合一。當然太海型的人也會把自己開放給別人，所以很容易受到引誘。

這種缺乏疆界感的傾向，也有利於將理想變成現實。那些不容易受物質現象束縛或是不易察覺現實性的人，可能也不會有什麼遠大的志向，但是太海型的人即使發現自己的理想不易實現，仍然會有遠大的抱負。他們的無疆界感以及忽視規範的傾向，往往是非常有利的一種特質，因為這會使他們接觸到神奇、非凡或是無形的次元。不過缺乏疆界感也可能導致混亂和失序，如同卡特曾經說過的，「**太海型的人對眼前的障礙和事實的侷限經常視若無睹**」。

他們的缺乏疆界感以及滲透的能力，在關係裡面會展現得更清楚。他們能悄悄地貼近任何人，而且不論社會設定了什麼尺度，都能自在地和眼前的對象交談。他們和街坊上的牧師、流行歌手或是小提琴家都能自在地交流。他們也可能把某個人理想化，當成父親一樣來崇拜，並且形成緊密的關係。有時他們也不一定會跟別人形成這樣的關係，而是會把對方看成神一樣的形象來崇拜。他們年輕的時候經常尋求上師救贖，中年之後也可能扮演別人的救贖者之類的角色。

有時太海型的人也會跟公眾人物成為朋友，因為這類人十分有魅力和吸引力，足以成為他們的榜樣。和那些比較特別的人交往，會使太海型的人發現對方何處是恰當或不恰當的，所以也很容易感到幻滅。他們會把某些人和事物理想化，然後又發現人其實都很平凡，也都有低下的一面。每當他們對自己尊崇的人或是夢想感到幻滅時，都會有強烈的失落和失望感。由於他們經常把別人的人生看成比自己的更重要、更特別、更美好或是更有魅力，所以這種幻滅感恰好就是他們需要的經驗——只有幻滅才能迫使他們如實接納事情的真相。不幸的是，典型的太海人似乎非常需要別人的拯救，所以也很難讓他們從幻滅之中清醒過來。他們必須親自去發現自己就是自己夢想的受害者，才有能力扮演他人的救贖者。

這類人既可能認同受害者，也可能認同救贖者。他們必須發現這兩種角色其實是一體的兩面，否則很難發展出屬於自己的身分認同。與其活出別人的夢想，或換成別人的角色來生活，太海型的人必須追求自己的理想。他們的確有「救世主情結」，有時這種情結會透過他們選擇的行業表現出來，特別是此類相位如果涉及到六宮或十宮，或是它們的宮頭星座的主宰行星。這類人也可能和那些被視為救贖者的人形成關係。他們很喜歡領養小孩，尤其是涉及到五宮的話。他們很清楚迷失和隨波逐流的滋味是什麼，所以格外擅於治療這一類的創傷。

持平而論，這類人是極為友善、敏感和慈悲的，雖然他們自我犧牲的動機並非永遠出自利他的想法。不論如何，太海型的人都很能理解慈悲心的重要性，而且會以此為榮。卡特對他們的描述是：「**富同情心，友善，愛護動物，而且幾乎都是『善類』**。」

由於他們缺乏界線感，所以命中似乎注定要活出海王星的法則，譬如扮演救世主、犧牲者或烈士的角色，但也可能以其他的方式展現出來。他們也經常成為他人的思想、感覺或身分認同的媒介。他們之中有些人真的具備靈媒的天份，有的則是藉由藝術或創作工作來成為媒介，譬如將情感投入於角色之中的演員工作，或是從事把我們的感覺描繪出來的藝術家或音樂家等。

太海型人的神秘主義傾向既是一種才華，也是問題的源頭。他們和無形次元之間的管道是非常暢通的，而且很容易洞察到非理性的存在面向。他們不像其他人那麼執著於現實世界或是自我。他們既想逃離自我，又想深入地探索自己，同時又想超越一般的生活經驗。這可能會帶來一些問題，或許只有透過某種能擺脫掉自我的工作，或是獻身於他們認為非常重要的事情，才能真的發現屬於自己的身分。

因此，投入某種形式的藝術表現，對他們是非常有利的，這樣他們才能保有客觀性，一方面探索世界的真相，一方面又能逃離粗糙的現實。這類人和創造領域、戲劇、音樂、寫作及美術，都有密切的關係。在戲劇和寫作方面，他們擁有罕見的才華，能夠深入於角色的內心世界，精準而深刻地表達角色的複雜心態。依麗莎白・泰勒（太陽、水星及火星都落在雙魚座、與海王星成對分相）、艾倫・班尼特（Allan Bennett，太海成三分相）、珍・奧斯汀（太海成四分相）、莫札特（太海成對分相）都是著名的例子。卡特將太海的相位和占星師連在一塊兒，因為占星學或心理學的某個部分，就是要滲透到另一個人的心中，成為對方的媒介。

占星學當然也可以被視為一種神秘學。或許最能代表太海相位的人就是榮格了，因為他把占星學納入了他的心理研究工作之中。他的精神分析非常重視人的「個體化過程」（清醒地意識到自己獨特的心理現實），而且在分析的過程中比較不按牌理出牌，甚至把夢境、童話和藝術也當成探索心理問題的工具——這些都是太海相位的特質。榮格強調，「情意結」和內心的衝突矛盾不但是可以被接納的現象，而且是人類創造力的泉源。榮格本身後來也變成某種程度的「上師」，一個被理想化的父權人物，而他也有一段時間把佛洛依德當成父親來看待。此外，精神分析師也像演員一樣，某種程度上是在代人受罪。太海型的人會藉由對個案的同情以及承受他們的痛苦，來找到自己的生命表現方式。

太陽——冥王星

隱藏自我。重視權力。認清禁忌。強而有力的父親。轉化驕慢。執迷於自我。

太陽與冥王星的相位組合，特別是合相與四分相，代表的是竭盡所能地隱藏自我的傾向，但這種傾向並不是出自顯意識的決定。總之，太冥型的人很可能使你覺得認識他們多年，還是無法深入於他們內在的心理動力活動。這不意味你和他們沒有親近的感覺——反而感覺往往是很強烈的——而是無法真正了解他們在童年時究竟發生過什麼事，或者曾經有過什麼樣的感受。太冥型人的自我保護傾向嚴重到甚至會讓太土型人的自我防衛傾向，看起來像是兒戲一般。

這類人通常給人強而有力的感覺，而且會散發超凡的魅力，卻很難被看透。他們能夠以自己的方式展現強大的力量，但似乎察覺不到自己的力量，或是已經被這股力量壓倒了。他們從小就發現自己很難擁有力量，而且很難直截了當將其行使出來。他們有強烈的自我意識，似乎很難擺脫掉自我，也很難客觀地看待自己；同時他們會假設別人也像他們一樣容易意識到自己，而形成了一種多疑和偏執的傾向。除此之外，他們還有一種想要逃避自己的渴望。

這一類相位既可能在極外向的人的星盤裡發現，也可能出現在較為內向、防衛心強、無法展現光芒的人的星盤裡。他們似乎為自己挖了一個洞，而且已經鑽了進去。即使是那些外向和強而有力的人，也仍然會費盡心力隱藏真實的自我。有這類相位的人似乎覺得自己無處可藏，所以必須費力地創造出一個藏身之處。如同月冥型的人一樣，太冥型的人也需要自己的私密空間，而且很怕被人侵犯。他們非常害怕自己的身分遭到威脅，這可能是因為童年有過某種遭遇，而導致他們形成了這種人生觀。

某些有這兩個行星呈困難相位的人，曾經有過反常的家庭背景，裡面發生過一些社會認為應該隱藏起來的事，這些歷史可能包括冥王星代表的禁忌議題在內：性侵害、家庭暴力、犯罪活動或是精神失常。這些孩子被帶進了冥府，很小就接觸到人生陰暗的一面。這不代表一定發生過什麼事，也可能意味著父母掩蓋了許多陰暗的事實，導致孩子放不掉心中的那些陰影。太冥型人的父親可能有強大的掌控慾，雖然他很少被如此描述，但他的確會被孩子視為掌控性極高的人。太冥型的人比較不像太土和太海型的人那樣，他們童年時父親經常在身邊陪伴著；而且會覺得在父親面前好像無處可逃似的。父親往往被經驗成一個多疑的人，或是像警察一樣的監管者(我見過幾位有太冥相位的人，父親真的是警察)。因此對太冥型的孩子而言，父親似乎無所不知，孩子的任何一個微小的不端行為父親都知道，甚至當孩子興起某種想要犯規的企圖時，都會被父親察覺。有時父親的工作也帶有冥王星的特質，譬如他接觸的都是社會和人性的陰暗面，或是社會的一些禁忌行為，譬如暴力、虐待、精神失常或是死亡之類被社會排斥、忽略或隱藏起來的面向。這類人的父親可能從事的行業如下：警察、殯葬業者、心理學家、清潔工、鉛管工人、污水處理者，他們的工作經常涉及到社會秘辛，或是物質及心理層面不為人接受的事情。

總之，這類人往往會被父親嚴密地掌控。父親的死亡通常也會帶來巨大的影響，他們很難忘掉父親，仍然會把他放在心中的一個神聖的角落裡。他們在早期可能會跟父親形成強烈的對立，但是從正向的一面來看，這也會形成非常真實而深刻的父子關係，繼而帶來真正的自我轉化。太冥型的人不論男女都缺乏和男性的關係，在他們的無意識底端，父親似乎留下了過於強烈的印象，所以沒有太大的空間可以容納其他強而有力的男人了。

他們的父親通常也能意識到自己和人性的陰暗面，所以會像超人似地保護他們的孩子，讓孩子避開他們曾經犯下的錯誤，或是家族曾經遭遇過的傷害。這類人心中的沉重感似乎是源自於父親的罪疚感；他們因為這份罪疚感而接觸到人生的醜陋面，而且被暗示那些事情有多糟。基本上，這類孩子並沒有被允許去認識自己和父親的陰暗面，更何況是接納了。在這種情況下，孩子不知道該如何處置自己的醜陋念頭和衝動，所以不是把它們深埋在無意識底端，就是完全被它們淹沒。如果是後面一種情況，他們就會覺得自己既然和這些陰暗面分不開，那麼只好認同它們了，於是便形成了把自己看成是魔鬼、反基督或是充滿獸性的人的傾向。從某個層面來看，太冥型的人似乎注定要為社會負起這一類的心理重擔，而且可能得承受許多年的時間。事實上他們根本無須為世界的摧毀力量負責，可是接觸這些被集體意識排拒的事物或人，似乎就是他們的道途，因為如此才能產生真正的轉化，徹底揭露內心深處的問題。

許多呈對立相的人會努力排除冥王星的特質，而且經常以誇張的方式來面對這股能量，譬如成為它的受害者，和掌控性極強甚至帶有暴力傾向的人形成關係，或者因為身體殘障而飽受痛苦。那些有太冥相位的人往往是意志力超強的人，也可能經常被迫面對一些情況來發展出這股力量。

太冥型的人會把心理的陰影面隱藏起來，視其為一種禁忌，直到自我已經堅強到足以將這些東西統合進來為止。這類型人的挑戰，就是必須接納自己的光明和黑暗兩個面向，不被其中任何一面壓倒，也不去排斥任何一面。除非他們發展出了真正的力量，否則其自我形象往往是很差的；他們年輕時可能會把自己看成某種類型的毀滅者，或是殘缺不全的「畸形人」，因此呈困難相位的人經常有自殺傾向是不足為怪的事。他們會把所有的憤怒、嫉妒、暴力和滅絕的衝動全部內化，變成一股對自己的破壞力。這聽起來像是個比較極端的例子，但是他們的自殺企圖實在不該被看成一種戲劇化的表現，因為他們的確會以自我破壞的方式展現內在的暴力。

太冥型的人如果沒找到一個行使權力的安全地位，也可能不自覺地去破壞那些掌權的人；他們的自我太過於脆弱，所以無法面對有權有勢的人的威脅。反之，他們也會被被權勢吸引，但是覺知力較弱的人卻會試圖毀掉有權力的人的地位，他們可能會設計一種情況來揭露對方的醜聞。這類相位的力量是以非常隱微的方式在運作的，所以也可能以相反的方式呈現出來，譬如當太冥型的人正要成功、已經成為眾人的焦點或是擁有了權力時，突然會遭到某件事或某個人的打擊。我懷疑他們可能無法真的面對成功，因為這會招惹到內心的那個善妒的父親，即使父親已經死亡或不在身邊了。他們可能很小就接受了一些有力的信息和警告，令他們無法擁有野心，以免篡奪了父親的權力和權威性。或許某種程度上他們意識到父親寧願他們死掉，也不願意看見他們成功，雖然表面上孩子的成功就是父親最大的勝利。這類人的父親似乎無意識地想讓孩子留在冥府裡，所以企圖篡奪父親的權力的心理禁忌，就會投射到其他的權威人物身上。

這種不自覺地想要破壞自我的傾向，也可能源自於別的議題。當太陽和任何一個外行星形成相位時，都會使人期待不凡的事情發生在自己身上。或許有太冥相位的人之所以不自覺地破壞既定的計畫，乃是為了達成某種破紀錄的成就。他們真正想要的是成為最傑出的人物（特別是呈困難相位的人），但是這份渴望可能會把力量嚴重地削弱，或是令他們精疲力竭。

在前文談到冥王星的時候，我曾引用詹姆斯・希爾曼（James Hillman，美國占星學家）說過的一句話，他認為太冥型人的自殺傾向代表的是「快速改變的渴望」。這類人的確想幹掉自己或是自己努力的成果。在某種程度上，這是從內化的父權形象之中產生的反應，也可能像希爾曼所說的，是一種想要快速改變的無意識反應。太冥型的人會把極大的力量花在外在事件上面，所以必須有某種東西驅使他們將覺知轉向內在，而對自己進行不自覺的破壞，往往可以確保這種情況能夠發生。基本上，太冥型的人或許就是應該花一段時間待在冥府裡面。

和冥王星形成相位的行星都會呈現不耐煩的傾向。有太冥相位的人會渴望一夜之間就變成超人或超女，或者一下子就把壞人都殺光，讓自己得到淨化或是拯救全世界。雖然他們的確需要幹掉或埋掉自己的某個面向，才能發現內在的創造潛力和屬於自己的特質，但其實真正應該消除且不斷會在人生裡遭到挑戰的，卻是他們的「自尊」。這類人必須允許自己失敗一下，做個不完美的人。與其一直想幹掉自己不太理想的一面，不如試著接納自己的不完美，培養某種程度的謙虛精神。這類人一方面自我形象很低，一方面又自視甚高，以為自己應該對所有的事負責，而且應該擁有足夠的權力和工具去操縱一切，讓別人都服膺於自己的想法。他們必須花很長的時間才能發現自己不過是集體力量的管道，並不是擁有者。

這類人的確擁有強大的操控力。「操控」這個字眼似乎帶有藐視的意味，也代表以不太光明的手段使人或情況屈服於自己的意志之下，其實它真正的意思是「以機巧的方式誘使他人臣服」，所以不一定是負向的。或許操控他人的能力恰好是某種情況需要的才幹，雖然如此，這類人的操控力還是可能令人不知不覺。他們有能力引君入甕，連逃都逃不了。

有這類相位的人通常會對心理學感興趣，從最佳的一面來看，他們會積極地發展自知之明，深刻地認識自己的真相。

這兩個行星的組合有利於任何一種形式的探索，也利於協助他人轉化自我。還有的人會幫助那些肉體或心智有殘疾的人，或者成為心理學家和心理治療師。這兩個行星的組合可以使人帶著覺知，有效地行使權力來幫助他人轉化自己的生命。

冥王星一向拒絕以輕鬆的方式看待生命，當太陽和冥王星結合在一起的時候，會令人無法以膚淺的方式對待自己和人生。如果這類人落到了膚淺的層次，某些危機就會出現，猛力地將他們撞回到冥府裡面。太冥型的人很小就被迫去除天真無邪的本質，而且似乎沒有恢復的可能性了。太冥組合在一起的目的，就是要人認清那些隱藏起來的東西，然後將它們曝露在陽光下，重新被人們認清並賦予價值。換句話說，他們必須把聚光燈照到社會禁忌的議題上面，然後轉化集體意識對待這些議題的態度。

有太冥相位的人如下：依麗莎白・庫柏勒・蘿絲（譯注：Elisabeth Kubler-Ross，瑞士著名的生死學家）和米克・傑格（譯注：Mick Jagger，滾石合唱團的主唱），這兩位都是太冥呈合相；阿德勒，其心理學理論特別關注權力議題，他的太冥呈現的是四分相；榮格的太冥呈現的則是五分相。

第七章 月亮的相位

月亮——水星

常識豐富。同情的回應。用理性處理情感。善於變通的心智。變化無常的意見。喜歡寫日記。

月亮和水星的組合與常識有關。《牛津英文辭典》將「常識」定義為：「**良好、健全和實際的辨別力；以機敏和老練的方式應付日常事物，富有睿智。**」或許也可以將其描述成精明伶俐。從最佳的一面來看，這種組合意味著水星的冷靜、抽離的溝通技巧和推理能力，被月亮的保護、關懷和同情的特質所轉化，而營造出體恤和反應流暢的傾向，而且有能力融會貫通不同的觀點和意見。從各方面來看，這的確是非常通情達理的行星組合，因為水星關切的是事實，當它和月亮湊在一起時，讓人有能力結合事實和有效的解決方法，將過往的經驗和目前的感受融會在一起——這當然可以使人變得通情達理。無論是柔和相位或是合相及困難相位，都具有這種才能，不過合相和困難相位必須下一番功夫，才能變得融通。

這兩個行星的組合最糟的表現是感覺過多，情緒反應偏頗，總是考量到自家人的利益，甚至連莫德阿姨在一九二三年發生的事都記得（Auntie Maud 是著名童書"Eddie Dickens"三部曲中瘋狂的女主角）。這會令觀察眼前情境的能力遭到扭曲，也可能使人無法以最理性的方式解決問題。聆聽是月水型人的重大議題，他們之中有些特別具有聆聽的能力，有些則似乎完全不懂得聆聽。不停地講話的習慣，會阻礙其中的某些人發展出聽別人說話的能力。月水型的人可能會倒出一連串的家族史和生活瑣事，而且是跟眼前討論的話題毫不相干的。基本上，你很難和這類人探討怎樣下決定或是解決眼前的問題，因為他們的心不容易專注，尤其是呈困難相位以及落在變動星座上面的人。這種無法專注的特質，也可能導致學習上的障礙，因此月水型的學生往往無法在課本上找出重點，最後變成做了一大堆筆記卻不得要領。更極端的情況是無法選擇性地聽；他們會把所有的信息都吸收進去，最後變成資訊消化不良的情況。缺乏專注力也可能導致溝通時思緒紊亂、說話沒重點，於是聽者只能等待、等待、再等待，最後仍舊聽不出什麼重點！或許我這樣的說法，對這個友善、敏感、富同情心的行星組合是不夠友善的。

月水的相位對溝通非常有利，特別是那些不需要強調任何觀點的情況。這類人很善於談些典故軼聞，其中沒有任何戲劇化的內容或危機，也沒有清楚的開場、中段或結尾，只是對每日的瑣事做出一些機敏的觀察罷了。

這種善於觀察日常瑣事的能力，特別是人與人之間的感覺，我認為是月水型的人最大的潛力所在。他們敘事的方式相當風趣搞笑，而且完全是從真實的生活裡面擷取談話的資料。他們的言語之中充滿著奇想，許多諧星都有明顯的月亮和水星的能量，即使這兩個行星沒有相位也一樣。他們大部分的笑料都是源自於對日常事務的觀察。人們也經常把月水的相位與公開演講的能力連在一塊兒，因為月水型的人既能透過演講或寫作來表達自己的感覺和經驗，又能與觀眾建立真正的情感交流；如果聆聽的能力也發展得很好，就可能有模仿才華。典型的月水人很喜歡也善於聊天，但是這種傾向也可能會花掉大筆的電話費。他們很需要把日常的試煉和考驗帶來的感覺表達出來，包括家庭成員的心情起伏，或是左鄰右舍發生的事。

這類人的姊妹似乎多於兄弟，而且經常得扮演兄弟姊妹的母親角色；他們往往是付出同情心的一方。他們也會在自己的社區裡扮演照料者或代理人的角色。

此外，月水型的人有時會過於隨和，乃至於感覺、觀點和意見都時常改變，隨著新資訊或新的感受而見風轉舵。這類人的情緒和意見都變得很快，他們很少是強硬、粗糙或刻板的。在最佳的情況下，月水型的人很能覺知自己的感受，而且能輕易地將一直在改變的感覺表達出來；但是從另一方面來看，這類人也可能以情緒化的方式執著於自己的意見，以至於將純理性的觀點變成了源自不安全感的意見；他們的觀點會隨著情緒改變。這意味著月水型的人對你的感覺會隨著時間而產生巨大的變化。那些有困難相位的人很難將內心真實的感覺和理性思考調成一致。

月水的組合顯現的方式，主要取決於哪個行星的能量比較強一些。如果月亮的能量比較強，特別是困難相位，那麼此人就很難以客觀理性的方式表達自己。如果水星的能量比較強，則可能以過度理性的方式來詮釋自己的感覺。同樣的一個人也可能在不同的時段裡，以其中的任何一種方式表達自己。

不論如何，一個人的星盤裡如果有顯著的月水能量，往往能以敏感的方式表達自己的意見和概念。雖然這類人在表達時欠缺清晰度或鋒利性，但是他們特別能圓融地理解事物，而且能以和緩的方式與人溝通。

這類人也很善於寫日記，把每天的事件、感覺及反應記錄下來。本世紀最著名的一位日記作家就是安妮・法蘭克（Anne Frank），她星盤裡的水星是落在雙子座，與合相的月亮及海王星成五分相，而且水星也跟上升點成四分相。

電視劇「加冕街」（coronation street，英國家喻戶曉的知名肥皂劇）的星盤裡也有月亮和水星的相位。這張星盤的主宰行星是月亮，分別和火星及水星成四分相。還有什麼相位比月亮、水星和火星的組合更能代表八卦消息呢？而如果沒有八卦消息，又怎麼會有「加冕街」呢？

月亮——金星

熱愛和平的人。善於合作。很在意公平性。母親有愛心。美麗的住家。尊重女性。

這兩個行星的本質都很溫和順從，組合在一起會令人樂意與人合作。由於這種溫順的本質，所以當其他的行星和月金形成相位時，就必須仔細地衡量其影響力了。

假設星盤裡沒有其他的複雜因素，那麼這兩個行星的組合可能會帶來高度的適應性。月亮和金星的合相及困難相位，的確會令一個人過於適應他人。不論是合相或困難相位都會使人變得過度敏感、容易受傷，或者經常覺得自己遭到排斥。他們很怕傷害到別人，也會盡量躲開困難的情境和挑戰。這類人也很難接受批評或批評他人，如果星盤裡有其他要素，就可能不計一切地取悅別人。我發現某些有月金相位的孩子（以及成年的學生）在交出家庭作業時，似乎只聽得到老師的負面評語；老師可能對學生做出了一堆的讚美，只提出了一點小小的建言，但這類學生聽到的通常只有批評而沒有讚美。他們會力求完美，而且似乎很容易受傷。

他們大多是堅定的和平主義者，不過也可能以粗魯的外表來掩飾內在的這份敏感性，特別是有火星與土星涉及進來的話。對公平與否過度敏感，會令他們以自我矛盾的方式與人起衝突；若是和火星形成困難相位，就可能採取一些行動。

這兩個行星的組合會有善於照料人的父母，特別是母親。她可能很受歡迎，也很有魅力和風度，但是有被動和屈服於壓力的傾向。因此月金型的人會從母親那裡學到如何獲得自己想要的東西，長大之後也懂得運用外交手腕來達成自己的目的。他們永遠和藹可親，很難以直截了當的方式說出內心真正的渴望。

有這類相位的人已經被設定好有一位懂得無條件付出的母親，他們從母親那裡遺傳了這種自我形象——很少有凡人能達成的形象。總之，月金型的人會試圖活出那個形象，或是期待他人能將其活出來。

基於某種理由，星盤裡呈困難相位的人時常覺得自己不被愛，或是童年遭遇過被拋棄的經驗。然而如果星盤裡沒有其他強而有力的行星，這種被拋棄、被排拒的情況通常很少會發生。困難相位也會讓一個人缺乏身體上的溫暖感，不過仍舊得看涉及的星座是什麼。呈困難相位的人也可能有「懼內」傾向，或者害怕兩人的關係會出差錯。

這類人的母親或家族成員，往往帶有金星象徵的創造力或藝術才華。除非土星或外行星也涉及進來，否則他們的母親應該很善於滿足孩子的需求——或許太善於此道了。

這類人對排拒和批評過於敏感，可能是因為以往從未面對過這種情況。有時他們的母親本身也需要愛或是會跟孩子討愛，以至於很難放手讓孩子離去。還有的人會覺得母親放棄了社交、浪漫愛情及性生活，為的是專注於人母的角色。也有人把母親體認成過於重視性需求或創造活動的人，而且母親會因此而有罪疚感。最典型的情況是父親無法負起滋養的責任，故而強化了女人就等於母親的概念。由於這類人的家庭背景通常很傳統，所以很難把女人看成母親之外的任何角色，至少她得是一個懂得關懷、保護或滋養的人，而這也許會也許不會製造出問題，關鍵仍然在於星盤裡的其他需求和情況是什麼。

那些主張女人不該只扮演妻子和母親角色的人，星盤裡也往往有這兩個行星的組合。認為女人只能扮演母親的角色，這種想法不但源自於童年經驗，而且會投射到外界。有這類相位的女人總覺得扮演傳統婦女的角色是一種束縛。星盤裡的其他要素，特別是土星和天王星的能量，將會道出她們對這種壓力的感覺，包括扮演這種角色是否覺得恰當、面對的態度是什麼等等。有這類相位的女孩可能被教育成在頭上綁絲帶、穿漂亮衣裳、學芭蕾舞的標準女孩；男孩則會被警告行為不可以粗魯。這樣的教育方式也可能跟孩子的期待很吻合，但也可能完全不對盤，端看星盤裡的整個情況而定。這裡面的可能性當然很多，但無論男女都可能被教育成重視陰性法則的人，特別是那些誕生於一九四〇和一九五〇年之間的人，因為這類人的母親多半認同傳統的女性角色。對那些誕生得比較晚一點的人來說，尊重女性則意味著不以傳統的角色劃地自限，不過就大部分人而言，尊重女性都意味著必須重新定義女性氣質和女人的身分。

這類人無論家庭背景是什麼，在物質層面經常是被寵溺的，特別是在飲食方面。這可能是源自於母親有罪疚感，所以想拿食物來彌補孩子。在現實層面，這類人也許缺乏或不缺乏被愛的經驗，比較常見的情況是母親本身希望自己是最好的媽媽，而且會對沒有活出這份理想感到罪疚。因此有月金呈困難相位的孩子容易覺得母親給得不夠多，還有的情況是母親照料得越週到，孩子越覺得飢渴，因為他接收到了母親的罪疚感。有的男人則會覺得他們的母親本來很想生女孩，結果卻生了男孩。不論怎樣，這類小孩童年總是有許多玩具，還有許多甜食可吃。這或許能解釋為什麼月金型的人不論家庭經濟情況如何，似乎都很期待或習慣於舒適的物質生活。那些呈困難相位的人則會開銷過多，甚至令自己陷入極大的經濟困境。如果星盤裡有強烈的土星能量，這種傾向就會改變。如同太金型的人一樣，這類人也往往是慷慨大方和自我耽溺型的人。偶爾這兩個行星的組合也會帶來犯罪動機，因為很渴望生活裡沒有挑戰，活得平靜、舒適和輕鬆。

在關係方面，呈困難相位的人會以矛盾的心情看待妻子和愛人的角色，而且很渴望統合這兩種角色。就異性戀男子而言，這類相位意味著他們可能會跟典型的女人形成關係；她們要不是非常具有母性，就是非常嫵媚。當這類人擁有了其中的一種女性之後，又會想要另一種類型的。當然，他們的功課就是要統合內在的這兩種典型，深入地去了解內心的這兩個面向。

月金的相位組合經常出現在同性戀者的星盤裡，因為這類人不但會被內在的陰性面向淹沒，而且很難面對和異性之間的差異性。

這兩個行星的相位，很有利於滋養和照料性質的活動或行業，也適合從事園藝、室內設計或筵席服務的工作，如果星盤裡還有其他元素，則這兩個行星的組合就會使人變成卓越的大廚。不論形成的相位為何，這類人通常喜愛美食，而且很在意食物的呈現方式，也特別愛吃甜食，經常抱著餅乾桶尋找慰藉。這類相位也可能反應出過度甜美或過度熱心的人格特質。

這類人十分浪漫、善感。他們很珍惜過往的一切，而且熱愛歷史，經常凝視著照相簿裡的留影。

不論相位是什麼，這兩個行星的組合都會使人渴望保護、關愛、照料及保有；他們自己也渴望被滋養。如果星盤裡還有其他的相關元素，那麼這類人天生就帶有溫暖、友善、慷慨及好客的特質，而且非常有同情心、外交手腕和易感。他們對美尤其敏感，也渴望創造出一個舒適的家。他們特別欣賞花藝、音樂及舞蹈。

這類人也很適合從事室內設計的工作。他們特別在意品味，尤其是跟家有關的佈置。他們對居家環境的和諧性非常重視，也很注重家庭氛圍。

如果星盤裡這兩個行星的組合被強化，就會努力培養「火星」的特質，以直接和誠實的方式確立自己，或者在壓力之下仍然保有自己的立場。由於他們過度被動、容易逃避困難，所以也很容易在外面遇上火星型的能量。人們會對他們的懦弱、被動以及不計一切想維持和平的傾向而光火。月金型的人經常和火星特質強烈的人形成緊密關係。

月金型的名人包括甘地（呈四分相，同時和木星及火星成相位）和英國著名女演員凡妮莎・瑞格雷夫（Vanessa Redgrave，土金合相，與月亮呈對分相）。凡妮莎的星盤裡還有許多天王星相位，而且火星也有相位，她在反種族隔離政策上的投入，清楚地顯示出她對不公不義現象的關切。她飾演的角色也反映了月金對分相的特質。

月亮——火星

強烈的保護欲望。快速的滋養反應。對不和諧狀態的敏感性。情緒中帶有一股憤怒。衝突矛盾的情緒。敏感地覺知性愛過程。

月火呈困難相位的人如同太火型的人一樣，非常渴望行動、做事情、捲起袖管把手上的計畫付諸實踐。他們在家裡經常有許多活動在進行，而他們的家也不是可以退隱充電的地方，反倒是消耗體力的處所。典型的月火型人總是匆匆忙忙地吃飯，衝進衝出地忙碌著。這種情況究竟會令這類人覺得振奮或是消耗能量，就要看整張星盤及四宮的狀況而定了。

通常這類人的生命裡會有許多情感活動，也有許多情緒上的衝突矛盾。他們會覺得很難統合情感需求和其他會形成矛盾的需求。舉個例子，他們一面渴望擁有安全感，過著舒適熟悉的家庭生活，另一方面又渴望獨立，在性上面得到更大的刺激。他們也可能和伴侶產生爭執，譬如摔杯子、砸盤子之類的激烈衝突。他們的原生家庭也往往帶有這樣的氛圍，而且很難避免重複此種模式。所有的月火相位都會使人對衝突或任何一種威脅過度敏感。

雖然這類人的行為模式帶有易怒特質，而且很容易失控，但是這類人，特別是呈困難相位的人，也往往很難表達自己的憤怒。這會導致他們竭盡所能地表明自己的立場，或者因害怕面對結果而無法表達自己的憤怒。這兩個行星如果是落在固定星座上面，特別容易壓抑怒氣，通常只能偶爾釋放一點；如果是落在變動星座上面，則會藉由暴躁和吹毛求疵的行為來展現他們的憤怒。

某些月火型的人談到早期的家庭生活時（特別是對分相），往往會提及家庭成員「從不爭論」，卻經常對彼此惱火。月火型的孩子會接收這些未表達出來的憤怒，就像海綿一樣將其全部吸收進來。

卡特把這類人描述成友善、富同情心、願意助人的人。這類人也可以說一向善於保護別人。基本上，他們必須統合自我確立與追求安全感的需求。整體看來，月火型的人是可以陪伴在你身旁的好朋友，因為他們喜歡照料別人，若是呈困難相位，就會展現出急於保護人的母性特質。但困難相位的問題就在於行為過度極端，所以月火的困難相位也會使一個人太快採取保護措施。

這類人的情緒多半很容易被挑起，因為他們已經習慣活在缺乏安全感的狀態裡。他們很容易嗅到危機，而且會以極快的速度產生反應——這種反應有時甚至能拯救性命。月火型的人如同太火型的人一樣，也可能是勇敢無懼的進取者。對他們而言感覺就是行動，但問題是他們的反應可能出自一種慣性模式；這種模式裡面帶有一種對衝突的預期心態。呈困難相位的人必須花很長的時間，才能明白他們及他們所愛的人並不是一直活在威脅之下，所以沒有必要認為第三次世界大戰隨時會爆發，或者只要反應錯誤就會有災難發生。由於這類人太害怕衝突，所以很容易產生防衛反應，結果反倒變成了第一個開火的人。

月火所有的相位都會使人渴望保護自己和家人，以及和自己有情感牽連的人。童年時他們的家人可能遭受過威脅，這些威脅也許是從外面來的，也許是家人之間的憤怒或暴力使然。

有這類相位的人可能來自很不穩定的家庭，而且母親隨時會發脾氣。有位男士的星盤裡有月火的對分相，他告訴我說只要他看到非常果決的女性，就會覺得受威脅。他覺得母親的脾氣非常暴躁，父親則顯得被動，無法以直截了當的方式表達憤怒。他的母親顯然是那種很容易在餐廳裡表達不悅情緒的人，也很容易到學校去跟老師理論。這位男士把自己描述成一個對不和諧狀態極度敏感的人，而且不知道該如何打破負面氛圍。這兩個行星組合起來的關鍵詞可能是「強烈的保護欲望」，或者很容易用誇張諷刺的方式來描述他們的母親。我知道有某些個案的母親竟然誇張到覺得孩子隨時會遭逢危險，所以到哪裡都緊跟在孩子身邊。有時這類母親也會跟孩子競爭，或者潛意識裡渴望不幸的事將會發生在孩子身上（月火型的人也可能幻想自己用槍射殺母親！）。

回到我們剛才談到的狀態，其實我真的認識一個有這類相位的人，他的母親竟然跟著他去度蜜月。這一點實在有趣，因為這類人和母親的確有強烈的性上面的連結。

這類人的母親也往往會跟孩子競爭（一般的或性上面的競爭）。有時月火型的人本身也有強烈的競爭性，或者很怕展現這種特質。

我發現月火的相位和墮胎、小產及早產有關，特別是落在五宮裡面，或者五宮的宮頭星座是由月火主宰的。這意味著這類人的滋養驅力太過急切，甚至無法充分完成懷孕的過程。這種快速而縮短的滋養過程，往往是月火型的人小時候經驗到的狀態，就好像他們嘴裡的奶瓶隨時會被奪走似的，難怪這類人的行為有時就像個哭著要喝奶的嬰兒。有關食物和餵養的議題經常是激發他們憤怒的主因，呈困難相位的人可能有消化不良和胃潰瘍方面的問題，這類人之所以會有這方面的問題，多半是源自於吃飯時心裡有憤怒，或是藉由吃來壓抑憤怒。他們的母親早期在餵養他們的時候也經常帶著憤怒的心情，或者母親永遠在忙其他的事；她也可能在婚外發展別的性關係，所以孩子覺得必須和第三者競爭，才能贏得她的關注。

有時這類人的母親也可能很早就結婚生子，或者母親的性能量很強，而月火型的女人本身生產的速度也很快。

他們要不是對母親惱火（幾乎是不可避免的），就是覺得母親是個滿懷憤怒的人（經常是如此），或者想替母親出氣。呈合相的人通常比較能意識到自己的憤怒，也比較能意識到自己對母親惱火，呈對分相的人則會有很長的時間一直誤以為是別人在生氣，而且會認為別人必須為關係的不和諧負責。月火型人的憤怒就像他們的性能量一樣，往往是令人透不過氣來又鬱悶的。他們很像童話裡的火龍；其實這種龍極有同情心，但總是愛從鼻孔噴氣。

月火型的人經常為自己的家族抗爭，或者努力想脫離家族根源。他們也可能在離婚後和伴侶爭奪房產。這類人會為了自己的安全保障而與人抗爭，和伴侶爭房產只是其中的一個例子罷了。命運的安排似乎不讓他們在物質層面獲得安全感，以迫使他們發現真正的安全保障是什麼，或者情緒層面缺乏安全感的原因是什麼。

這類人通常很早就結婚生子，他們會覺得再老一點似乎就沒時間做這些事，也可能找不到任何伴侶了。基本上，這類人總是很急著成家。

月火呈困難相位的人有時會飲食過量，或者有酗酒傾向，也可能體重超重，特別是這兩個行星如果落在與肥胖有關的星座上面。他們在孩童時期可能沒有被妥善地餵養，包括情緒和肉體層面在內，也可能過早斷奶。他們也可能和兄弟姊妹爭奪母親的注意力，或者必須爭奪食物。總之，有明顯月火議題的人都可能把吃東西當成一種競賽，就好像食物隨時會被奪走似的。體重超重也可能是一種保護自己的方式，因為他們經常覺得自己缺乏保護——脆弱易感的人往往會藉由厚厚的脂肪層來保護自己。月火型的人不但在吃方面展現出衝動的特質，而且在所有形式的滋養上面（對自己及對他人），都有衝動的傾向。我認為月火呈困難相位的人時常會基於「酒後之勇」（Dutch courage意指必須藉著酒意來裝出神勇的行為）的需求而大吃大喝。

月火型的人最大的美德，就是能夠以誠實直接的方式表達自己的感覺（呈困難相位的人也可能太過於直接）。他們渴望清楚地表達自己的感覺，不喜歡情緒上的曖昧性，所以這兩個行星的組合一向和勇於表達真實情感有關。

這類人對性上面的反應也很敏感，在性的議題上顯得十分直截了當。有這類相位的男人有時會在性上面展現出情緒化、容易嫌惡和令人透不過氣來的抑鬱特質，同時帶有一種天真的表情。馬龍・白蘭度可能是最明顯的例子了，他的星盤裡有太陽、月亮、火星、冥王星的四分相，而且月亮與火星分別落在巨蟹座和牡羊座上面。月火型的人不但有一張娃娃臉，行為也像嬰兒一樣充滿著需求，我認為這都跟母親把性需求投射到孩子身上有關。

這兩個行星的組合有利於木工、室內設計或佈置之類的DIY活動。我會建議那些有月火相位的人可以進行一些家中的體力活動，譬如刷油漆或是把牆壁敲掉之類的重建活動。同時這類人也很適合做外燴餐飲方面的工作，或者任何一種涉及到積極滋養的工作；激進的政治活動或是傳教活動也很適合，因為這樣可以把憤怒的情緒宣洩出來。

月亮——木星

誇大感覺。誇張的行為舉止。信仰的需求。渴望保護別人。重視教會組織。

不論月木的相位是什麼，都帶有善良的本質、誇大的情緒和關懷他人的特質。這類人的同情心很強，往往以慷慨大方的方式回應別人。呈困難相位的人則可能會反應過度或是容易輕諾，因為他們認為應該展現慷慨大方的態度。這類人會表現出「超級母親」的關懷特質，但是他們想要無微不至地照料所有人的傾向，也可能使他們連一個人都照顧不好。

當木星涉及任何一個內行星時，都可能使人有「扮演上帝」的需求。他們通常有強烈傳教和佈道的需求；要不是向人解說自己的信念，就是炫耀自己的知識。這兩個行星的組合的確非常利於教室和佈道壇的工作，這類人也會把自己奉獻給促進「成長」的工作，而且能意識到知識帶來的自由。除非星盤裡有其他要素（譬如和土星或天王星形成相位），否則月木型的人通常擁有與生俱來的信仰，能夠在人生的考驗及試煉上面找到意義。基本上，這類人既樂觀又有哲學傾向；他們強烈地需要某種信念系統，包括宗教、政治或哲學上的理念。這樣的信念系統不但能增加安全感，也能成為這類人行為舉止的依據。他們在政治和信仰上面，比較會跟教條主義或是帶有侷限性的想法對立。不過月木的相位並不會帶來旗幟鮮明的對立性，因為這類人關切的是某個議題內含的精神，而非細部觀點。對這類人來說，理想的教會應該展現出擁抱一切的母性精神，而且能夠為所有的文化和信仰體系裡的人帶來安全感和庇祐。這類人在政治和其他信仰層面，也比較傾向於慷慨的態度和自由思想。

月木型的人經常是來自於母親很戲劇化的家庭背景，而且母親的行為多半出自於直覺式的宏觀理念。這兩個行星的組合也可能帶來貪婪傾向，不過貪求的多半是能夠滋養和維生的東西。如果我們把貪婪體認成過度飢渴的反應，那麼貪婪就會變成能夠被接受的人性弱點。有時這份貪婪是源自於母親小時候也沒有在正確的時間斷奶，所以不論是身體或情緒上面，仍然渴望被滋養——她無法徹底滿足孩子情感上的需求。這麼一來，家族的模式就被設定了，因此月木型的人才會培養出溫暖、體恤和富有同情心的反應模式，為的是得到童年以來就缺乏的溫暖。由於這類人必須發展敏感性來回應母親的需要，所以長大之後這種傾向就變成了第二天性，而從此戴上了笑臉迎人的人格面具。月木型的人一旦覺得情感得到了足夠的滋養，也會有超出一般人以上的滋養能力。

由於這兩個行星都關切保護的議題，所以在童年時這類人不是過度被保護，就是缺少保護。通常他們的生理需求會得到過度的保護，情感需求卻缺乏保護，因此很難真的成熟。基於這個原因，他們才會有顯著的呵護別人的傾向，同時很容易被別人的悲慘故事打動。他們的這種呵護和照料的特質，往往是非常受人歡迎的，但也可能表現得過度。他們的母親經常過於保護小孩，而且會強迫孩子吃下過多的東西。吃東西這個議題會被放大，甚至會導致成年之後的飲食問題。過度保護一個人其實是讓對方依賴自己的一種方式，如此一來反而誇大了自己的重要性和扮演上帝的渴望，這種令人不愉悅的過度保護傾向，可以在希特勒的星盤裡發現。他的月木合相在摩羯座、落在三宮裡，他誤以為迫害猶太人就是在保護他的祖國（摩羯座）。我們會發現他的木星令他深信自己的哲學信念和精神信仰，是世上唯一正確的。也許上述觀點對月木這樣並非不善良的相位組合而言，是稍嫌不慈悲了一點，因為整體來看這類人還是很有耐性和同情心的。他們最大的問題就在於意識不到自己對別人的偏見缺乏容忍力。月木的對分相比較缺乏謙沖的心胸，而且比一般人認為的更自大一些。

月木型的人往往是不安於室的（特別是落在變動星座上面），有強烈的冒險需求，非常害怕在情感和生活上受到束縛。他們的行為模式比較傾向於輕鬆自在，不拘小節。月木型的人可能會把自己描述成平易近人，別人卻覺得他們糊里糊塗、粗心大意和奢侈。如果星盤裡還有其他元素的影響，那麼他們就會太依賴運氣和逃避責任。

月木型的人可能會在一生中花一段時間住在國外，理由之一是渴望自由，想要擺脫家庭責任；海外的生活很適合這類人的探險本質，以及情緒上的誇大傾向。月木型的人是不安於室的，無論心智或肉體層面，他們都需要展翅高飛。

這兩個行星形成的任何相位，都有自我耽溺、感情用事和放任的傾向。在他們人生的各個領域裡，都很難發現溫和適度的美德，所以展現出來的多半是極端的行為。舉個例子，他們通常有極端的飲食習慣，譬如有時吃得太飽，有時又把自己餓得半死（後面這種傾向可以在甘地身上發現，他曾經為了自己的理念而斷食抗議）。這類人的飲食議題和信念會結合在一起，那些喜歡以斷食來抗議的人，星盤裡都有明顯的月木相位。素食主義者也有這類相位。

還有的人則會做出二十人份的食物給兩個人吃。月木型的人雖然有凡事過度的習慣和隨性的生活態度，但似乎也不會遭到什麼懲罰。人們對這類人的反應都還算友善，而且多半會忽略他們的瑕疵，因為他們大體來說還是相當有幽默感，待人總是溫暖而輕鬆。他們真的十分關切別人的福祉，所以很適合從事為人謀福利的工作，而這會提供他們一個善用保護本能的機會。不過太木型和月木型的人的確容易顯現出大家長作風，以及高高在上的態度。

這兩個行星形成的柔和相位，也會使人自我耽溺、浪費和愛冒險，但比較不會展現出自以為是和不安於室的特質。他們也有仁慈友善的本質，但是母儀天下的需求比較不明顯。事實上，呈三分相的人反而期待受到他人的寵愛或縱容。

這類人對宏偉華麗的古老建築、服飾和傳統，有十分強烈的感覺。

月亮——土星

自我保護傾向。善於控制情緒反應。行為謹慎小心。母親有強烈的責任感。渴望恆常性和具體結構。家庭氛圍陰鬱。家庭業力沉重。

家庭帶來的安全感是非常虛幻的。基於血緣而期待家人給予情感上的支持，是一種危險的預設，因為父母可能死亡，伴侶可能離去，孩子也會長大成人。有月土相位的人如果一味地想

把這些身外之物和自己的情感需求綁在一起，可能會導致更多的痛苦和失望。

——麗茲・格林《土星：從新觀點看老惡魔》

月土型的人往往有一種「內在孩童受困」的感覺，這一點可以從那些綁辮子的女人或是一接近女人就臉紅的男人身上看出來。這類人似乎從小就被迫當大人，有點像太土型的人一樣，因而喪失了自然成長的機會，情感上的發展也會遭到拖延。

他們很小就必須負起責任，被迫扮演母親的角色，也有可能是身為長子，所以必須照料幼小的弟妹。他們的母親也往往責任沉重，因此他們必須扮演母親的母親之類的角色。他們從小就缺乏被父母無條件地愛的機會。無條件的愛意味著：「無論如何我都愛你、支持你、保護你。你的焦慮、恐懼、憤怒和傷感，我都會留意與呵護。」這些正向的教養方式，月土型的人在童年時是非常缺乏的。基本上，他們必須在毫無基礎的情況下，學會將這種品質展現出來，或是靠自己去獲得。

月土型的小孩很小就得學會在情感上自給自足。他們自小就接收到一種信息：必須符合父母的要求才會得到愛。他們必須學會為自己負責，不去妨礙大人的活動，而大人也很少有時間顧及孩子的需求。他們的母親可能凡事都得靠自己，而且責任沉重，整天都在工作，很少有空暇的時間。孩子因此而對母親的需求極度敏感，很早便學會按照母親的反應來應對，這種情況造成的影響是長大之後很難以自在的方式產生反應，因為他們的內心不自覺地一直期待被苛責。呈困難相位或合相的人則會以謹慎小心和強烈的防衛態度，來表達自己的感覺。

這類人早期的生活或許沒有那麼大的壓力，但仍然會有麗茲·格林所說的「工作重於娛樂」的情況，長大之後也會抱持這種人生態度。有一回我在工作坊裡發現四個學員都有月土相位，而他們都閱讀過狄更斯的小說，因此我認為這兩個行星的組合與「家庭氛圍陰鬱」有關。家族是務農人的星盤裡經常有月土的相位，因為他們的家就是工作場所。這類人的家族也許世代以來都住在同一棟房子裡，或者從事同樣的工作，結果是很難擺脫掉原生家庭的責任、義務及歷史。

從外人的眼光看來，月土型人的行為模式都十分類似。這類人的行為很討人喜歡，但稍嫌乏味和刻板。其實大部分的土星相位都帶有這種特質，尤其是能量比較柔和的相位，因為柔和相位會使人更敏感一些。這類人的確會竭盡所能地討好別人。月土型的人是十分脆弱易感的，因為很怕受到傷害，所以會以社會接受的方式來行事，而這會令他們臣服或尋求別人的贊同。土星會令人按照公式化的原則來反應，當它和月亮形成相位時，就會使人過度控制自己的反應，或者會保持低調謹慎的態度，也可能過度熱情或迎合。

也許月土型人最大的需求就是獲得安全保障。只有在覺得安全的情況下，他們才能按照內心真實的感覺來行動，允許自己去發現真實的感覺是什麼。這類人越是缺乏安全感，情緒的藩籬就越厚，而這會演變成一種習性。我們在童年時也許真的需要一些保護，但成年之後就必須發展出足夠的安全感，才會有能力放下內心的防衛機制，因此這類人必須在情緒反應和情感生活上冒一點險。土星會讓它所觸及的行星展現出某種形式的渴望，因此當月亮和土星形成相位時，通常會讓一個人渴望得到滋養——和他人建立最深的情感連結，獲得最真實的安全保障，建立一個家或是家庭，雖然麗茲・格林告訴我們這種安全感是虛幻的。月土型的人非常渴望擁有自己的家，一種非常具體的結構，他們在塗鴉時會不由自主地畫一些磚塊、石頭和磚牆之類的藩籬。

這類人最好的一面就是能夠嚴肅地看待情感。他們永遠不會令你失望，至少現實層面是如此。他們最大的問題就在於以過度認真的態度看待自己的感覺和過往的歷史，進而把整個情緒次元看得很恐怖，也害怕曝露內在真實的情緒，因此無法敞開心門，接受他人的情感回饋。

月土型的人一向執著於熟悉或曾經走過的老路，對待關係的態度也是如此。他們最後會跟那些類似父母的人結成伴侶，或許這是源自於「任何一種愛都是美好的愛」的隱微感覺。他們很怕獨自生活，也可能害怕為家庭負責。月土型的人最渴望的就是當個母親或是擁有一個母親。

我發現有幾個罹患厭食症和善飢癖的女性，星盤裡都有強烈的月土能量。這類人要不是控制飲食的攝取，否認自己需要食物，就是以飲食過量來滋養自己，以彌補早期沒有被餵飽的匱乏感。有的心理學家把厭食症詮釋為抗拒當母親，不想滋養別人、長大成人或是展現陰性的一面。也有的人會無意識地和父親建立強烈的情感連結。月土型的男人或女人都可能為自己的陰性面向感到困窘，因為陰性法則代表的就是母性、滋養能力、保有，以及表達自己的需求。

雖然我早先曾經說過，月土型的小孩自小便接收到必須獨立自主的信息，但同時也接受到另外一種信息：「不要完全長大成人，因為我需要你。不要成家立業，不要搬走。」這類人長大之後還是會照料兄弟姊妹和父母，或是基於某些理由而無法照料自己的親人。孩子經常會因為這種情況而被父母掌控。

有這類相位的女人很急於擁有小孩，也可能無法忍受這種情況。對其中的某些人而言孩子就像憑證一樣，能夠證實一個女人的滋養能力和女性特質。月土型人的父母也可能向孩子索取自己從未擁有的照料。這個相位比較正向的展現方式，應該是給予別人自己所渴望的東西，因此月土型的人一旦當了父母，便擁有了治療童年創傷的機會，他們會意識到渴望擁有家庭，是源自於對安全感的需求。不過當然，家庭提供的恆常性的確是個幻象；其實家提供的是一個認清幻象的機會，以便讓我們學習和獲得自信心，知道自己有能力照料別人以及被照料。只有面對了情感需求背後的恐懼，月土型的人才能在情緒上發展為一個成熟的人。

月亮——天王星

情感的獨立性。突然遷居。需要自己的空間。叛逆的感覺。情緒多變。文化震撼。前後矛盾的行為。

月亮代表的是我們的需求，當他和天王星組合在一起的時候，代表一個人最需要的就是日常生活的空間和自由，包括情緒及生活層面在內。這類人的感覺隨時可能改變，而且非常需要這方面的自主權。他們痛恨被約束，特別是情緒或生活層面的束縛。生活方式的改變會令他們感覺振奮、有活力，難怪他們會不安於室和期盼改變。這類人對例行的日常活動很不習慣，他們不可避免地會去尋求別人眼中的反傳統生活方式。

那些呈困難相位的人容易有童年創傷和令他們震撼的經驗——一種突如其來的事件。這類孩子可能會目睹或經驗到某種情感上的「切割」，譬如突然喪母或者家裡發生了某些事件，讓他們再也接觸不到母親，故而有一種被拋棄、排拒或切割的感覺。我有一位朋友星盤裡有這兩個行星的四分相，她的月亮是落在代表兄弟姐妹的三宮裡，因此創傷涉及的是她的小弟弟。她的弟弟在很小的時候目睹擦窗戶的工人墜樓而死，那次的震撼實在太強烈，而他的年紀又太小，所以無法徹底消化這個經驗。當時他沒有哭也沒喊叫，但不久之後就得了糖尿病。他和自己的情緒做了切割，導致整家人都跟著封閉起來。他的疾病十分嚴重，家人因此而遭到劇變和震撼。

不論真實情況是什麼，月天型的孩子通常會過早發展出情感的獨立性。人在童年時總有一些事件是需要被大人撫慰和支持的，但基於某些理由，這類人得到的都是冷淡的回應。他們在接受照料或是安全感上面的經驗，幾乎都是反覆無常的。這種遭到排拒和切割的過往經驗，會在成年後演變成一種預期心態，而令人變得十分敏感、容易誤解別人的意思。如果別人的回應帶有一點曖昧性，月天型的人就會把這種感覺擴大，甚至無中生有。他們的直覺通常很強，但問題在於他們的直覺不一定正確。當他們感覺被排拒時，往往會以唐突、抽離和不假思索的態度來掩飾受傷的感覺，對方甚至不知道究竟發生了什麼事，只是覺得自己被斷然拒絕。童年遭遇還會帶來另一種反應，那就是這類人很難求助於人。即使別人很願意幫助他們，他們也還是持保留態度，這會讓別人覺得他們過於獨立和冷淡，很難接近。月天型的人的確非常敏感，他們只允許自己去感覺逼近眼前的事件帶來的震撼，一旦感覺有可能受到一些傷害，他們就會跟自己的感覺切割，或是採取立即搬家之類的激烈手段。我認識的幾位個案之中，有些會以突然昏倒作為保護自己的方式，這有點像是用電過度時的斷電機制。

月亮有點像是一個代表內在嬰兒的符號，當這兩個行星形成困難相位時，意味著內在嬰兒和成年人的特質急需整合。這暗示著他們不但無法展現獨立的行為舉止，而且太渴望被照料，而這不全然是源自童年情感被切割的經驗。對其中的某些人來說，獨立意味著母親會離開去做自己的事，或是母親將會拋棄他們。如果是這種情況，他們就會強化不獨立的習性，而且很難靠自己落實地生活。

如果星盤裡的四宮被涉及的話，那麼這類人的缺乏安全感，便可能源自於童年經常搬家的經驗。我認識一位女士的月天合相落在天底，她的父親是一個聲名狼籍的珠寶竊賊；小時候她的家搬了四十次左右，因為要躲避警察的追捕。回顧過往的歷史，她說她覺得那時的生活挺令人興奮的，但畢竟還是留下了月天不安於室的影響，而很難落葉歸根。

月天型的人很少有時間落實下來；他們根本不相信血濃於水的觀念，對那些和家人有緊密連結的人相當不耐煩。他們比較能接受四海為家的概念。

這類人會一直想擺脫掉過往的一切，而且有叛逆傾向，對象多半是母親或其他的照料者。讓母親震驚是這類人一生的目標，而這會以各種方式顯現出來。舉個例子，我認識好幾個有這類相位的猶太人，幾乎都是在非常傳統的家庭裡長大的，但是到了可以離家的年紀時，追求的卻是家庭認為非常叛逆和震驚的生活方式。他們迴避了傳統的宗教形式、家庭的連結、食物以及生活方式，而他們交往的人都是一些非猶太教徒。

擺脫過往的歷史，指的不但是早期的家庭生活背景，也包括昨日或上個星期的經驗。這類人渴望在日常層次上不斷地改變，這種傾向比太天型的人更明顯。他們每搬到一個新家，一開始都會覺得很開心，不久就會渴望搬到別處居住，有時外在的情況也會逼迫他們搬家。呈困難相位的人通常很難落葉歸根，這種傾向之所以會形成困擾，是因為在心理上他們還是渴望擁有一個穩定的家和安全的基礎。那些有柔和相位的人比較沒有這樣的矛盾衝突。

月天型的人通常來自一個和一般家庭截然不同的背景，如果原生家庭的背景很傳統，這類人就會把家人內在的不安於室顯現出來。他們的母親可能對人母的角色有愛恨交織的心態，視其為對以往的自由和獨立性的破壞，於是月天型的孩子就會把母親渴望活出的野性和冒險性表現出來。不過當然，這可能是在不自覺的情況下表現出來的。

有時月天型的孩子也可能把母親或家庭看成是古怪的，且可能為此感到尷尬。那些成柔和相位的人，則可能把母親體認成溫和的反傳統者或是怪人；這類孩子通常很欣賞母親或家庭背景的這種特質，而且不覺得有必要反叛母親。

這類人在母性上的施與受，往往會以不同的方式展現出天王星的特質。有時他們的母親是非常前衛的人，而他們對母親的感覺可能很舒服，也可能不是很舒服，端看整張星盤的情況以及這類相位的星座本質是什麼。這類人對自己的獨立性非常看重，也許會選擇不生小孩，但也可能藉由生小孩來喚醒過往從未出現的感覺。通常他們懷孕都是無預警地發生了。總之，月天型的人會覺得傳統的家庭結構非常令人窒息，特別是親屬關係；他們痛恨家庭成員潛意識底端的暗流，非常不想重複這樣的模式和情況。這類人的雙親會給孩子許多空間去做他們想做的事，而孩子要不是接受這種情況，就是覺得遭到了拋棄。認為家庭是一種虛偽造作的結構，是這個相位比較典型的情況，但是躲避家庭也會讓這類人喪失內在的安全感，因為安全感永遠源自於熟悉的事物。因此他們的心理陰影層裡面，埋藏著一種不易覺察的依賴性。他們可能藉由和朋友的關係，建立不尋常的家族網路，而他們的朋友往往散居各處，卻覺得像家人一樣。

月天呈困難相位的人，也可能覺得自己是家庭中或所屬文化裡的異類。他們會選擇和家庭背景十分不同的居住環境，在這種環境裡他們反而覺得非常自在。他們也許會落腳在和原來的背景完全不同的國家或文化裡。那些呈困難相位的人則可能反叛自己的母性形象，也可能擴大成對社會的反叛。除了會逃避為人父母的角色之外，他們也會厭惡身體的某個部分，譬如胸部、胃部或是比較渾圓的部分，因為這些部分會令他們聯想起母性。放棄傳統的母性原型，反而使他們得到了情感的獨立性，意識到屬於自己的情緒本質。

由於這類人傾向於和自己的情感切割以便保護自己，所以一旦意識到內心的感覺，反而會對它們抱持相當誠實的態度。他們會承認一些別人沒有勇氣揭露的事實，這樣的自我揭露能夠和別人或自己立即貼近。月天型的人往往是非常好的朋友，因為他們能快速地洞悉別人的感覺。他們自己的情緒也改變得很快，而這會使他們對人類的行為產生包容力和洞見；他們有能力以各種方式展現他們的關懷。這類人覺得自己不受社會道德約束，所以能夠自由地回應別人。他們有一種直覺力，知道什麼才是恰當的反應方式，不過他們並不是可以被完全依賴的人。特別是呈困難相位的人，行為經常是反覆無常的，比較極端的表現是前一分鐘還顯得很獨立，下一分鐘卻開始乞求你幫助；或者前一分鐘還是笑臉迎人的，下一分鐘已經忘了你的存在。

總之，這類人大體而言還是富有人道精神，待人很平等。他們渴望刺激、冒險和改變的特質，使他們能夠結交各種年齡層、背景和想法的朋友。人們會覺得他們很令人興奮。

如同太天型的人一樣，這類人也適合從事改革工作，尤其適合改革家庭生活、住宅和社會方面的問題。哲明・格瑞爾（Germaine Greer，澳洲女性主義作家）的星盤裡就有月天的合相，而且和上升點及太陽成四分相。

月亮——海王星

對受苦敏感。捉摸不定的感覺。被情緒淹沒。把母親理想化。母親是受害者。喜歡扮演救贖者。理想的家。

母親是一位高眺苗條，有點不食人間煙火的浪漫女性，即使是最微不足道的不愉悅情境，她都很難接受。事實上，這些不愉悅的情況根本不存在；她把情況誤解了，或是加上了錯誤的詮釋。

……這樣的談話是必要的，而且我必須在黑暗中摸索一陣子，希望能在她身上發現某個我不會傷害到的部分。

——莎莉、麥克琳的自傳《不要從山上摔下來》（Shirley Maclaine, "Don't Fall off the Mountain"）

有關這兩個行星組合起來的特質，可能再也沒有比這對段文字更貼切的描述方式了，特別是作者本身就有月海的合相，落在處女座和十二宮裡面。

莎莉，麥克琳在別處也談到她無法了解她的母親，也無法佔有她，而這是許多有月海相位的人對母親的一種感受。更精確一點地說，這也是一般人對他們的月海型朋友抱持的感覺！

這是一個極為敏感和容易受影響的行星組合，因此星盤裡有這類相位的人，很難擁有清晰的界線感。他們的疆界感甚至比太海型的人更薄弱；他們很難分辨自他之間的分野在哪裡。這類人對一切事物都很敏感，而且會把他人的情緒和感覺都接收進來，以至於分不清是自己的還是別人的。換句話說，他們很善於感覺，卻不一定有能力定義和理解這些感覺，但如果星盤裡有強烈的風象星座或水星的能量，情況就會改善一些。

月海型的人如同金海型的人一樣，也會使我聯想到美人魚：變化莫測、難以掌握、十分迷人，好像魔法一般難以理解。月海型的人很難把自己奉獻給任何事物，也極難被洞悉，他們時常會問：我們現在必須討論這個問題嗎？他們很怕被套牢，也不想面對任何不愉悅的情境。他們永遠在逃避困難的議題，不想具體地說出自己的感受。他們把周遭人的感覺和環境裡的信息全都吸收進來，就像海綿一樣，很難分辨裡面的水是自己的還是別人的。

他們對任何一個受苦的人都很敏感，包括地球上正在挨餓的人、踽踽獨行的老婦、街上流浪的狗，或是孤兒院裡的孩子；這類人最大的挑戰就是必須採取行動來解決眾生的苦難。那些呈困難相位的人通常很難承受這些痛苦，因此會求助於人而無法面對殘酷的現實。他們藉著認同受害者來自憐——自憐是他們很顯著的特質。這兩個行星的組合帶有明顯的被動性，所以必須把能量導向星盤裡其他的部分（譬如火星的部分），學習積極地運用這股想要保護和照料的需求。

無論是不是救贖者，這類人多半有慈悲心和同理心，很能從別人的角度看事情。

卡特和阿若優曾經指出，這類人的母親或父親通常帶有海王星的特質。他們可能沉湎於孩子的需求之中，甚至像鬼火般飛快地滿足孩子的需求。他們的父母也可能有精神不穩定的傾向，帶有一股藝術家或神秘家的氣質。他們似乎對一般的現實事物不怎麼感興趣，更常見的情況是母親是受害者，孩子和母親之間的界線很不明顯。月海型的人經常為母親感到難過，而且認同她的痛苦。他們會把母性法則和女性氣質理想化，非常能接受具有母性的人。他們本身也渴望當母親。此外他們也很容易被洗腦，情感容易遭到背叛。由於他們對自己真正的感覺不太清楚，所以容易受人影響，誤以為自己有了某種感覺。

這類人有強烈的逃避傾向，這也許是他們保護自己的一種方式。他們喜歡過雅緻的生活，不喜歡粗糙低俗的東西。他們不願意接觸不美好的事物，如果被迫面對不愉悅的情境，寧願逃到想像世界裡面，藉著看電視來獲得慰藉。

或許我們會認為月海的組合帶來了幻想力，但是呈柔和相位的人往往不承認自己喜歡做白日夢或幻想，但真相是他們的幻想已經成了下意識的活動，所以幾乎察覺不到了。月海的組合如同其他的海王星相位一樣，經常在有創意的人身上發現，特別是演員，但是這兩個行星的組合也許並不喜歡活在聚光燈下。

演員不但能展現角色內心的情感，而且能在真實生活裡轉換成自己扮演的角色。他們不必真的投入於現實生活，就能反映真實生活裡的情境，將星盤的其他部分活出來。譬如莎莉・麥克琳就有太火合相在八宮，她在許多部電影裡都扮演妓女的角色，因而體現了八宮的某些性議題。演員有能力反映集體意識的情感，戲劇則能把日常生活和文化裡的神話體現出來。

有月海相位的人帶著一種寄生蟲的特質，他們渴望過舒服日子，所以會對那些照料他們的人上癮。如同阿若優所說的：

「他們非常渴望情感上的關懷和撫慰，而且極難被滿足；沒有人能符合月海型人的投射在別人身上的那種無私的形象。」

（譯注：摘自《占星、業力與轉化》）

的確，這類人需要把自己奉獻給某個人或事物，也不該太過依賴別人對自己的奉獻。基本上這類人有一股想要融合的渴望，包括和宇宙或母神融合，或是縮回到子宮裡面。不論童年是何種情況，他們都可能將其理想化，然後戴上面具編織出一些美夢。他們渴望未來能變得更好，又會將過往的一切美化，所以很難善用當下。

這類人最難感到滿足的就是和家有關的事物。如同海王星與下降點合相一樣，月海型的人也渴望擁有理想的家；他們希望家不但能帶來情緒上的寧靜，而且環境應該優美、安全和舒適——一個可以讓他們停泊的港灣。這類人往往有害羞及退縮的一面，他們很容易被情緒淹沒，極渴望有個避難所，

這兩個行星的組合有利於為他人建立理想的家，譬如為兒童尋找理想之家的社會工作，或者從事室內設計和裝潢工作。

月亮——冥王星

深埋的情緒。強烈的情感生活。情感的蛻變。家庭危機。情緒勒索。強勢的母親。

月冥型人的情感生活，令我聯想起一種叫作塘鵝的海鳥，這種鳥會俯衝到水裡找尋食物，然後飛出水面消化它捉到的食物。月冥型的人在面對情感生活時也有類似的態度；他們會潛伏到自己的感覺和關係之中，而且需要花一段時間去消化那些吸收進來的感覺。

這類人在家庭和情感生活上需要空間，也需要深刻而強烈的交流。那些有合相及困難相位的人特別容易覺得受侵犯和攪擾。他們的家庭或情緒層面，的確可能有過類似的被侵犯的情況，所以竭力避免這樣的情況再度發生。

呈困難相位的人情感生活往往十分激烈，但究竟會以何種方式顯現出來，就要看當事人對自己的情緒本質有多深的覺察了。他們可能很想深入探究自己的感覺，或是想將它們徹底剷除。還有的人會想把它們連根拔起，或者完全不去經驗它們，因為冥王星帶有一種抹煞情感的傾向，不過這些情緒還是深埋在內心，時機成熟又會浮現出來。月冥型的人渴望將深埋的情緒連根拔起，或是完全不予理會，這其實是在逃避一些具有破壞性的感覺，譬如痛苦、嫉妒和報復心態。這些感覺不但是他們自己的，也有一些是出自原生家庭。呈困難相位的人容易有家族創傷，或是曾經發生過違反社會原則的事，也許是一些不被當時的社會接納的事情，譬如性侵害或是生下私生子。也有的人經歷過家庭無法充分消化掉的困難：家族成員之中有人是殘障或行動不良，也可能有精神分裂症或是過早死亡。

無疑地，所有的家庭都有過一些創傷，但月冥型的人卻會無意識地被推選出來承擔和治療家族創傷，或者負責讓大家認清其中的真相。他們也可能發展出治療創傷的專業能力，讓個案內在的毒素逐漸浮出表面。

有時月冥型的人也會變成家族成員的眼中釘，因為他們好像戴了一枚徽章，不斷地讓家人意識到過往的歷史，或是一些家人不願去面對、深埋在潛意識底端的東西。他們就像海綿一樣，將漂浮在大氣裡的負面情緒吸收進來，並且會累積起來。

只要有危機發生，這類人不知怎地就會捲入其中，即使和他們一點關係都沒有。危機似乎令他們感到興奮，甚至會像禿鷹一樣從創傷的腐肉中獲得養分。在很遠的距離之外，他們就能嗅到創傷的氣味，有時他們涉入危機是因為有足夠的力量和洞見。處在危機中的人經常尋求月冥型人的幫助，因為他們能夠處變不驚，而且很願意保護別人。他們似乎什麼事都見怪不怪，而且對人性的陰暗面深富同情心和觀察力。在最佳的情況下，月冥型的人不但不會把情感隱藏起來，反而會將它們披露出來，繼而創造出一個安全的環境，讓別人自在地揭露家庭創傷。

如果月亮代表的是我們在餵養和滋養方面的直覺，那麼月亮和冥王星形成的相位，代表的就是對強烈的情感互動的渴望。有的月冥型人也很喜歡扮演馬克白夫人的角色，或者很喜歡和這一類型的人相處。月冥人的情緒和家庭生活很少是平靜無波的，他們的情感生活就像莎士比亞劇的情節一樣，充滿著黑暗、不祥或是騷動不安的暗流，而且隨時可能爆發出來。說他們對這些暗流不在意，絕不是公平的講法，因為他們只是很熟悉人性的陰暗面，特別是家庭生活的這個面向。

這類人即使有情感和家庭生活的危機，也不容易被旁人觀察出來。他們不會把私生活和家庭生活裡的細節透露給別人，或是將其公開出來。那些有困難相位的人尤其不信賴別人，而且覺得沒有理由讓其他人知道自己的秘密，或是自己真實的感受。他們的家庭背景使他們覺得曝露情感是很不安全的事，因為這麼做會被人控制、操弄和敲詐。

月冥型的人很沉迷於當母親或者對母親很執著，所以反過來也會執著於他們的孩子。他們的母親多半掌控性強，過度保護，無法讓羽翼未豐的孩子獨立。月冥型的母愛或許帶有高度的操控性，但手段是比較隱微的。如果這兩個行星的能量很強，而整張星盤都展現出極端傾向，那麼母親就會像女巫或吸血鬼一般，把孩子的生命之血全都吸光。母親會不斷地侵入孩子的空間裡，讓孩子無處可躲，沒有任何秘密或私生活。這可能源自於她害怕不祥之事會發生在孩子身上，所以會過度保護他們。呈柔和相位的人也有類似的經驗。有時他們的照料者是祖父母，特別是祖母，如果不是這種情況，其家族背景仍然是由女性掌權。

我認為月冥的相位和非常原始的情感有關。這類相位被強化的人，似乎命中注定必須轉化集體無意識底端的一些本能情緒，這些情緒往往是文明化的過程裡，社會一直試圖迫使我們排除的感覺。

這類人可能試圖侵入到別人的情緒裡面，但也可能害怕做出這樣的事。這種侵略性也許是恰當的、也許不恰當，端看他們的原始動機是什麼；其動機也許是渴望建立強烈的情感連結，也可能出自懷疑。月冥型的人本身就很怕被人侵犯，也不信賴別人的動機，所以才想要潛入他人的心中，做為一種自保的方式。或許他們的想法是：如果你能徹底認識一個人，包括他們的弱點，他們就不可能傷害到你，因為你會變成掌權的一方。因此，月冥型的人往往是情緒敲詐高手。

不論他們的動機是什麼，若是能以正向方式運用這種心理上的侵略性，就能達成淨化和拔除創傷的功效，但也可能令那些被侵犯的人感覺情緒毫無遮攔。這類人通常有豐富的情緒被侵犯的經驗，所以已經習以為常；這或許就是他們技術高超的原因。

這類人也能覺知到權力的誤用。如果他們能善用自己的力量，就能當心理治療師、諮商師和傳記作家，幫助他人轉化負面情緒。

對這類人而言，最困難的事莫過於放下自己的強烈感受了。他們非常渴望將那些帶有破壞性的情緒連根拔起，譬如憤怒、懷疑、嫉妒或受傷的感覺，但是呈困難相位的人似乎很難放下這些感覺。

月冥型的人或許也很難擁有平靜的生活，不過外在生活倒是多采多姿，相當活躍。他們可以從日常生活的經驗裡榨出豐富的汁液來。

第八章 水星的相位

水星——金星

美麗的辭藻。對文字的喜愛。美妙的想法。對愛與和平的思考。優美的舉動。

這兩個行星不可能超過75度的距離，所以只可能形成六分相、半四分相以及合相。我對這兩個行星的組合並不是很熟悉，不過他們的確意味著和藹可親、迷人的風度和做人的技巧。他們懂得以美和優雅的方式表現自己，而且可以找到各種方式釋放自己的創造力，這類相位也會在嗓音美妙的人或歌者的星盤裡發現。有時我們會愛上一個人的聲音，而那些能夠以嗓音吸引人的人，很可能有水金的相位。

但是著名作家的星盤裡，不知怎地卻很難發現這類相位。這類人喜歡思考和說話，特別是愛或關係這方面的題目，因此即使這類相位和寫作沒有太大的關聯，至少能代表喜歡閱讀的傾向。

其他形式的藝術譬如音樂，也可能跟水金的相位有關，不過這類相位比較代表藝術技巧，特別是運用到雙手的技藝。許多舞蹈家也有這類相位，所以我們會將它們和優美的動作聯想到一塊兒。達文西的星盤裡有最緊密的水金半四分相。

藝術經紀人或是美容業者的星盤裡也有強烈的水金能量，因為他們必須為藝術或美容產品代言，或是扮演仲介的角色。舉個例子，我認識某位女性經常舉辦香水發表會，她的星盤裡就有這兩個行星的正45度角。

水金型的人經常思考和談論他們的價值觀，對金錢議題也很感興趣。馬克思的一生都涉及到思考、探討和撰寫價值及資源方面的議題，他的星盤裡有水金合相（水星是落在雙子座，金星是落在金牛座，但這兩個行星的合相距離接近6度）。

如果星盤裡還有其他元素的支持，那麼水金的相位就會帶來高度的外交手腕。這類人很喜歡思考和平的議題，所以十分有利於外交或公關工作，他們的外交手腕會帶來持久和快樂的關係。他們知道說出什麼樣的話容易被接受，而且會在表達上面儘量符合理性與公平的原則。

水星——火星

果決的溝通方式。清晰而快速的思維。心智富有競爭性。手足失和。將思想付諸行動。

這兩個行星形成的困難相位，喜歡用「別囉唆」之類的方式來說話。水火型的人會越過各種繁文縟節和廢話，當然也包括你說的話在內！他們喜歡以誠實、敏銳、清晰和簡明的方式溝通，所以不要期待他們以溫和、細膩或技巧的方式表達自己。他們的技巧通常會透過直言不誨的勇氣和能力展現出來。

在心智層面，這類人帶有高度的競爭性、精準度和迅捷的思維能力，他們會藉由快速的思考能力來確立和保護自己。這類人也可能是課堂裡的笑料來源，因為他們的反應非常敏捷，不過他們也很容易感到乏味，而且對那些反應較慢的人很不耐煩。這類人在當學生時，可能會在桌子底下偷偷閱讀和上課內容完全不同的書籍，這不但是確立自己的一種方式，同時也表現出了內心的乏味感。對他們來說，頭腦就是他們的武器，而且有充分磨利頭腦的需求。

在心智層面，水火型的人需要很多的「肉」來磨牙。但是這類相位本身並不代表專心於知識的追求，因為追求知識意味著深入思考和高度的毅力，而這些都不是水火型的人強項，除非土星的能量很強。他們可能會對學術領域不耐煩，而且會覺得受威脅。

已故的英國占星家約翰・艾迪就有水火的四分相，他發現水火和水天的相位經常出現在小兒麻痺症患者的星盤裡，並認為這些人都有頭腦敏捷的特質。小兒麻痺症是水火相位罕見的生理現象，但是神經緊張和易怒卻是常見的傾向。從我的經驗看來，水火呈困難相位或緊密相位的人要不是老煙槍，就是習慣咬手指甲，他們的健康問題多半涉及到神經系統，包括所謂的精神崩潰都不是罕見的現象。基本上，水火型的人在溝通時多半帶有不耐煩和愛發火的傾向，因此他們必須找到發洩的管道，譬如寫作、寫諷刺文學，或是幫助別人克服溝通障礙。火星一向需要為某個目標奮鬥，這類相位的任務就是要活出文勝於武的金科玉律。

人們通常能意識到這類人的挫敗感；他們的頭腦反應實在太快了，所以筆和嘴都趕不上頭腦的速度。他們的話語經常脫口而出、來不及修飾或形成妥善的想法。這並不代表水火型的人不願以和緩的方式說話，他們只是非常相信直截了當的表達方式罷了。在寫作和演講時，這類人的風格之中帶有一種諷刺性和正中核心的特質。如果這兩個行星的組合恰好出現在一個不太外向，或是溫和的人的星盤裡，仍然會以簡明的方式表達自己。

這類人多半來自於爭執不休的家庭背景。他們從小就沒有太多機會確立自己的意見和想法，甚至沒有機會讓大人聽到他們說話，因此長大之後就會藉由溝通來展現主宰權。他們會以快速、強勢或尖銳的方式溝通，而且帶有一種威脅他人的態度，就好像隨時準備與人對立似的。有時他們的原生家庭裡並沒有太多的爭執，卻有明顯的競爭性，譬如兄弟姊妹不和，因為大人總是會強調哥哥姐姐在學校的表現有多好。當然劇情的展現可能有許多方式，但主要的議題就在於長大之後會有憤怒的情緒，而且很難以社會接納的方式表達自己，甚至可能會發展出偷竊的行為，或是性方面過於早熟。

水火型的人不一定喜歡與人爭執，因為他們很清楚自己的心智能力，所以對合作並不感興趣，也不想贊同別人（凡是涉及溝通方面的事，這類人都喜歡我行我素）。他們對別人的意見還沒感興趣到要改變自己的程度。他們之所以與人爭執，是因為他們太習慣於爭論，所以很難想像還有其他的溝通方式。水火星對立相的人尤其愛指責別人、激起紛爭，甚至會忘了爭論必須有兩人才能成立。他們即使不愛爭論，也有一種熱切的傾向，而且是以非黑即白的方式在思考，或是沒有足夠的資訊便驟下結論。

這類人總覺得「行動勝於語言」，這也是他們為什麼不喜歡討論事情的原因（他們通常很怕開會）；或許這也是他們不肯合作或是不民主的理由之一。其實水火型的人並不一定是行動派，他們的挑戰乃是要將想法和行動結合，把自己的理念付諸實踐，而且不能否定別人也有自己的意見。

這兩個行星的組合也很容易出現在罪犯，特別是小偷或扒手的星盤裡。由於水星是無道德感的行星，而火星又有我行我素的傾向，所以形成上述的罪行是不足為奇的。偷竊也需要具備水火的某些特質，譬如敏捷的思想和行動，勇敢、衝動和膽大妄為的傾向。

善用這類相位的方式就是投入於一種勇於發言的情境，如果不能善用敏銳的頭腦，這類人很容易變成囉唆、不滿足、易怒和充滿偏見的人。

有水火相位的人小時候就對性很好奇，經常令他們的父母感到窘迫。我認識一位有這類相位的個案，他因為好奇心而變成了兄妹亂倫的受害者。

困難相位最糟的情況可能是好辯，或者把別人的意見看成是對自己的人身攻擊，這類人也可能把殘餘的競爭性展現在溝通上面，把每一次的溝通都看成是一種威脅或對立。衝動和不耐煩也是常見的狀態，同時還伴隨著緊張、易怒或是找別人的碴。他們的不耐煩傾向，也會顯現在其他的溝通形式或交通運輸上面——沒有人比水火型的人更痛恨等公車或是遇見塞車了。從好的一面來看，這類人有能力和勇氣誠實地表達自己，同時頭腦也非常敏銳清晰，他們的言語富有機智，能夠機敏地運用語言文字。有這類相位的人可能變成諷刺文學或偵探小說作家，也可能成為評論家、發言人、辯論家或智力遊戲專家，甚至成為舞台燈光師。任何一種需要發言能力的情況，都很適合水火型的人參與，畢竟得有一個人有膽量說出國王沒穿衣服這個事實；那些會說出這類話的人，無疑地一定有水火的相位，也可能有水天的相位。

能言善道的瑪格麗特公主也是這類相位的明顯範例，她的星盤裡有這兩個行星的緊密四分相。呈柔和相位的人言語比較不辛辣，但仍然喜歡用強烈的辭藻或是善辯，而且表達很清晰。水火六分相在心智層面特別會展現出清晰和精確的特質，也格外能把想法付諸實踐。

水星——木星

小題大作。思索未來。期待最好的事會發生。哲思者。宏觀理念。對自己的意見有信心。

水木型的人比較傾向於哲學思考而非事實的擷取。他們喜歡向內觀察，外表顯得溫和有耐性。如果星盤裡有緊張的水木能量，那麼在說話之前就必須思索一番，才能表現出機智的一面（除非是哲學辯證或是面授機宜的情況）。這類人只喜歡觀察自己感興趣的事，而且心中經常塞滿了想法。如果妻子問他喝茶時要配蜂蜜或是果醬，他可能連蜂蜜和果醬是什麼都想不起來，更何況是自己想要什麼了。他的舉止是逍遙自在的，經常會忘記別人都能記住的事。那些沒有成為他心不在焉傾向的受害者的人，或許還能仁慈地摟住他的肩膀，在他需要幫助

的時候提供協助。

——約翰・艾迪《自選集》

在同樣的段落裡，約翰・艾迪還提到水木型的人並不特別愛說話，這是由於他們比較喜歡向內觀察，而且表達的方式很和緩。雖然我也發現這是常見的情況，不過還有別的可能性。有時水木型的人也會出現說話像腹瀉的情況，特別是涉及到雙子座或冥王星的時候（強迫性的溝通欲望），不過這畢竟是比較極端的例子。

不論水木型的人的溝通傾向是什麼，都可能同時研究五十個以上的主題。或許不到五十個，但也少不到哪兒去；這樣的描述方式很能代表水木型人的缺點——誇大！這兩個行星的組合的確會在涉獵博雜的人的星盤裡發現。如果星盤裡的水木能量非常明顯，那麼博雜的程度就會到令人咋舌的地步，特別是有關哲學、宗教、法律、旅遊或政治方面的議題。

木星會帶來擴張的力量，當它觸及水星時，就會擴張一個人的心智活動。有這類相位的人往往會從宏觀的角度去看事物，他們也會去探索事物背後的意義。呈困難相位的人則不一定有這種傾向。

我們可以把柔和相位與平衡的論斷或全觀能力連在一起，有時呈困難相位的人可能會被迫發展出這種能力。木星會帶來自信心和自大傾向，因此水木的所有相位，特別是困難相位，都帶有這種特質。這類人的觀點可能缺乏完整性，只強調一小部分的資訊。水木型人最大的缺點就是在意見上有自大傾向，容易自以為是，對自己說話的能力過度自信。美國人所謂的「賣弄學問」（grandstander）型的老師，我認為也可能受了這類相位的影響。這類老師對自己要講的主題有許多龐雜的知識，雖然很有魅力，卻沒有真的做深入的準備，只是把一堆的概論以誇大的方式表達出來罷了。

反之，水木型的講師也可能相當善於啟發學生。他們會以極大的熱忱來談論自己的主題，而這的確很能激發學生的興趣。水木型的人最可能出現的狀況就是誇大地敘述事情，以搪塞的方式去詮釋與自己的觀點相左的資訊。這類人也可能以粗心大意的方式說話，或者不去覺知說話的對象是誰。但如同所有的木星相位一樣，水木的相位也會讓人不至於因為說話隨便而出紕漏。這與我觀察到的水土型的人相當不同，後者隨便犯一個小錯都可能出大紕漏。

水木型的人比較不像水土型的人那樣會成為學問家；後者比較需要高等學歷來證實他們的心智成就或思想的精確性，但水木型的人一般來說並不特別在乎這類事情，而且不覺得有必要證實自己的智力。

水土型的人往往會成為專家，水木型的人則是什麼都知道一點的雜家。除非有土星涉及進來，否則水木型的人容易涉獵得太廣，但是不夠深入。特別是呈合相或困難相位的人，很容易說的比自己真正知道的要多。

由於這類人什麼都想知道，所以即使把完整的畫面給了他們，仍然只有一堆的資訊而沒有清晰的認識，如果這兩個行星是落在變動星座上面，就更難找出重點了。這類學生即使寫了數百頁的筆記，也沒法兒湊成一篇論文，如果有強烈的火星能量，或許能改善這種傾向。他們必須學會設定好目標，然後把所有的資訊都導向那個目標，並且要好好地消化一番才行。水木的相位如同所有的木星相位一樣，都不喜歡受制約；這種傾向有好的一面，也有壞的一面。這類人既可能發展出真正的折衷傾向，也可能變成思想上的玩家。

水木型的人比較傾向於哲學而非科學。他們不像水土型的人那麼需要看到事實，或是為事情下定義。對水木型的人來說，太多的定義反而會帶來侷限。

如同約翰・艾迪所言，水木型的人就像一個心不在焉的教授，腦子裡輸入了一堆知識，卻忽略了日常生活的細節。如果水星是落在土象星座上面，或是整張星盤的土元素很多，便可能增強思想上的現實性。

木星為水星的心智活動帶來了直覺力，因此有水木相位的人很能抓住一個主題的精神。這類人痛恨那些學究型或表達過度精準的人，因此在必須注重細節的工作或思想方面會出現一些困難。多年來我留意到一件事，那就是學生如果在木星推進水星形成相位的階段去考試的話，成績往往很糟，因為他們會過度自信而犯下不該有的錯誤，或者無法深入課本的內涵。

水木成困難相位也可能和誤解有關。有時這是源自於過度熱切的傾向；這類人的心經常投向未來，去猜測別人將要說什麼話，或者書本的結論是什麼。他們在聆聽和溝通時也有誇大傾向，容易聽錯了別人說的話，把某個元素誇大，而忽略了其他重點。

除非星盤裡有相反的影響力，否則有水木相位的人通常很喜歡上學，對各種的學習都有興趣。他們會不斷地在心智層面有所成長，但也可能成長得過快而無法充分消化吸收。

當他們的人生出現了問題或者必須面對困境時，往往能從哲學的觀點來看待自己的情境。因此這兩個行星的組合，可以使人發現嚴酷現實背後的意義和目的，但是也可能無法直接面對現實造成的痛苦，只是一味地尋找背後的意義。譬如鄰居的家著火了，那些比較實際的人會捲起袖管提供實質的協助，水木型的人卻會忙著尋找這個事件背後的哲學意義，而且事發之後還可能誇大那個事件的恐怖程度。

由於水星和木星都跟身心的短途及長途旅行有關，因此有明顯水木相位的人（特別是困難相位），可能會花許多時間在旅行上，無論是旅遊或遊學都是運用這類相位的最佳方式。這類相位的目的很明顯就是要探索人生。水星加上木星十分有利於寫作，而且經常出現在那些預測未來的作家的星盤裡。水木型的溝通者容易誇大他們要表達的內涵，目的只是為了呈現社會、哲學或宗教上的論點，但是這種誇張傾向也會使他們的表達富有戲劇性，而變得非常受人歡迎。因此，這兩個行星的組合有利於當老師、牧師、政客和哲人。那些探討宏觀理念或是未來性，特別是如何能改善未來的人，都可以得利於水木相位。考量未來，自然會導向與青年人有關，或幫助青年人的工作。這兩個行星的組合也經常出現在科幻小說家的星盤裡。這類人對遙遠異國的興趣，往往會發展成熱衷於旅遊和天文學的研究；水木的相位也有利於這方面的寫作。

水星——土星

權威之見。語言障礙。負面思考。訓練有素的頭腦。以艱辛的方式學習。為自己的想法下定義。

如同所有的土星相位一樣，水土的困難相位也會帶來兩種典型的行為模式和心理背景。水土的相位和認真、嚴肅、審慎的心智有關，但是也可能代表畏懼思考。

水土型的人會三思而後言，在沒有確定自己該講什麼之前，通常不會輕易表達自己的想法。這種在表達上的審慎態度，通常和家庭背景及童年教育有關。他們總覺得自己說出來的話不夠好，表達得不夠正確，或是不足以吸引人。這類人在表達時會想起父母總是對他們說出來的話不感興趣，或者沒有人在身邊花時間聆聽他們說話。他們通常來自於一個大家庭，裡面有太多人同時在說話，因此他們小小的聲音經常被忽略。有時是他們在學校裡說出來的話沒有被老師聽見，或者老師令他們覺得自己很愚蠢，所以長大之後仍然對自己的智力缺乏信心，必須很謹慎地表達想法，以免讓自己顯得愚蠢無知。這類人也可能在早期被迫以艱辛的方式學習，故而喪失了學習的樂趣。這類孩子的意見和想法或是想要聊天的傾向，往往遭到了打壓。水土型的人也經常在生命的某個階段被迫面對語言上的障礙，譬如時常碰到自己的話被曲解的情況。有時問題並不是出自語言障礙，而是口音的不同造成了偏見。譬如在英國，如果你的口音屬於某個階層，就會透露出你的教育背景和社會地位。從自己的出生地搬到另一個區域去生活，會因為語言的不同而造成障礙，這是有水土相位的小孩最容易碰到的情況。這類孩子會因為自己說話的方式而非內容遭到排拒。

害怕智力不夠高或者表達得不夠精確，是這類人不容易意識到的心理問題，而且可能發展成各種的對治方式。當他們面臨必須表達意見或是參加考試時，經常會覺得是在遭受「試煉」。特別是呈困難相位的人，很容易覺得自己是在面臨被考驗的情況。他們也可能因此而成為學術界的人，或者會不斷地累積自己的學歷。基本上，水土型的人很渴望從權威那裡得到一紙文憑，以證實自己的智力、知識和表達能力。同樣的，他們也會認為你必須有某些頭銜才是有學識的人，這反映出了一種不信任的態度，好像一個人的知識必須被權威認可了，才值得信賴。

某些水土型的人很害怕考試，他們不允許自己面臨考驗，因為太害怕失敗了。只要涉及到土星的相位，都會讓我們對眼前的情境過於認真。這類人究竟會變成學歷的累積者，還是不敢面對考驗的人，就要看整張星盤的能量基調和水星的位置，以及這類相位在星盤裡的重要性了。

有時這類人是來自於一個沒有書籍、沒有交流的家庭背景，甚至沒有太多機會受教育，這可以詮釋成對學習和溝通交流的恐懼；他們可能會害怕面對這份恐懼，或是不敢去克服它。這意味著他們過度相信權威之見，而低估了自己的意見和想法。舉個例子，他們會全然相信醫生的診斷，覺得自己對身體或治療方式的感覺及看法，都是不足以採信的。反過來看，他們也可能變成完全不接受權威之見的人，或者對這類人說的話總是抱持懷疑態度。從正面的角度來看，這會讓他們在任何一個議題上面發展出自己的看法。

水土的相位經常和遲緩或乏味的心智有關，但也可能和特別卓越的心智有關。愛因斯坦的水土呈現的是合相的相位，很顯然屬於後者。某些人的確可能因為這些相位而顯現出思維上的遲緩和狹隘傾向，但是仔細檢視之下你會發現，他們其實是害怕表達或是害怕思考，而不是真的在智力上面有什麼問題。土星和水星的組合似乎會讓思想立即變得清晰、審慎和周密。心智會因為這類相位而變得精準、明確、能夠仔細地為事物下定義。多年來我在教導水土型的學生時經常發現，他們如果無法充分理解某個議題，最容易出現焦慮的反應。他們不相信水到渠成這件事，而且經常被教科書或老師們的不同意見所困擾。

他們會覺得只有一位老師或是一本特定的書，就能涵蓋所有的權威之見，是最安全的事。這類學生具備高度的精算才能，在依循公式上面相當有信心。水土型的人對科學和數學很有把握，因為這裡面可以找到正確的答案。但是占星學的詮釋並沒有明確的準則，通常必須冒一點險，而且必須運用到非邏輯性的直覺，在這方面水土型的人很容易遭到挫敗。這意味著他們不敢冒險犯錯，而不是缺乏觀察力或正確的答案。他們總覺得必須對一個議題有徹底的了解，所以會發展出對議題的掌握能力，而這就是水土的困難相位要達成的目標。

不論這類人的學術背景是什麼，通常都會渴望自己的知識、機警的反應和迷人的談話能力受到重視，但是他們必須付出努力才能發展出自然而純熟的表達能力。正如馬雅•安琪洛

（Maya Angelou，非裔美國女作家及詩人）這位詩人和作家已經在這方面成功了。她的水星和土星呈現的是正四分相，而她竟然能在廣播節目裡以最幽默的方式主持脫口秀，當然她星盤裡的太木合相落牡羊座，無疑地帶來了一些幫助。另外一個理由是她談論的都是自己的經驗，所以無須涉及書本裡的內容，或許這就是水土相位的目的之一——藉由經驗來辛苦地學習。英國劇作家湯姆・史塔博特（Tom Stoppard）也有這兩個行星的正四分相；寫劇本當然也涉及到某種程度上的審慎性，而且劇本是用來排演的。

老師和演講家通常有這兩個行星的相位。這類人渴望自己的知識和表達能力受到尊崇是不足為奇的事。這一類的演講者會非常周密地準備講稿，逐字逐句地寫下自己的想法，然後照本宣科地說出來；這種仔細規劃好的講詞，是沒有空間讓人犯錯的。這一類的老師也會以嚴肅認真的態度教學，而且課程內容非常紮實，讓學生有具體的資料可以研究。但是他們授課的內涵通常很枯燥，完全是按照傳統的學術形式僵化地呈現出來，故而喪失了相關主題的生命力，甚至讓人不知道背後的意義是什麼。

水土型的人通常不多話，只有當別人主動找他談話時才會回應，而且必須覺得很安全，否則會害怕出糗。典型的水土人最渴望的就是自己的意見能夠被認真看待，受到尊崇。

某些水土型的人似乎無法停止說話，或許這也是一種控制他人、確保自己的話被聽見的方式。不幸的是，這種情況反而造成別人無法聽他們說話，因為別人不會覺得這類人是在平等地和他們對談。當水土型的人發現他們的話受到重視時，會比較容易聆聽對方，也不再需要掌控了。我有幾位這類型的個案都喜歡不停地說話，部分原因是他們的確需要說話以及被傾聽，但也有一部分的原因是他們想要控制我，讓我根本沒機會說什麼。可能他們心中已經做了預設，以為我會把他們的人生或是他們的星盤說得很慘。水土型的人總是把情況想得很糟，容易擔憂以及往負面去思考，難怪這兩個行星的組合與聽力困難有關；他們總是擔憂不論聽到什麼消息都可能是負面的，因此就把聽覺關上了。這種過於喜歡說話的傾向也可能很有用，因為這種傾向可以幫助個案定義自己的想法。水土型的人也可能覺得日常的閒聊、與別人輕鬆地交換意見，是很困難的事。但是這類人也有彌補過失的才華；他們非常善於系統式思考，有明顯的專注傾向，能夠按照特定的模式來思考，而且能夠記住你所說的每句話，也善於規劃和仔細咀嚼資訊。這兩個行星的組合有利於需要做規劃、建檔和歸納的工作。這類人善於揣摩結構和形式，所以適合當建築師和雕塑家。

水星——天王星

不拘形式的演講。思想激進。原創的構想。突然產生的洞見。持相反意見。先進教育。反叛學校。獨特的溝通方式。道出真相。

這兩個行星的相位和激進的想法有關。這類人的思想往往超越他們的時代，和同一輩人的想法截然不同，特別是呈困難相位的人。他們的觀點、看法和意見，對那些比較傳統保守的人來說似乎太極端了，有時他們說出來的話可能會嚇到別人，或者只是為了捉弄人而語出驚人。溝通是他們展現叛逆性的方式，也是確保自己的獨特性和獨立性的管道。有時他們表達意見的動機也不一定是為了叛逆，而只是不想被他人或傳統的觀點約束。他們勇於獨立思考，並有自己獨特的見解。他們對真相的重視勝於任何形式的忠貞，即使在衡量自己的想法時也一樣。

水天型的人最佳的一面就是能穿透所有的虛偽和暗流，把自己最真實的想法如實道出，同時又能為別人帶來解放和震撼的效應。他們會從截然不同的觀點來看眼前的情況，而且能穿透傳統、曖昧性和恐懼，做出完全另類的選擇。因此他們可以藉由言語和直截了當的態度來解放別人，他們根本不在乎意見是否受歡迎，只關切自己看到的真相。但你可能會說根本沒有真相這種東西，因為「真相」永遠是帶有相對性的，沒有任何事和表面的狀況一樣，因此任何一個人得到的結論，都只是部分的真相。總之，某人認為的真相，在另一個人眼裡也許不是真相，但水天型的人（特別是呈困難相位的人）很容易忘掉這個道理，而且不在意自己說的話帶有什麼暗示。有這類相位的人很善於宣揚先進和解放的思想，但容易忽略現實性和他人的感受。此外我必須強調的是，水天型的人也許認為自己講話的動機是為了揭發真相，其實潛意識裡只想反叛或是想踢別人的館，更極端的情況是把黑的說成白的，目的只是為了展現相反的意見。

如果一個人的星盤裡有這兩個行星的緊密困難相位，便可能過度堅持己見，即使當時的情況已經顯示這麼做是完全違背真相的。因此我們可以說，有這類相位的人「必須」親自去發現什麼是真相。他們似乎必須證實自己有獨立思考的能力。

如果有必要的話，他們也可能為了堅守原則而自我放逐，不過當然要看他們的原則是否值得堅守了。那些有困難相位的人不會為了渴望受歡迎而軟化自己的說詞，因此這類相位有利於堅守不合時宜的信念或理念。他們也可能有極端的黨派觀念，但這種極端的觀點也許就是那個時代需要的，因為可以改革社會的集體意識。

那些有困難相位的人也很難與人溝通，這不只是因為他們的觀點帶有極端性，而且表達方式也太唐突和直接。在溝通時他們沒有能力與人合作或讓步，只認為自己的信念才是正確的。他們通常不善於協調，但如果星盤裡有強烈的金星能量，這種情況就會改善。這類人比較擅長聯合抵制行動，或是在工會裡當領袖或擔任工會發言人，因為這類角色是不能太急於達成協議的。

卡特認為有困難相位的人也不擅長守密，或許這是因為他們太急著溝通，所以很難不吐露真相。我們也可以說他們比較喜歡揭露事實，不擅長保密或護衛他人的感覺，所以卡特才會把他們形容成不太受歡迎的人。我認為他們之所以不受歡迎，是因為喜歡和社會唱反調，甚至到沒有人可以交流的地步。

但水天型的人不一定會成為完全不受歡迎的人，他們也可能用話語激起別人的興趣，給人一種機智的感覺。那些自我堅強又重視誠實性的人，也許會十分看重水天型的人，因為他們不會在別人背後說閒話，也不會因為渴望受歡迎而說出某種觀點。他們只是想把自己的看法明白地表達出來（雖然經常忘掉別人也可能對他們的觀點不感興趣），這類人似乎極難與含糊不清或不誠實的想法共處。

這兩個行星的組合與良好的記憶有關，阿若優主張這類相位代表「圖像式記憶」。的確，水天型的人善於記住和學習自己感興趣的事物，不過我懷疑他們對自認為乏味的主題是不太容易接受的。

這類人智力很高，有溝通方面的才華，消化資訊的速度就像閃電一般。他們的心智有發明能力、直覺很強，不過就像榮格提醒我們的，瞬間出現的直覺並不是永遠都正確的，也不一定有前後一致的連貫性。除非星盤裡有強烈的土星傾向，否則水天呈困難相位的人的直覺並不足以信賴。這類人適合從事科技或電器方面的發明工作，善於維修高科技和電器產品，如電腦或任何一種電器用品。

這類人在思考和說話時偶爾會斷電。雖然他們有高度的才華，但是困難相位帶來的洞見經常是反覆無常的。他們在交談時也會顯現「破音」現象，或者通電話時線路突然在不恰當的時間中斷。這種現象背後的理由有許多種，其中一種是如果繼續講下去的話，可能會說出令自己都後悔的事情。有時則是因為溝通管道好像塞爆了，所以基於保險的理由而突然中斷。這類人的神經系統非常緊張，有跳電的保險設備或許是必要的，他們的斷電狀態有時是源自於過度興奮，而忘了自己正在說什麼，或是說到一半腦子突然空了。這類人的溝通方式非常特別，這也是他們的才華之一。

他們極為重視思想和言論自由。從正向的一面來看，他們不會在嘴上宣揚一下自己的想法就算了，而會真的將理想或信念實現出來。不過他們也可能認為自己的理念是唯一有價值的，所以思想自由、誠實性和溝通技巧，是呈困難相位的人必須面對的試煉。他們也可能因為爭取自己的權益而鋃鐺入獄。

如同阿若優曾經說過的，這類人對傳統教育體制很不耐煩。他們偏好各種形式的先進教學法，有反抗紀律的傾向，對教材也有強烈的意見。他們不認為應該維持現狀，因此主張教育的目的是要培養思想的自由性和開放性。這類人也可能在家裡受教育或是由自己來教育小孩，這種反叛的行為模式多半源自於童年時對教育不滿。現代的水天型人或許會反叛目前的教育方式，但早期的這類人卻可能是自由教育的創始者。在自由教育根本不可能出現的地區裡，起而反抗且創立這種教育體制的人，很可能就是水天有困難相位的人。

基本上，這類相位的目標似乎就是要關切社會的改革，至於自己的改革工作是否有效，則取決於社會是否把改革看成是必要的。雖然水天的相位會帶來極端的言論和觀點，但這些觀點也許是改革的必要條件。那些態度比較溫和的人，永遠不可能為世界的思維模式帶來革命。

羅素的星盤裡就有木天合相落九宮，與水星呈四分相。他在宗教、道德及教育議題上面，都有相當激進的看法。五〇年代他獲得諾貝爾文學獎，當時他獲獎的原因就是展現了「捍衛人性及思想自由」的風範。他甚至因為堅持自己的原則而被關進過監獄。其他的例子，譬如貝蒂・米勒（Bette Midler，水天呈對分相）以喜歡震撼觀眾而馳名；佛洛依德也有水天的合相，他以心理學理論為世界帶來了革命；道格拉斯・亞當斯（Douglas Adams）則以《銀河便車指南》（"The Hitch- Hiker's Guide to the Galaxy"）一書而馳名世界。

水星——海王星

啟發人心的話語。非邏輯性思維。意見被消融掉。扭曲訊息。把事實理想化。對集體意識的滲透力。創作力。

典型的水海型人有一種扭曲事實的才華，特別是這兩個行星呈合相或困難相位。這種扭曲的能力可以帶來高度的創造力，但是也可能誤導別人。這類人有許多是在媒體裡工作，特別是廣告界。馬丁・弗萊曼（Martin Freeman）很文雅地將水海的相位描述成「真相是可以修潤的」，因此這類人有一種才華，能夠把眼前的情境以最美好的方式描繪出來。我所謂最美好的方式，指的是詮釋者以隱微的方式影響他人的感受和思想，例如啟發他們朝著新方向去思考，或是逐漸侵蝕掉他們的意見。這兩個行星的組合與新聞或報紙的報導有關，因為報紙不但能提供訊息，也能啟發人心，同時也會誇大消息，以十分技巧的方式宣揚八卦和醜聞。即使是最忠於事實的記者也可能將真相理想化，因此不會據實報導事情的所有面相，而且我懷疑社會大眾是否真想看到完整的事實。媒體記者勢必會做出某種程度的歪曲，這種歪曲事實的傾向，還有一部分是源自於記者將事實看得比神還大，故而忽略了眼前情境帶來的內在感受和意義。報紙上的故事或任何一種虛構的故事，都會把粗糙的情節潤飾得比較精緻一些，以便更吸引人閱讀，乃至於變得人工化，因此水海人的才華也是一種詛咒。

海王星會把水星的邏輯思考和客觀性逐漸侵蝕掉，而強化了一個人的非理性覺知和非語言的溝通能力。因此，這類人多半有影像和音樂方面的才能，但是不善於透過語言或其他藝術形式，來傳達他們看到的影像。

那些有困難相位的人也容易感到挫敗，尤其是語言方面的表達。那些有閱讀障礙的人星盤裡經常有水海的困難相位，當然有學習障礙的人也一樣。在拼字、看地圖、學數學和依照公式來思考時，水海型的人都會有些困難。

有這類相位的兒童，最好以較為不尋常的方式來教導他們，譬如藉由圖像解釋知識。他們需要受到啟發。水海的相位也帶有高度的想像力和豐沛的創作力，這類人的想像力要先被滿足了之後，才有學習的意願。背誦和強記對他們而言是一種詛咒，也可能根本無法生效。他們也不欣賞純報導式的資訊；他們豐富的想像力可能會把一開始聽到的事實，變成越來越離譜的虛構故事，對他們來說事實和虛構之間沒有太大的差異。

水海型的小孩寧願世界裡住的都是女巫或精靈，成年之後他們也可能把政府、鄰居或任何人看成是完全美好，或是完全邪惡的人。他們會扭曲事實以符合自己的想法，所以很適合宣傳工作。

水海型的人一般並不像別人想像的那麼糊里糊塗和漫不經心，但如果木星也涉及進來的話，就可能會出現這種情況。太空人派崔克・摩爾（Patrick Moore）的星盤裡就有這三個行星的緊密四分相，他雖然是個極有學養的人，卻顯得有點迷糊和漫不經心。他把科學事實理想化這件事令人覺得十分有趣，因為這也是水海的另一種特質，尤其是對分相。他對占星學的態度是眾所皆知的；他似乎認為占星學就像童話故事一樣荒誕，而且可能是一種蠱惑大眾的方式。我們可以說他把自己的海王星投射到研究占星學的團體身上，他對這個議題的強烈主張則可能是受了木星的影響。

典型的水海人對外界的影響格外敏感，他們似乎能滲透到別人的頭腦裡面。他們的思想和別人的思想之間的界線是很模糊的，這不但帶來了心理學方面的才華，同時也有為人洗腦的能力。在滲透到別人心智的過程裡，水海人不但能覺知外界的訊息，而且能隱微地改變它們，所以這類相位才會和廣告及宣傳有關。

這類人之所以有學習上的困難，是因為太容易受外界影響。他們的心是完全敞開的，很容易被別人的思想或觀念模塑，故而覺得學習方面有困難。若想掌握住事實，我們的頭腦就不能意識到過多的資訊，但是有水海相位的人的頭腦，會把外面所有的資訊全部吸收進來，因此很難釐清或加以組織。這就像個非常敏銳的收音機的接收器，會接收到所有頻道的訊息，所以必須細膩地微調才行。我們的確可以說水海型的人有一種微調能力。他們也會覺得如果不把某些感覺寫下來或是列出清單，他們的想法就會石沉大海。

以我的經驗來看，水海型的人如同收音機的接收器，很少會忽略任何信息。這類孩子能捕捉父母未說出的秘密，然後在最不恰當的時刻當眾說出來。

那些有水海困難相位的人也可能是慣性撒謊者，至少兒童時期有這種傾向。這類孩子在大人面前說出的駭人故事，其聲波可以傳到好幾哩以外。即使是年紀很小的時候，他們就已經展現出對八卦消息的高度興趣。他們能夠輕易地編出荒誕的故事，也能藉由這些故事轉移別人的注意力。也許他們真正的目的只是為了不想成為別人閒聊的對象。水海型的人不但會耽溺於談別人的八卦，也可能成為八卦的主角。

水海型的年輕人或許善於說一些沒有事實根據的故事，不過這些故事還是帶有某種心理上的真相，能夠鮮活地描繪出這個年輕人的內在現實，所以必須以認真和尊重的態度看待它。

水海型的成年人雖然不會說出離譜的謊言，但是仍然有能力曲解訊息，至少會以手舞足蹈或是繪聲繪影的方式傳遞消息。詞曲創作者和詩人經常有這類相位，譬如莫札特有對分相，巴布・迪倫有四分相（水星和交點有相位），約翰藍儂有半四分相，李斯特則有六分相。

音樂可能是水海型的人最了解的語言，即使是有這類相位的一般人，也有哼哼唱唱的能力。那些呈柔和相位的人則有欣賞音樂的能力，但真正有才華或是能夠把音樂具體創作出來的人，多半帶有困難相位。

我也曾經見過這類人投身於織品設計的工作，可以說是善於在布料上說故事的人。

海王星通常和集體意識的渴望及感受有關，也代表一個社會的神話意象。那些水海成困難相位的人主要的作用，就是為社會提供語言或非語言式的神話意象。因此，這兩個行星的組合經常出現在作曲家、詩人或小說創作者的星盤裡；他們能夠為我們的視野帶來細緻的改變。有這類相位的人需要一個管道來表達他們的想像力，因此必須在社會裡找到適當的位置，來抒發他們的那些具有啟發性的想法。缺少了這種管道，他們很可能成為水海相位的破壞性的受害者，變成隨便散播流言的人或是醜聞主角。這類相位不但可能使人成為八卦小報的記者，也可能成為下流媒體的受害者。在日常生活的層次上，這類人也可能在鄰居之間談別人的醜聞。他們最負面的展現形式就是自欺或是扭曲事實。雖然他們並不是每個人都能成為下一個莫札特或拜倫，但仍然可以期待在小範圍之內展現創意。

安徒生童話的作者也有這兩個行星的八分之三相，研究撰寫有關個人和集體夢境及神話的榮格，也有這兩個行星的五分相。

水星——冥王星

知識就是權力。語言的力量。語言可以殺人。秘密消息。研究者。刻薄的言論。藉著溝通進行秘密破壞。社會的陰暗思想。

有水冥相位的人往往展現出一種強迫性的溝通欲望，以及對真相著迷的傾向。水冥型的人會毫不退縮地探詢一件事的根由，他們總覺得事情一定有隱藏的一面，所且必須搜証和查詢，其實動機多半是自我保護。他們擅長挖掘別人的秘辛，但本身卻很少透露什麼東西。這兩個行星的合相有明顯溝通上的強迫性，柔和相位也有這種傾向，四分相卻可能封閉溝通的管道，把自己的想法隱藏起來。那些有困難相位的人在公開場合仍然很善於說話，但是在一對一的情況裡，卻鮮少透露真實的想法。

這類人很少從表面看事物。他們對別人的話語、行為舉止及表象不感興趣，而且不喜歡膚淺或不假思索的回答。他們這種對真相的渴望，其實是一種求生機制。他們認為知識就是力量，知道正確的答案就好像是生死攸關的事。也許他們的童年真的出現過這種情況，似乎知道事情最底層的真相，是唯一能夠令他們不喪失理智的方式。

知道正確的答案也可能象徵自己的教育程度。如同水土型的人一樣，這類人也有「智力上的心結」。他們認為知識如果真的代表力量，那麼當然要找到最佳的學習方式，因此這類相位會讓一個人在學術上有傑出的表現，也可能帶來高度的洞察力，以及對最深刻動機的興趣。

水冥型的人善於寫諷刺文章，也是言論刻薄的作家。他們擅長挖掘最深的秘密，特別是當他們嗅到陰暗或五味雜陳的情況時。這類人比其他人更快速地嗅到骯髒下流的秘密，而且擅長挖掘別人深層的動機，這些都很難瞞過水冥人的眼睛。呈困難相位的人最大的問題，就在於把任何事都想得很糟，懷疑心太重。

這類人有高度的專注力，當他們在探詢一個主題時，會呈現無情的傾向。他們渴望暗中獲得機密文件，甚至會捏造小道消息。偵探或核子科學家之類的人，星盤裡經常出現這類相位，尼克森也有這兩個行星形成的對分相；只要回想一下水門事件，就能了解這類相位的意義了。就尼克森的情況而言，秘密消息幾乎害死他，當時之所以會出現醜聞，完全是因為他秘而不宣的傾向。就水冥型的人來說，言語很可能造成破壞性，而秘密則可能帶來殺身之禍。水冥型的小孩在家庭裡就像個儲藏秘密的倉庫，他們要不是親自發現家中的秘密，就是由別人告訴他們的。

這類人可能成為強而有力的演說家，也可能成為完全無法溝通的人。但是星盤裡必須有其他代表溝通困難的要素，才會造成後面那種情況。早期他們會認為自己深刻的洞見很難用語言表達出來，甚至會畏懼自己的惡毒想法和話語。我們可以像想這類孩子揭露了家裡的禁忌議題或深埋的創傷時，如何震驚地一語不發，或者無法完全理解他發現的真相是什麼意思。他們這種以無情手段挖掘真相的欲望，其實只是想了解和保護自己。

那些有溝通障礙的人，則可能無意識地以為自己的言語是帶有殺傷力的。在某種程度上，他們或許真的有這種能力。這兩個行星的組合顯然是為了揭露從未被探討過的秘密。

我知道幾個星盤裡有水冥相位的人早期曾經歷過手足的死亡，因而深深影響了他們的溝通能力，就好像自己的言語或思想殺掉了他們的手足一般。這類悲劇令這些孩子失去了交流的夥伴，繼而影響了日常自發的溝通能力。我發現如果這類相位涉及到十二宮的話，那麼水冥型的孩子在未誕生之前，家裡很可能死過小孩或母親流產過。當然，家裡的人不會告訴孩子這類事情，但孩子隱約地知道曾經發生過不幸的事；不幸到沒人敢提及這件事。

舉個例子，某位水冥型的人童年時手足過世，她幾乎三年多不能說話。她覺得自己的話很醜陋，甚至連發出聲音都很恐怖，所以決定不再開口。某種程度上她覺得開口說話生命就會遭到威脅。當然她的家庭也有別的令她不願涉入的事。她覺得沉默不語是一種掌握情況的方式，這樣家人就必須配合她；她藉由不說話來操縱他們。沉默也可能是一種強而有力的溝通方式，水冥型的人將這種技巧琢磨得如同藝術一般。

那些協助溝通能力受損者的治療師，星盤裡往往有這類相位。因此這類相位十分有利於語言治療師、音樂治療師，或是協助智障者的治療師。

諧星的星盤裡也經常出現這類相位，因為他們有能力正中一件事的核心，而且表達的方式經常令觀眾絕倒。我們時常把這類人形容成「殺手」，或是用「他幾乎快讓我笑死了」之類的形容詞。諧星經常提及生活裡的禁忌議題，他們會談到性和死亡，而且會以搞笑的觀點揶揄那些掌權者。

水冥的相位也有利於寫偵探小說或是閱讀偵探小說。

這類人也喜歡談論玄學、性、死亡或核子時代等禁忌議題。有水冥相位的人能夠用強而有力的方式表達自己的想法（可能是惡毒的），乃至於令對方招架不住而變得啞口無言；他們也會強迫別人改變原來的想法。由於這類人經常預期別人會反抗他們的意見，所以才會用如此強烈的態度來表達自己的想法。

伊諾克・鮑威爾是水冥相位的一個明顯的例子。他對英國移民的看法，的確代表了未公開表達出來的種族歧視思想。水冥型的人很容易成為揭露社會大眾陰暗思想的管道。這類人也會對語源學有興趣，或者對拉丁文及希臘文這樣的古老語言感興趣。這類相位十分有利於研究或偵探工作，也適合從事八卦專欄的撰寫工作！

第九章 金星的相位

金星——火星

愛情冒險家。愛的競爭性。三角關係。帶有性渴望的愛。自我確立和妥協。把能量傾吐於美。為錢奮鬥。

這類相位經常在那些展示魅力的人的星盤裡出現。他們很善於突顯自己的性格特質。火星為金星帶來了活力，金星則軟化了火星的能量。

這是非常有創造力的行星組合。如同一貫的法則，呈困難相位的人比較有創造方面的動力，呈柔和相位的人則比較喜歡欣賞，或是在玩樂中展現創造性。金火型的人時常將才華用在織品、衣料及色彩上面，很擅長於布料的設計。即使星盤裡沒有金火相位，只要金星是落在牡羊座或者火星落在金牛座，也會有這種傾向。這類人也善於洋裁。我認識的一位女士有這兩個行星的緊密四分相，她是一位臘染布設計師，她用這些絲質布料做成各式各樣的靠枕、衣服，或者將其裱成框。

這類人也可能成為歌星、音樂家和演員，但我不認為這兩個行星的組合和純藝術有關，因為他們比較喜歡把美變成有用的產品。我們也可以說他們有藝術上的競爭性，這種情況會令他們必須靠自己的才藝賺錢。如果說金火型的人有藝術方面的能力，那麼在關係層面他們就更有力量了。缺少溫暖的性愛關係，他們是不可能快樂的。這類相位如果是落在有力的星座和宮位裡面，則往往會有強烈的性驅力。典型的金火人即使不刻意，也能展現性魅力。這類人不但對異性有興趣，也善於和異性建立關係——可能是因為與同性之間有強烈的競爭性，特別是呈困難相位的人。金火型的人很少能長期獨處，而且很容易墜入情網，俗話說的「來得快，去得也快的愛」，頗能代表金火困難相位的遭遇。這類人通常在很年輕的時候就結婚了，而且對方可能是青梅竹馬的玩伴。他們在保守的年代裡容易變成所謂「奉子成婚的人」，現代社會對這類情況的確友善得多，因此這種說法已經不適用於他們了。

那些有困難相位的人童年可能經歷過愛的競爭性。他們的父母要不是彼此競爭，就是孩子和父母之一競爭另一個人的愛。他們的父母也可能有婚外情，因此待在家裡的那一方，可以說是和外面的第三者競爭愛。有時這類人的手足都是同一性別，而且年齡相仿，所以會在男友或女友的交往上產生競爭性。

不論怎樣，金火成困難相位的人似乎有一種模糊的概念，好像一不小心便可能被打入冷宮一輩子。對金火型的人而言沒有比這種下場更慘的事了，所以才會衝動地投入愛情關係之中。他們總想以最短的時間釣到一個理想的愛人。他們也可能認為別人都在覬覦自己心愛的對象，而情況真的經常如此。我的經驗是，沒有任何其他相位如金火的相位這麼容易涉入外遇關係，或是複雜的三角關係——也有可能是他們的伴侶涉入三角關係。

這類人喜歡他們的愛情冒險帶有趣味和刺激性，而且會把巨大的能量投注在性愛上面。對他們而言活得有聲有色不但意味著有伴侶，還得在情感及性上面深刻地投入。知道早餐時對面有個人陪伴，對這類人是不夠的；他們渴望溫暖、熱情，以及能夠表達真實感覺的關係。如果他們的關係裡面沒有這份活潑的特質，就會往別人身上去尋找這種可能性；假如擁有一份活潑的關係意味著丟盤子或爭吵的話，他們也願意接受。這兩個行星的組合代表典型的「床頭吵床尾和」的愛情故事場面。這類人的愛與憤怒是並存的，就好像內心深處有一套「性戰爭」的腳本似的。

他們有時也會給人一種粗俗的感覺，不過是要看兩個行星落在什麼星座上面，展現出什麼樣的相位能量。金火呈困難相位尤其和缺乏社交優雅性有關，而且帶著一種露骨的特質，不過火星的能量較強才會顯現出這種特質。金火型人在性這件事上面是非常誠實的，對自己對別人都是如此，他們不覺得有必要把性議題藏在檯面下。他們對身體有一種健康的態度，不像假裝上流的人那麼拘謹。基本上，金火型的人對關係也非常直接，他們不像其他相位的人那麼容易失去對性的興趣。

金火的合相及柔和相位代表的是良好的社交技巧，因為這類人很懂得在何時以及如何確立自己，也知道何時該與人分享及合作，而又不喪失自己的立場。而有困難相位的人，則會在親密關係或生命的某些領域裡遭到一些挑戰。他們會發現自己的態度過於果斷，其實只要懂得妥協或多一點合作的意願，事情就會順利許多；他們也可能在必須確立自己時，變得過度消極與配合。那些有困難相位的人很容易把肉慾和愛混淆，也容易把友情和激情攪在一起。

法國這個國家的星盤裡就有金火的相位，這個以浪漫著稱的國度有緊密的金火三分相。凱薩琳・赫本這位才華洋溢的女演員，和史班賽・崔西及其妻子一直維持了多年的三角關係，她的星盤裡就有這兩個行星的四分相。拉蔻兒・薇茲（Raquel Welch，六〇年代美國超級性感偶像）的金星是落在八宮裡，與火星成半四分相；依麗・莎白泰勒的金星是落在五宮裡，與落在七宮呈合相的火星及天王星形成半四分相，希特勒的金星與火星成正合相，落在七宮的金牛座上面，與土星形成四分相。無論我們多難相信，希特勒在女人的眼裡的確是有吸引力的。他年輕時很想成為藝術家——浪漫的金星行業，但最重要的是，希特勒是個種族歧視者。種族歧視可以定義成對人的敵意，不過對方的缺點通常都是自己想像出來的，佛洛依德可能會說種族偏見是一種錯置的攻擊性。許多研究顯示偏見和性壓抑有關，因此種族歧視的受害者幾乎一律被指控為性慾或性傾向太強，至少猶太人是這麼被看待的。

以我來看，這是源自於希特勒的星盤裡有重要的土星四分相。他星盤裡的金火合相落在金牛座，也意味著必定有強烈的性議題（落在金牛座容易因性而生妒），但因為和土星成四分相，所以沒有能力面對這些議題，於是就把性的挫敗感壓抑到潛意識底端，然後將其投射到一整個族群身上。由於猶太人一向被視為在金錢經營上十分成功的族群，因此希特勒的金火合相落在金牛座，很顯然代表對此種現象的嫉妒。為金錢而戰也是金火相位的重點之一。

金星——木星

誇張的感受。美好的人生。財富。重視生命的意義。享樂即是上帝。

有這類相位的人通常十分友善、性情怡人，能適應大部分的社交場合。因為木星擴張了（若非誇張的話）金星的法則，所以典型的金木人非常熱衷於社交，喜歡玩樂。即使是比較沉默不愛夜夜笙歌的類型，也不太可能沒有朋友或伴侶。

金木呈困難相位的人必須學習適可而止，特別是花錢、浪漫愛情和享受方面。如果還有別的元素強化了這類能量的話，便可能意味著人生過得非常輕鬆、耽溺和膚淺，亦即標準的享樂主義者。

基本上，這類人渴望受人歡迎，被所有的人愛，不想冒犯任何人，而受人歡迎最方便的方式，似乎就是以隨和的態度來應對。他們會跟與自己對盤的人或是背景年齡相仿的人形成小圈圈，但是他們遲早會發現以這種方式取得的愛和人望缺乏實質性，而且頂著的是一圈虛假不實的光環。有時金木的另外一面也會顯現出來，譬如重視宗教法則、敬奉上主，或是熱愛哲學和能夠提供生命意義的思想。如果這兩個行星呈緊密相位的話，則可能經常與人探討宗教，也有許多宗教體驗。除非星盤裡有別的元素，否則這類人通常會把上帝看成慈悲、愛和力量。

金木型的人幾乎一向感情用事，甚至有濫情和虛假的傾向，不過他們也是心胸寬大、情感豐沛之人；如同月金型的人一樣，這類人也可以被描述成「我杯子裡的愛已經溢出來了」。他們總是慈悲為懷、樂於助人、從佈施中獲得快樂，因而倍受歡迎。由於他們在各個層面都慷慨大方，所以很適合從事照料人的工作。

這類人在童年時物質層面也可能倍受寵溺，對金錢的態度因而顯得放任，或者即使缺錢也能找出哲學上的意義。有時他們的親戚也會要求他們施捨金錢。呈困難相位的人長大之後則會認為，「我如果愛你，就該寵溺你。你如果愛我，就該送我許多禮物。」由於他們很熱心、愛享受，喜歡過奢華生活，抗拒辛苦的生活方式，所以為了金錢而結婚並不足為奇。即使他們不是為了錢和地位而成婚，也容易和有錢人結婚；婚後他們也可能會浪費資源。即使是困難相位，錢似乎都會自動出現，而且通常不會長期缺錢用，不論多麼浪費都一樣。這類人總是「覺得」自己很富有。因此很明顯的，這兩個行星的組合的確與財富、愛及豐沛的情感有關。

金木型的人也可以被描述成追求享受及愛的人。他們在愛上面往往有不知足的傾向，因此最重要的功課就是得學會：內在的祥和、愛及自尊都是無法買來的。他們在關係上面也經常覺得別處的草比較綠一點，手中的鳥永遠不及樹林裡的鳥可愛。我們可以說金木型的人是透過親密關係在尋找上帝。當他們談戀愛時，對方的價值和美會被過度膨脹，但不論他們所愛的對象是誰，勢必會逐漸令他們失望。如同宙斯一樣，金木型的人也可能不斷地換伴侶或自命瑭璜（Don Juan），來擺脫掉應負的責任。

還有的人會把他們的木星投射到伴侶身上，嫁給那些不願負責、手頭很鬆的人。這類人對自己或別人都很大方，特別是家族以外的人。

金木型的人也很重視外表，在個人層次上這會導致虛榮和自欺（有時是為了掩飾潛意識裡缺乏對外貌的信心）。在選擇伴侶方面他們也容易被有成就的人吸引。呈困難相位的人則容易被外境逼迫，去學習「會發亮的東西不一定是黃金」的道理。

金木型的人容易和異國人士或不同信仰背景的人成婚，有時也會選擇和老師或是能擴大生命經驗的對象結婚。以這種方式來接觸不同的宗教和哲學，可以讓他們拓寬生命經驗，擴大自己的視野；但是與不同背景的人生活在一起，也可能製造出一些困難，或許這就是此類相位要學習的事物。

柔和相位也許不會呈現出過度極端的傾向，但仍然渴望享受美好的社交生活。渴望過輕鬆日子，可能是這類人做人生選擇時的一個強烈的動機。

金星——土星

否定情感。愛的克制。愛與紀律。嚴肅的關係。為美下定義。愛的證明。時間與金錢。愛與時間。

如果你對金土型的人說他們身上的衣服很好看，他們可能會臉紅地回答你：「喔，這是件老衣裳……，沒錯，的確挺好看的。這是我花五十英鎊在大減價時買的。」或者「沒錯，它的確挺好看，不過可惜破了個洞。」這些話披露的是一種強烈的自我評斷傾向。如果是女人的話，這類相位則會跟美貌議題有關。她們從小就被教導虛榮是不對的態度，而且長相也不重要，或者她們的外表本來就不出色，所以也不會強調長相這件事。

金土型的人可能真的不在乎外表而去培養其他的才華；但經常出現的情況是，他們和別人一樣能意識到外表的重要性，卻十分痛恨被看成虛榮的人。他們也不喜歡以美自居，或者認為有吸引人的外表是重要的條件，這一點在女人身上尤其明顯，因為女人比較容易被教育成重視外貌。

許多金土成困難相位的人會把重點放在月亮上面；由於金星的發展受到了阻礙，所以會選擇在關係裡呈現月亮的特質，也可能被月亮型的人吸引。他們往往以保護、關懷和支持取代對外貌的重視。

他們的童年可能缺乏溫暖，特別是得不到父愛。父親也可能得不到愛，或是不重視自己。當你問起這類人的童年時，他們往往不記得自己曾經坐在父親的膝頭，更何況是得到父親的擁抱和關愛了。他們的母親則比較有愛心，但是操控性很強，而且紀律嚴明。成困難相位及合相的人，在愛的施與受上面是相當不自在的，基於這個理由，所以他們渴望擁抱、親吻以及身體上的接觸，尤其渴望受人歡迎。他們會把展現溫暖的愛看成一件大事，但也可能完全逃避關係，否定它的重要性。

基於某種理由，金土型的人來到這個世界，似乎有一種與生俱來的不被愛的感覺。他們需要很多年的時間，才會發現這是自我價值出了問題。在沒有領悟到這一點之前，他們會一直認為是別人缺乏愛和關懷的能力。

土星永遠會延遲它所觸及的行星的發展，因此對金土型的人而言，要學會施與受的課題，特別是無條件的施與受，的確需要很長的時間。

李爾王說過這麼一句話：「**我想我觀察到了一絲的怠慢。**」我們不知道李爾王是否有金土相位，但是這種情緒很符合此類相位的特質。因為這類人幾乎永遠在期待被拒絕，而且對被拒絕這件事相當敏感，所以一直在觀察情人的愛是否有衰退的徵兆。他們會不斷地要求對方證實心中的愛，乃至於在關係上面造成可觀的壓力。他們也經常會說「我很抱歉」之類的話。

不過劇情也可能出現相反的情況，由於投射作用，金土型的人既可能是被愛者，也可能是付出愛的一方。如果是異性戀的關係，那麼金土型的男人往往會無盡地付出愛給冷淡的女性，而金土型的女人則可能不允許她們的男性伴侶付出愛給她們，或是回報她們的愛。這類人也可能愛上得不到的人，這通常是源自於童年的模式。總之，金土型的人必須花很長的時間才能發現自己的關係是安全的，而且的確得到了對方的愛。這類人真的認為關係裡只有一方該付出愛，另一方則是被愛的對象，因此他們需要認清關係絕非如此簡單。

金土型的人控制關係的方式，可能是心甘情願地為對方付出愛和時間。

對金土型的人而言，愛和時間是息息相關的，如果他們花時間在你身上，你就知道他們是關心你的，而他們也可能用時間來衡量你的愛。父母不給這類孩子時間和持續不斷的愛，是這類人童年經常出現的議題。另外還有一種非常典型的情況，以我認識的某位女士為例，她小的時候母親一直避免讓丈夫和女兒建立關係，父親則基於自己的某種理由，不知不覺地配合著這樣的安排。這位金土型的孩子被母親強迫待在床上，直到父親上班之後才能下床，而且一定要在父親還未回家之前上床睡覺。因此這位女士很難見到父親，長大之後父親又轉到外地工作，只能在週末回來見她一面。她沒有兄弟姊妹，特別是沒有兄弟，因此對男人很陌生。成年之後她才意識到母親可能嫉妒她和男人交往，而且她一直沒跟父親建立真正的關係，父母之間又缺乏愛和身體的接觸，所以她才會忽略和害怕男人以及性關係。她必須學習親密關係的交流與互動，將其視為正常的事。

這類人也會以低調的方式打扮自己。他們喜歡自然而不炫耀的衣著，但也可能出現企圖彌補的傾向。舉個例子，這類女人可能會濃妝豔抹，很認真地打扮自己。選美皇后的星盤裡經常出現這類相位；她們渴望得到一紙憑證來證實自己的美貌。我一向將金土相位描述成「公式化反應」，這種反應是為了掩飾某些東西，而且是受到調控或小心掌控的。我們可以說選美皇后對自己的外貌、女性氣質及性魅力，是用一種調控的方式來處理這方面的反應，因此呈現出為了掩飾內在的不恰當感而過度彌補缺失的傾向。

麗茲・格林把金土的相位和妓女做了連結（你可以說選美也是一種賣身行為），我自己的觀察也是如此。不過妓女往往有性侵害歷史，但我不認為這兩個行星的相位和性侵害有關，至少不代表身體上的侵害。我們可以把賣身這件事和時間、性及金錢連在一起，而所有帶有這類相位的人，特別是呈困難相位的人，都認為愛與時間及金錢有關。此外，社會也把妓女定義為在性上面非常有技巧的人。同時這類人也可能否定愛、控制愛，或是認為愛與懲罰有關。我還認識一些有這類相位的女性，他們的父親經常嫖妓。其中有位女士的父親後來尋求某位女性諮商師的協助，而跟這位諮商師發展出了深刻的情感關係。接受諮商對他來說是非常正向的經驗，因為他終於和自己的情感有了連結。這裡面有許多議題，我不準備解析太多，就留給讀者自己去想像吧。

金土型的人對愛有恐懼，他們不相信自己可以得到愛，即使得到了愛，也覺得可能會衰褪。有的人甚至完全否決掉關係。最糟的情況是豎立起一道心牆，然後暗自為無人愛他們而哀傷，因為他們不允許別人接近，所以自然不會有人愛他們。還有的人則會長期停留在不快樂的關係裡面，因為不敢尋求更適合的對象。

最佳的情況是藉由對痛苦，特別是對孤獨的洞察，而發展出給予愛的能力，或者終於能面對自己在關係上面的恐懼和需求。土星永遠會帶來持續力，因此金土型的人可以說是克服萬難而終於學會了關係的真諦，懂得如何施與受。藉由關係上面的努力，這類人會發現這其實是件快樂有趣的事，他們可能在這件事上面太認真了。

另外一個金土相位帶來的缺點，就是不懂得享受。這類人似乎不允許自己享受，也不允許自己擁有錢。他們可能在工作上得到的薪資很低，或者索取的酬勞很低，所以無法外出享樂。不外出會阻礙社交生活，如此一來便形成了惡性循環。

土星永遠要我們以困難的方式學習，因此有金土相位的人最終還是能體悟關係最深的面向。他們能夠在關係初期的吸引力和幻覺消失之後，落實地面對其中的現實和困難，設法讓它長久維持下去。如同金冥型的人一樣，這類人也可能在美容業活躍地工作（威戴爾・沙宣就有緊密的合相），或者從事諮商、婚姻顧問的工作。他們必須無止盡地付出愛和關懷，但是在時間和人與人的界線上面，卻是設限的。

金星——天王星

反傳統的關係。不受拘束的愛。對自由的重視。感受的誠實性。不尋常的外表。帶有磁性的吸引力。

金天成四分相和對分相的人往往害怕遭受拒絕和受到傷害，因此這類人的行為有點像金星落寶瓶座一樣，帶有一種冷淡疏離的特質。在愛、情感及性上面，他們十分有實驗精神，也相當自我中心。

——史蒂芬・阿若優《關係和生命週期循環》

金天型的人必須面對的功課，就是如何整合愛與各種關係的需求，以及對空間、自由及獨立性的需要。無論實際的相位是什麼，這類人通常會散發出強烈的個人魅力，人們會像飛蛾撲火一般被他們吸引，因為他們的電力超強。

這類人比其他任何類型的人都更擁護開放式的關係，他們在關係之中極需要空間和自由，他們也不會被同性戀或反傳統的關係觸怒。婚姻契約對這類人並不是必要的，因為他們希望關係的結合是基於真實的渴望。總之，金天型的人喜歡維持關係的開放性，也會選擇一些不是奠基於例行公事的關係，因此飛行員或空服員是很理想的伴侶。除了渴望自由之外，他們也需要刺激。若想讓金天型的人對一份關係保持興趣，對方必須時常帶來驚奇；與其容易被預料，不如偶爾夜不歸營。金天型的人本身也會帶給對方各種震驚和意外。他們與伴侶的爭執幾乎都環繞在個人空間的議題上面，但我們不該假設他們永遠是堅持擁有空間的一方。由於投射作用，這種傾向也可能顯現在對方身上。

男人特別容易將自己的金天傾向投射到女性身上，愛上無法擁有的女人；也許這是源自於其他的情感障礙，或是不願放棄自己的自由。我認識的某位男士有月亮、金星和天王星的四分相，他至少有三個太太離他而去。她們快速離去的原因之一是他拒絕與她們合作；公平地與對方相處對他來說是十分陌生的事。他以前打電話和我預約占星諮商時，如果我無法配合他選擇的時間，他就會認為我是在故意拒絕他。星盤裡缺乏風元素，使得他更難與人合作。目前他與一位空服員生活在一起，對方大部分時間都不在家。他們兩人都在學占星學，他還談到這份新關係是多麼刺激有趣。由於堅持擁有個人自由，因此那些呈困難相位的人特別不容易與人合作。改變一向會製造抗拒力，而金天型的人對改變自己和妥協特別排拒，所以伴侶才會被迫離開，而且離開的速度很快。大部分的人配合別人是為了維持良好的人緣，金天型的人卻認為這麼做很虛偽，而且認為這只是一種把戲罷了。他們覺得受人歡迎，永遠比不上誠實或是與眾不同的特質來得重要。此外，金天型的人也不一定能探討自己的感覺。如同卡特所言，這類人會認為這是我自己的經驗，所以拒絕討論內心的理由和動機。

如同所有的天王星相位一樣，金天相位就像阿若優告訴我們的，也會使人變得自我中心和頑強。有時他們的確得頑強一點，因為他們選擇的伴侶、服裝或是外表的打扮，都會遭到外界的排斥。瑪格麗特公主就是一個很好的例子，她的天王星落一宮，與七宮的金星成對分相，她選擇的伴侶令八卦小報喧騰了好多年。

金天型的人會藉由伴侶的選擇來反叛社會。他們會堅持按照自己的方式擇偶，即使這份選擇會嚇到所有的人。這類人的關係充滿著風暴和變化，但是也非常富有刺激性。當他們的關係變得乏味時，其中的一位可能會選擇離開。他們會驟然墜入情網，突然又失去了愛的感覺。

這類人的誠實、反傳統傾向和令人興奮的特質，令他們相當受歡迎。他們會以與眾不同的作風引人注目，而且通常屬於另類陣營，但是這並不會令他們擔憂，因為他們從不合群。從外表上看來，這類人似乎什麼都不在意，其實只是不願意或無法向社會認同的高尚或正當性妥協。他們最極端的作風是完全忽視禮貌以及對別人的體恤。他們往往被視為對抗社會習俗的人。

這兩個行星呈緊密相位的人，幾乎永遠會涉入別人認為的反傳統但令人興奮的關係。不過我們必須記住，奇特而新穎的事很快會變成陳腐老舊的事。天王星永遠會促成改變，當它和金星組合在一起的時候，改變會藉由與他人的關係來達成。若不是有金天型的人出現，我們可能還停留在一八八〇年左右的關係類型上面。

這類人重視友情，也比較喜歡人道主義式的人際關係。他們可以跟任何人交朋友，不論對方的背景和身分是什麼。事實上，對方愈是與眾不同，愈令他們感到興奮。金天型的人對人道主義的重視，就像對各式各樣人的重視一樣，同時他們也認為所有的人都應該擁有自由。

我們經常發現這類人的關係有許多空間和自由，雙方都根據自己的興趣和目標去發展，乃至於兩人的距離越來越遠，最後連關係也不見了。

或許就像阿若優所說的，金天型的人對遭到排拒非常敏感，甚至會產生憤怒的反應。他們在童年時也許曾經有過被人排斥的經驗。總之，這類人像月天型的人一樣，會隱約地期待自己的愛隨時遭到拒絕，或者伴侶會跟別人發生關係，因而形成了「一腳跨在關係裡，一腳留在外面」的態度。

金天型的人也經常對伴侶的離去抱持冷淡和不關切的態度，甚至可以說是他們造成了伴侶的離去。措手不及的分手是他們經常遇到的情況，而且他們似乎不太在乎這種事。他們給出的信息往往是：「沒問題，好極了，希望你能在外面過得很好。」以如此獨立和抽離的態度處理關係，會讓所愛之人覺得沒有理由待在這份關係裡，因為沒有被需要的感覺。

這類人對社交、情緒及性刺激的需求，也可能導致嗑藥和酗酒問題。金天型的人仍然需要藉由社交來得到某種程度的刺激，如果星盤裡還有其他類似的要素，就可能以非常極端的方式追求刺激。

他們也會以相當獨特的方式打扮自己。這類人的風格極富個人性及原創性，但也可能是他們本身穿著正常，伴侶卻顯得很不尋常。基於某種理由，有這類相位的人似乎很容易形成明顯的投射作用。

在藝術和創意領域裡，這類人也有顯著的原創力。他們會脫離典雅的風格，背離早期家庭的訓練或傳統。

金星——海王星

浪漫愛情。愛夢想。美妙的音樂。秘密戀情。神話式的羅曼史。合乎眾人理想的美。

我很高興他住在另一個城市裡，而且有一份穩定的關係——這樣我就沒有壓力了。沒錯，我也想要一份穩定持久的關係，但是我對理想關係抱持的概念，和現實根本扯不上邊。小時候我最想嫁的就是水手。

這段話是一位有金海對分相的女士說出來的，話裡清楚地呈現出這類相位的問題，特別是有關承諾的議題。這類人很難把自己交給任何一個伴侶，因為不想放棄做夢的可能性：還有更浪漫、更完美的天作之合。

金海型的人容易受美與祥和的啟發，他們不想知道醜陋或不和諧的事。這種傾向往往會在藝術、音樂和關係裡面呈現出來。

金海型的人對關係抱持著浪漫和理想化的態度，即使墜入了情網，也很難對普通人或日常生活的缺乏浪漫情調和嚴酷性，維持長久的興趣。

莎士比亞告訴我們愛情是盲目的。當我們瘋狂地熱戀時，顯然無法看清楚自己，但逐漸就會發現對方掩飾不住的缺點。金海型的人很不願意發現這些缺點，當他們意識到自己已經不再沉醉時，往往會產生巨大的幻滅感，不過這種情況也不會持續太久，因為很快他們又會開始編織一些幻夢。這類人可能以幾種方式來處理這份幻滅感。有時他們會從眼前的情境裡退縮下來，去感受自己的痛苦和療傷，有時則會促使伴侶去做這些事。還有的人會假裝關係沒什麼問題，然後暗地裡和別人發展出浪漫的私通關係，因此我們才會說這類相位與秘密戀情有關。

有金海柔和相位的人很容易接受別人或自己的關係，他們的浪漫和理想化傾向不比困難相位的人低，卻無需強化辨識力，因為他們鮮少對人產生幻覺。他們似乎能滲透到別人的內心深處，看見裡面的真相。

那些有困難相位的人就不這麼實事求是了，因為他們的期望過高，而且沒有任何凡人能達成他們的理想。他們很想與另一個人譜出和諧的音樂，卻忘了排演時彈奏出來的音樂一點也不美妙。他們的期望過高，乃至於很難接受不符合理想的人或事物。金海型的人也可能決定不跟任何人形成浪漫關係，但也可能不斷地換伴侶，特別是在初期的浪漫感消逝的階段。他們也可能會假裝關係沒什麼問題。

他們在伴侶的辨識力上面一向聲譽不佳，因伴侶而損失金錢是經常見到的事。這類人一向以相信自己想要相信的著稱。很可能金海型的人並不想看清楚事實，因為幻象總是比較令人愉悅，或是更浪漫和更富有啟發性。金海型的人尋找的是天堂般的神秘經驗，方式是藉由親密關係去達成。這類相位經常在追求宗教生活的人的星盤裡發現，因為這種生活裡的關係比較接近天堂。

金海型的人也可能選擇過獨身生活，或是選擇柏拉圖式的關係。他們也可能把自己保留給對的人，特別是星盤裡有處女座的話。海王星會把金星的法則細緻化，甚至將肉體之愛視為下流粗俗而將其排除於外。金海型的人渴望的是靈魂的融合而非肉體的滿足。

他們會對關係不斷地失望，最後只好活在想像而非真實的關係裡面。對他們而言想像的世界就是現實。

我一開始從事占星諮商時，有好幾次上過金海型個案的當，以為他們真的是要做星盤比對。在直截了當的詢問之下，我才發現他們根本沒有和自己渴望的對象產生任何關係，他們認為的關係其實是自己想像出來的，對方顯然並沒有真的參與進來！可能他們的關係只限於溫暖的微笑和幾句友善的對話罷了。很顯然這類個案的想像世界是很重要的，而他們渴望與某人建立關係也是很值得深究的，因為這些傾向已經提供了研究他們的基礎；譬如他們為什麼會愛上特定的人，他們的夢想是什麼等等。有時金海型的人會花許多時間訴說多年前失去的愛情，雖然現實可能和他們想像的記憶有很大的差異，但是誰又在乎呢？有一位個案甚至談到她為了某人而喪失了自我，其實她和那個人並沒有建立任何關係！

典型的金海型人很容易進入一份關係，雖然有時他們也選擇不進入。他們的浪漫主義傾向、對溫情的渴望以及對愛情抱持的開放態度，令他們極容易上當和被引誘。不過他們對別人的情感也有一般程度以上的穿透力，所以也很善於扮演引誘者的角色。

當他們真的進入一份關係之後，很容易理想化他們所愛的對象（但是也容易在發現對方的真相之後感到幻滅），即使對方在別人眼裡並不值得如此被看重。

這類人最大的問題是很難建立平等的關係，他們要不是把對方看得非常高，就是比自己低許多；前者會變成值得仰慕的神，後者則被視為必須拯救的受害者。對方可能因為疾病、貧困或犯罪，而必須由金海型的人來拯救或犧牲奉獻。這類人往往把自己看成唯一懂得同理心和救贖的人。這也可能是真相，因為他們的確有最仁慈和最無私的愛。淚水與愛、愛與犧牲，經常伴隨著金海型的人，他們也很能啟發別人的愛與奉獻精神。

有時他們也可能扮演受害者的角色，以便讓關係持續下去，或是促成一份關係的發生。他們經常和有藝術才華、有魅力或是有靈性傾向的人談戀愛，而且對方往往無法被擁有。無法被擁有，是這類人之所以愛上他們的理由之一，對方的迷人魅力，則似乎能夠讓這類人提升到更高的層次。

這樣的關係雖然還是避開了真實性，但是進入這種關係會令金海型的人有機會織夢，將其想像成一種現實。

與金海型的人形成關係最大的問題，就在於你會覺得你的伴侶愛的並不是你這個人，是你代表的某種模糊的形象。這會使人覺得拿個模特兒來代替自己就行了。

同樣地，金海型的人也會掩飾自己的真相，以另一種形象來吸引人。他們經常愛上那些帶有公主、王子或美人魚形象的人，或者他們本身也會以這種虛幻的形象來吸引人。他們藉著強烈的傷痛、渴望、捉摸不定和迷人的作風，隱微地誘惑和吸引別人。

由於這類人很難找到理想的愛人，所以會發展出對全人類的慈悲心及關愛。這是金海型人的優點和缺點。他們具有罕見的愛每個人的才能，卻經常發現愛特定的人是很困難的事。當這類人開始如實接納自己和重視自己的時候，才會有能力接納另一個人，然後才有機會發展出理想的關係。與其在別人身上尋找理想，他們必須在自己身上發現宇宙大愛、慈悲心，以及對別人的同理心。他們可以將這些特質用在需要犧牲奉獻和利他精神的任何一種行業，因此十分適合從事照料人的工作。

有時他們也會為了追求藝術以及為大眾帶來快樂，而犧牲個人的小愛。

這兩個行星的組合是極富創造性的，適合從事各種類型的藝術工作，特別是音樂，在美容業或媒體工作也有可能。金海型的人會被愛和美所鼓舞，有時也能透過自己的創造力來啟發別人的愛；擁有音樂才華或是欣賞音樂的能力，都是這類人可能具備的特質。也許每個人在某種程度上都有對美和愛的理想化概念。媒體誘使我們相信真的有所謂的理想身材、臉孔或外表，但是在現實層面，卻鮮少有人能像媒體塑造出來的這些女性形象一樣完美，就算是能達到這些標準，也會顯得過於人工化。但是人類似乎需要某種美的理想，滿足對完美標準的渴望，或是從其中得到一些鼓舞。因此電視劇或其他的媒介，都在強調男孩、女孩相遇之後從此過著快樂生活的概念，但是我們大家都知道現實絕非如此，可能有許多人也不想過這樣的生活，因為這種生活相當乏味。況且這種想像出來的關係也不利於我們成長。只有透過關係之中的痛苦、困難和磨人的一面，我們才能真的變得成熟。總之，人類似乎有滿足幻覺的需求，譬如童話裡所描述的幫助孩子找到生命意義的故事。這些幻覺也能幫助我們成年人繼續繁衍下一代。

或許金海型人的人生角色，就是要滿足人們對浪漫愛情或美的需求。他們的確可能成為我們在這方面的投射對象。如果這類人能帶著覺知體現金海的這些特質，尤其是藉由創造性的媒介來達成，就能減輕他們帶給關係的壓力，因為他們已經找到表達浪漫情懷的工具了。

莫札特具有金海的對分相，珍・奧斯汀有半四分相。珍・奧斯汀的親密關係特別有趣；她雖然非常浪漫，而且寫的小說幾乎全都在描述親密關係，但是她本人卻選擇獨身。珍・芳達也有金海的四分相，對許多人而言她的確體現了完美女人的形象。

金星——冥王星

愛的力量。強制性的關愛。關係的危機。改變外貌。美與權力。金錢與權力。

典型的金冥型人在緊密的個人關係和一般社交關係上面，都很害怕遭到拒絕，因此會用各種方式來操縱或維繫對方的關注及熱情。如同史蒂芬・阿若優所說的，金冥型的人在情感上相當不知足，需要大量的關注。這種需求加上強大的魅力和懂得如何取悅人的能力，帶來了超凡的操控技巧，因此這類相位特別有利於外交工作。

這類人會讓每個人都覺得自己是世界上最重要的人，但不久之後就會發現其他的人也都得到了同樣的待遇。金冥型的人對自己的各個層面，都可能抱持負面看法，另一方面卻又無法接納別人對他們不感興趣這件事。總之，他們很難放下這種罣礙。其實金冥型的人不見得對另一個人如此感興趣，只是他們內心有一種驅力，想要征服對方——一種想要擁有對方的身體和靈魂的強烈需求，至少得確保別人無法擁有對方。強烈的嫉妒和佔有欲是金冥人經常會產生的感覺，特別是落在金牛座、巨蟹座、天蠍座或獅子座。

他們會很快地涉入強烈激情的關係或是這一類的私密戀情。他們也可能像金海或金天型的人一樣完全避開這類議題。

這類人需要強烈的愛戀關係，他們可能會說出：「如果我們真的愛彼此，就應該準備為對方犧牲。」之類的話。他們的關係之中帶有一種強烈的戲劇性，只有最深刻的關係才能滿足金冥型的人。但是呈困難相位的人卻很害怕關係會出現這樣的前景，就好像他們覺得這份關係裡的強烈情緒，將會殺掉他們似的。其中的某些人會避開這麼深的承諾帶來的痛苦，或者會緊密地控制與他們產生關係的人，包括朋友或家人，但同時又保持著一定的距離。金冥型的人會用魅力和專注力淹沒你，乃至於你很難拒絕他們。

許多金冥呈困難相位的人會把深埋的不被愛感覺變成一種驅力。當他們投入複雜、痛苦而又曲折的關係時，伴侶可能基於情緒上的封閉性或是某種複雜的情況，而無法和這類人生活在一起。如同金火型的人一樣，金冥型的人也經常涉入複雜的三角戀情，但金火型的人形成這種關係的原因，是為了得到刺激和興奮感；金冥型的人卻似乎是基於害怕承諾帶來的痛苦，而形成這類關係。這兩個行星的組合與「得不到回報的愛」有關，會令他們著迷似地投入的戀情，卻往往無法完全擁有對方。無論是不能擁有或是三角式的關係，都會讓金冥型的人深深地渴望對方的陪伴，又無須設想永遠相處在一起會是什麼情況。換言之，金冥型的人似乎需要非常深刻而強烈的關係，卻不希望相處的時間太長。事實上，這麼強烈的關係也不可能維持得太久。

如同我們早先曾經說過的，金冥型的人一旦發現他們的伴侶把注意力稍微移向別處，即使是短暫的轉移目標，都可能形成強烈的嫉妒心。他們的這種情緒不一定很明顯，因為冥王星一向會以最隱密的方式運作。金冥型的人也可能令他們的伴侶嫉妒得發狂。

呈困難相位的人有強烈的性需求，而這就是令他們展現出無情舉動的內在驅力。這些呈困難相位的人似乎需要不斷地測試他們在性上面的力量，而且不惜打破禁忌來達成這一點。禁忌越是嚴重，越能證實他們的性魅力。

金冥型的人不時地會散發性吸引力，即使在和性無關的情況裡也是如此。這類人很小就學會了這套技巧，而這可能是他們小時候唯一擁有的力量。童年遭到性侵害是這類人可能會遇見的事，他們就是在這種情況下學會了如何運用性的力量，而且和愛的感受毫無關係。

金冥型人最佳的一面就是不怕面對「真實的關係」。他們比其他任何相位的人都更能面對關係的危機，事實上他們不但能面對危機，還能使戲劇化的情緒加速爆發。這是金冥型的人必須面對的議題，因為他們會堅持探究問題產生的原因。

從最佳的一面來看，金冥型人的關係之所以痛苦，是因為他們堅持關係應該真實，拒絕佯裝問題不存在。這種毫不妥協的勇氣和誠實的態度，的確能將關係的藝術提升到截然不同的層次。因此，金冥型的人的確能轉化自己和伴侶，讓雙方從青蛙蛻變成王子和公主。

有這兩個行星呈緊密相位的人，對外表，尤其是自己的外表，有強烈的執著傾向。如果美貌是他們唯一擁有的力量，就可能以各種方式將其展現出來，譬如永遠盛裝打扮。但是他們的品味不一定符合一般人對美的標準，因為他們只想突顯自己的獨特性。更精確地說，他們絕不想被人忽視。

金冥型的人特別擅長在大拍賣中找到好東西，因為他們有化腐朽為神奇的能力。他們也擅長在拮据的情況下過日子，即使是那些不太懂得節儉的類型，也有辦法把老衣服穿成令人驚喜的模樣。

這兩個行星的組合也經常在化妝師的星盤裡發現，因為他們的工作涉及到改變人的外貌。在美髮師、整型師和美容師的星盤裡也時常發現這類相位，因為這類人很了解外表的力量，而且能藉由將一個人變得更美更有價值，來滿足自己對權力的需求。

對金冥型的人而言，金錢也是一種力量；因為金錢代表有能力買到美好的東西，讓自己變得更漂亮，而美貌的確會讓一個人受重視及歡迎。

這類人往往試圖或成功地買到愛，也會被有錢有勢的人吸引，因此這兩個行星可能帶來相當貪婪的心性。金冥型的人也會用錢來展現力量，譬如可能會在你破產時借錢給你，這種行為表面看起來很慷慨，其實只是操控你的一種方式。基本上，金冥型的人很少奢侈大方，既然錢即是力量，就該把錢儲存起來，所以他們很少以不在乎的態度對待自己的財物。某些金冥型的人會在最後一刻才將欠款付清，因為這可能是一種維繫他們和另一個人的關係的方式。

對困難相位的人而言最大的問題就是「放不下」。他們必須信賴伴侶愛的是他們本身，不是他們的美貌、性魅力，或是他們的權力和財力。這類人必須學習的功課就是要讓對方擁有足夠的空間，來發現他們是否真的在乎這份關係，然後在沒有約束的情況下，去發現他們是不是真的想留在這份關係裡。

第十章
火星的相位

聖戰士。為信念而戰。攻擊別人的信仰。自找麻煩。性遊戲。宣傳推廣。自由企業。惡作劇。

火星——木星

有這類相位的人十分關切自己的信念，所以很難不對抗別人的信念系統。這類人的信念有許多種形式，最常見的就是宗教信仰或是政治主張。他們往往會找到戰鬥的理由，就好像在為上帝奮戰一般，這使我聯想起十字軍東征這件事——這類相位的確象徵著聖戰士和社會運動者之類的人。我猜想那些有困難相位的人之所以過度為自己的信念奮鬥，是因為面對內心的懷疑是非常痛苦的事。也許火木的陰影面就是懷疑，如果這兩個行星的能量太強，勢必很難虛心地面對內在的質疑。

這類相位也很容易出現在那些對抗宗教組織、信仰和上主的人的星盤裡。薇拉‧布列廷（Vera Brittain，英國著名女作家）既是一位真誠的無神論者，也是偉大的和平主義宣揚者，所以是這類相位非常顯著的範例。

有這類相位的人一方面可能成為反暴力的宣揚者，也可能成為涉入戰爭的人。呈對立相的人尤其會激烈地對抗暴力，呈其他相位的人則可能涉入爭鬥的情況，至少會推崇英雄主義和愛國主義。火木相位也代表到海外打仗或是到國外去冒險。我認識的每一個在和平時期從軍的女人，星盤裡都有這兩個行星的強烈能量，因此這類相位不一定象徵男人，況且男性參戰也可能有其他的理由。史派克・米勒根（Spike Milligan，愛爾蘭喜劇作家）或許是火木三分相的最佳範例，他的那本描述戰爭經驗的幽默著作，是讓他成名最重要的作品之一。

火木型的人也可能為更高的權威而戰，譬如為國家或上帝出征。投入這種活動之中，可以把困難相位帶來的過度熱切的能量及勇氣，找到抒發的管道。

這類人非常熱情，他們能熱切地確立自己、尋求成長、不斷地探索，同時還能啟發別人，為別人帶來信心、信仰和熱情。

呈困難相位（包括合相）的人最大的問題，就在於過度宣揚自己的理念、理想或產品。不過這類相位的確十分有利於宣傳工作，所以經常在行銷人員的星盤裡發現。但是有的情況並不需要你去銷售什麼，這時此類人就會顯得過於執著於自己的想法，甚至到惹人生厭的地步。

卡特在那本談論意外事件的著作裡，把火木的相位和燙傷連結在一起，或許這種現象並不足為奇，因為這兩個行星的組合的確和「把自己扔進熱水中」有關（譯註：getting oneself into hot water，這句話真正的意思是自找麻煩）。這類人非常有冒險精神，在生命的各個領域，包括在臥室裡，都很喜歡冒險。這使我聯想起早期的布萊恩・瑞克斯（Brian Rix，英國演員）的鬧劇，裡面有許多惡作劇和低俗的嬉鬧場面；演員半裸著身體，匆匆忙忙地進出臥室，以免和其他的伴侶撞個正著。在神話裡，宙斯一直有性上面的冒險活動，令他善妒的妻子賀拉遭到了冷落，於是賀拉也開始半認真地發展外遇，來激起宙斯的嫉妒。宙斯以他自己的方式展現了對賀拉的忠貞，雖然他不斷地在性上面冒險。如同宙斯一樣，火木型的人也需要很大的空間來探索性，還有生命的其他領域。一夫一妻制不容易被火木型的人接受，雖然他們既可能扮演賀拉的角色，也可能扮演宙斯的角色。這令我們想起了投射作用，同時也想到宙斯出外拈花惹草，等於給了賀拉一些時間去探索她自己的興趣，也算是一種對她的補償吧！總之，火木型的人需要很大的空間來成長。

在各式各樣的生命領域裡，火木型的人都可能展現不理智的傾向。他們的確認為自己無論做什麼都能過關（正因為有這種想法，所以往往真的過關了）。他們之所以容易惹事生非，是因為過度伸張自我的緣故。他們很容易不斷地承攬事情，以至於負荷過重。如果星盤裡有強烈的土星能量，就可以減輕火木相位造成的潛在危險。

火木型的人經常會被詮釋成有勇無謀之人。

火木的柔和相位比合相或困難相位的危險性要低許多，因為柔和相位比較會以理智的方式行動，而困難相位則會顯現缺乏耐性和衝動的傾向。二〇年代時，湯生・索羅森（**Townsend Thoresen**）搞垮了澤布魯赫市（Zeebrugge），此人就有緊密的火木四分相。以他的名字為名的這間公司素以競爭力超強著稱；它不斷地併購其他小公司，變成了一隻吃小魚的大魚。當這家公司的這個四分相的能量被其他行星啟動時，就開始呈現出火木四分相的負面情況，導致這家公司出了許多意外，最後連帶整垮了哈洛德自由企業。即使是「自由企業」（Herald of Free Enterprise）這幾個字也帶有典型的木火意味，因為有這類相位的人一定會認同這種企業法則。柴契爾夫人也有這兩個行星的四分相，

另一個例子則是薩爾曼．魯西迪（Salman Rushdie）這位《魔鬼詩篇》（"The Satanic Verses"）的作者，也有這兩個行星的對分相。

儘管這類相位會帶來某些危險，不過的確有利於推展大計畫，因為這需要巨大的能量和熱情以及真正的冒險精神。這類相位非常有利於運動、宗教或政治。

火星——土星

害怕抗爭或對抗權威人物。害怕競爭。力量和勇氣的試煉。耐力。持久力。操控力。性方面的控制能力。苦役。重金屬。

如同所有的相位一樣，火土的相位也會以各種方式顯現出來，但我認為比較保險的詮釋方式是：有這類相位的人會有意無意地製造出一些情況，來試探他們的力量、耐力和持久力，有時甚至被逼到近乎崩潰的程度。那些需要持久力的情況，可能涉及生理、情緒或心智的任何一個層面，這端看整張星盤的要素是什麼。

所有的火土相位都代表必須把彼此不熟悉的能量整合起來：恐懼和勇氣，斷言和自制，衝動和紀律。

合相及困難相位一向與意志力的癱瘓，以及無法確立自己有關。另一方面，它們也代表極端的意志力、勇氣和帶有攻擊性的操控力。我懷疑火土相位之所以會展現出暴力，是因為星盤裡的金星能量無法被當事者意識到。

火土型的人會選擇為權威而戰，譬如加入軍隊，或是向其他的權威宣戰。與權威人物起衝突，不可避免地和童年的意志力受阻有關。

火土型的人經常變成某種情況裡的代罪羔羊，或是被操控的人，他們也可能變成威嚇別人的人。總之，這類人的人生功課就是要跟自己的內在權威連結，而無需操控別人或被人操縱。他們會發現自己經常處在必須自制的情況裡，譬如在學生不受管束的學校裡當老師。

無論這類人是不是權威，通常都很難生氣、確立自己，或是追求自己想要的目標。如同火冥型的人一樣，火土型的人會為盛怒所苦，而且不知道該怎麼辦。這類人小的時候大人經常告誡他們不能發脾氣，或者發脾氣是徒勞無益的事。雖然如此，他們的憤怒一旦被激起，往往會演變成完全無法收拾的盛怒，就好像所有未表達出來的怒火、創傷或急躁感，全都在瞬間爆發了出來。這類人控制自己的情緒太久了，所以一旦真的發火，就會完全失控。不過他們容易在比自己弱的人或是不可能報復他們的人面前，展現心中的憤怒。

火土的相位可能帶來極高的勇氣，那些成四分相的人尤其害怕自己缺乏勇氣，所以必須經常試探自己。他們只有在面對了恐懼之後，才會發現內在的勇氣。火土型的人也害怕競爭，而且會把帶有競爭性的情況看得太嚴重，因此我們可以推測他們很怕失敗，這意味著他們會盡量避開與人競爭的場面，甚至會避免和自己競爭。反之，他們也可能不斷讓自己遭遇帶有競爭性的情況，這樣他們勝利的能力就可以不斷地被測試出來，並得以強化。

利用這股能量的方式，就是帶著覺知投入於需要測試力量的情境裡，這樣他們會被迫面對失敗及無能的恐懼。如果他們害怕面對挑戰和失敗，而遏阻了自己的開創力、競爭力和膽識，悲劇很可能會發生。

火土最佳的一面是具有審慎的膽識，以及行使意志和控制意志的能力，這些特質會讓他們達成偉大的成就。這兩個行星的組合非常需要紀律、勇氣、持久力、控制力和組織能力。火土型的人不會隨便浪費精力，他們能夠把每一刻的能量用在自己要達成的目標上面。

火土呈困難相位的人也會經常測試自己的體能和耐力，因此容易成為礦工、鐵匠、登山專家、工程師、焊工，或是和重金屬有關的工作。他們也可能在運動場上展現超人的耐力，因此這類相位很有利於競技運動。土星觸及火星會讓一個人渴望得第一，變成以及被視為最強悍和最勇敢的人。

火土的相位一向和暴力有關，包括遭受到以及施展暴力。雖然暴力並不是這類相位經常有的顯現方式，但也絕不是罕見的。這兩個行星為什麼會跟暴力有關，理由並不難了解；首先，典型的火土型人很怕被人視為懦夫，通常也害怕自己或別人的暴力。追溯這類人的歷史，往往會發現這份恐懼的基礎是什麼。他們會確保自己不涉入容易受傷的情況，也會避開別人的挑戰。這樣的態度容易讓他們變得消極無能，但也可能因過度想彌補這份缺失，而企圖證實自己有能力自保，以至於變得完全失控，展現出令人驚訝的盛怒（更大的可能性是心中想這麼做，但仍然懂得自制。）此外，年復一年的挫敗感也可能累積許多憤怒，而必須找到釋放的管道。

這種盛怒反應可以追溯到童年時的受虐經驗（身體或性上面的）。年幼的小孩受制於身高和體力，不可能反抗或反擊，這樣的童年會使人長大之後決心成為最強悍的人，變成拳擊冠軍或是戰爭英雄等。這類人不但渴望自己的力量和勇氣被世界認可，同時還會挑戰別人來測試自己的力量。還有的人童年遭到虐待或感覺意志力受阻，長大之後仍然不願弄清楚自己是否真的無能。女人特別容易選擇這種消極的路線，因為社會鼓勵女人走上這條路，因此女人有火土的困難相位，往往會害怕男人以及內在的陽性法則。我認識的許多有這類相位的女性（我不認為柔和相位是免疫的），都很容易和粗暴殘酷的男人形成關係，至少會完全受這類人操控。這樣的劇情多半源自於童年的受虐經驗。

這類女性通常有低自尊問題，某種程度上她們相信自己如果是善良或美麗的，就不會遭到這樣的虐待，所以一定是活該受虐。她們覺得自己無能為力，早期的教育也使她們覺得沒有力量解決問題。她們甚至會無意識地透露出一些信息，讓對方知道她們是脆弱的，如此一來心中未表達出來或是未被認清的憤怒，就會藉由外面的人展現出來。換句話說，助長暴力的人就是她們自己——這就是同類療法所說的物以類聚的原理。難怪許多占星家都把火土相位和虐待狂及被虐狂連在一起；薩德侯爵（The Marquis de Sade）就有金火合相、與土星成緊密的四分相，和希特勒一樣。為了更了解這類相位的潛力，我們應該說明史懷哲博士也有這兩個行星的緊密四分相，分別和天王星及冥王星形成一個大十字。

有時這種暴力傾向也可能在盲目的盛怒時刻之外，展現出極大的對自己脾氣的控制力。火土型的人在脾氣和性衝動上面，時常出現忽冷忽熱的情況。

希特勒本身就遭受過殘酷無情的父親的虐待，有這類相位的人許多都遭遇過同樣的命運。這種有暴力傾向的父親，通常不敢在與他們旗鼓相當的人面前展現力量，他們就像所有施暴的人一樣，無意識地選擇了最弱的受害者（女性伴侶或孩子）。他們自己在童年時也往往遭受過虐待。

這類人的父親有辛勤工作的特質，可能是殘酷或帶有暴力傾向的人。他們從事的行業需要極大的耐力，譬如園藝、登山或勞力工作，也可能在軍隊裡待過。另外還有一種可能性，他本質上是個溫和無法表達挫敗感的人，因此壓抑憤怒的傾向非常嚴重。

檢視過火土相位令人不愉悅的一面之後，或許我們也該強調一下這類相位不一定代表暴力經驗，因為其中也有許多人童年未遭受過任何虐待，因此占星師必須全面性地考量整張星盤才對。相位的顯現方式有許多種形式，合相及困難相位可能代表家庭氛圍裡隱藏著一些壓抑下來的憤怒或是性能量。這類人的父母往往不同床共枕，孩子模糊地接收到性方面的恐懼和緊張感，而覺得做愛是不好的事，甚至認為性行為就是由一方掌控另外一方。這類人的原生家庭對性方面的好奇和經驗，通常會加以打壓及否定。

就火土型的人而言，性行為和自我控制是並行的，而且會害怕做愛的行為中涉及到操控。這種操控的感覺可能被他們經驗成深刻的滿足感，也可能帶來強烈的恐懼，端看此人或者其伴侶是什麼情況了。這類人之中的某些人會被性的不妥當感驅使，而變成性方面的運動選手，一個具有驚人持續力的情人，卻無法顯現做愛之中溫柔的一面。從正向的角度來看，土星永遠會以清楚的方式讓我們學會一些功課，因此火土型的人也可能成為性方面的權威，或是與火星有關的議題的權威。那些對拙火瑜珈有興趣的人就是一個顯著的例子，因為這種瑜珈涉及到性能量的調控，而且多半是呈困難相位的人才會有興趣。瑜珈對火土型的人是很有利的鍛鍊，因為這種鍛鍊強調的是身體上的調控而不是強迫。

害怕被操控是火土型的人容易誇大的感覺，而且男女都一樣。這就是他們之所以會操控別人的理由。他們選擇的伴侶某種程度上要比他們弱一些，這樣就不會帶給他們威脅或是和他們競爭了。至於帶來威脅的是哪方面的，就要看這兩個行星落入的星座或宮位是什麼，同時也要看這個人的歷史，譬如這種威脅感是源自於智力、情緒，還是賺錢的能力等。

抑鬱症一向被視為心理疾病上的普通感冒，這兩種病症都跟火土的相位有關。未表達出來的憤怒及無能感，顯然就是火土型的抑鬱症的根源。這類人的憤怒通常是源自於童年時的權威人物。

治療這種問題的方式，就是要把星盤裡的火星能量行使出來，認清心中未表達出來的憤怒。無論困難是什麼，火土型的人還是有許多潛力的，譬如有能力控制火星的確立自己、戰鬥和贏得第一的衝動。同時土星也能提供火星持續力。任何一種需要力量或勇氣的情況，火土型的人都能以正向的方式應對，這類人在別人垮下來的時候，仍然能堅持下去。

火星——天王星

行動的原創性。果決的行為。輕率的舉動。性上面的興奮感。突發的暴力。電光石火。放煙火。自由鬥士。革命家。

典型的火天型人有過動傾向，就好像每天緊繃著神經在過日子似的。他們幾乎無法完全安靜止下來，精力也是時有時無的，特別是在晚年；不過心智的活力仍然能保存下來，尤其是還牽涉到水星的星座或宮位的話。這類人很知道自己想要的是什麼，而且能以最快的速度達成目的。他們沒有耐性等待，也不會等待。在街上走路時他們很少選擇走天橋，也不喜歡等紅綠燈。

這類人相當果決，一旦下了決定，沒有任何事可以阻擾他們。呈困難相位的人特別缺乏耐性，不但是缺乏耐性，甚至顯得過度決斷和頑強。星盤裡若是有其他要素，這種傾向就會緩和一些，特別是金星的能量很明顯的話。呈柔和相位的人就不那麼戲劇化了，意志力也不會顯得過強。

這類相位一方面會製造極端傾向，不過也有利於立即採取行動的情況。火天的能量不但會帶來果決傾向，對資訊也特別能掌握。這類人擅長於脫困，做事情的方式相當具有原創性。

火天相位以容易發生意外著稱，多半是由輕率的舉動或不必要的冒險造成的。這類人必須遵守原則和謹防意外，但是他們行事匆忙，經常不留意安全問題，也不願聽從別人的意見和警告，因此事故的產生往往是突發的，而且非常戲劇化，可能涉及刀、尖銳的金屬或其他的武器，也可能涉及到電。尤其是火，特別能象徵火天的相位，所以它們經常出現在消防員的星盤裡。我認識的一位吞火表演者的星盤裡，也有這兩個行星的合相，分別與象徵食物的月亮成四分相。火天相位的確代表放煙火或是突發的暴力，約翰・甘迺迪的星盤裡有火天合相在八宮，他就是突然遭到槍擊而身亡。

如果說火星與天王星都代表一個人的工作形式，那麼這份工作一定涉及到尖銳的工具。事實上，火天型的人很善於運用器械，或者擅長修復失靈的機器，但這不意味他們一定懂得器械的運作原理，而比較是對冒險毫不遲疑（如果冒險可能讓事情變得更糟，也仍然會去嘗試）總之，把東西拿到店裡去維修，對他們來說需要的時間太長了。某些火星有困難相位的人似乎經常被電器用品傷到，就好像他們自己的電力阻礙了電器用品的運作似的。我猜想這是因為他們太缺乏耐性的緣故。

火天會促使一個人行動，也能激發別人採取行動，但有時也會令別人陷入麻煩。這類人經常對人說：「快點來嘛，這件事真的很刺激！」他們本身也會立即回應這樣的召喚。「早洩」也可能是這類人在性上面的傾向，雖然他們很能激發別人的性快感，但問題是很難持久。當他們發現你和其他人一樣乏味時，很快就會感到厭倦。有這類相位的女人則容易和令人興奮的男人結成親密關係，這裡所謂的「令人興奮」，指的是他們的生活步調很快，或者時常處在剃刀邊緣式的危險情境裡。這類男士每天都在從事冒生命危險的工作。如同金天型的人一樣，火天型的人也很容易把這種能量投射出去。我認識的幾個有這類相位的女性，本身並沒有展現火天的行為模式，但伴侶卻有明顯的火天傾向。

基本上，喜歡冒險和刺激的傾向並不一定是負面的，或者像聽上去的那麼充滿著暴力。譬如我認識的一位女士有火天四分相、落在八宮裡，她是一位在醫院的加護病房工作的修女。她負責照料那些剛剛動完手術的病人，她的工作和一般護理工作不一樣，因為那不是一種例行公事，是必須採取生死攸關的決定，而且要以最快的速度運送病人。我們可以說她的工作每天都得面對死亡。她也很擅長組合械具，而她這個單位的用具都是最先進的，這聽起來完全是火天的特質。艾柏丁一向將這類相位和外科手術連在一起，由於火星和天王星都帶有刀割的意味，所以這樣的說法並不奇怪。手術和意外事件都涉及到突然流出的血液（火星比較能象徵這種現象）。

我聽過丹尼斯・艾爾維爾（Dennis Elwell）在演講裡提到，火天的相位和「展露性器官的人」（Flashers）有關。顯然火天的相位是經常出現的，但是喜歡展露性器官的人卻不多見。不過典型的火天人的確渴望得到性方面的刺激，也可能激起別人的興奮感。當然，大部分的火天型人都會以有別於展露性器官的方式傳送他們的性能量，不過他們寬衣解帶的速度的確很快；天體營裡也時常見到這類人。總之，這兩個行星的組合很有利於當模特兒或脫衣舞孃，因為這類人是以刺激性慾做為謀生的方式，特別是脫衣舞孃一向以嘲弄保守作風為樂。典型的火天型人的確喜歡嘲諷傳統，方式可能有許多種；他們對社會大眾在性上面的表裡不一傾向相當不耐煩。

如果星盤裡沒有其他元素的影響，那麼火天人最純粹的表現可能是：「我就是要這樣做……，管你喜不喜歡。」這類人痛恨且忽略任何一種制約，難怪那些追求反傳統或另類性生活的人，星盤裡大多有火天的相位。這類人最佳的表現是有勇氣選擇他們想走的路、性生活或其他事物。

火天型的人也喜歡開快車或是任何一種形式的速度競賽。對他們而言，速度不但不會帶來恐懼，還十分令人興奮。

這類相位也有利於為人道議題、先進思想或任何一種形式的改革奮鬥，所以那些從事工會運動的人，星盤裡很可能有這類相位。比較極端的例子是變成自由鬥士、僱傭兵和革命家。這類人像典型的革命家一樣渴望立即採取行動，「當下」就能改變現狀。他們也很適合推動性方面的改革。這類人甚至有可能變性。火天的相位比金天的相位更能代表社會在性上面的進展和改變。

火星——海王星

暴力的受害者。力量上面的幻覺。為不幸的人抗爭。消極的攻擊性。把理想變成行動。誘惑力。性幻想。

如果說金海代表的是美化或人工化的媒體女神形象，那麼火海的相位代表的應該是童話裡的王子或性感的男人。這樣的男性形象如同金海型的女性形象一樣，能夠使浪漫愛情延續下去，也幫助人類這個族群繁延下去。

因此，阿若優將這類相位和特別有魅力的男演員或運動員連結一起，就不足為怪了——戲劇和運動的確可以使火海困難相位的能量釋放出來。任何一個有強烈海王星能量的人，都會渴望成為社會大眾夢想及幻想的對象。當海王星和火星湊在一起時，往往會藉由運動或是火星的其他活動，來體現社會的性幻想，滿足這類人的渴望。火海的相位與英雄崇拜有關，特別是那些為了理想而奮鬥的人。從字面上來解釋，我們可以把這類相位想像成在海上作戰；加入海軍或海軍陸戰隊的人星盤裡經常有這類相位。我們都有可能把自己的相位能量投射到別人身上，而你的確會感到吃驚，竟然有那麼多帶有這類相位的女人和水手交往！

那些能夠把運動變成一種藝術的競技明星，星盤裡也往往有這類相位。運動可以培養力量、耐力和競爭力，這對火海型的人而言是很有利的。運動也能使這類人釋放憤怒。那些有困難相位的人會把勝利和奮鬥的概念理想化，而這會促使他們採取行動，但也可能因為自我懷疑而裹足不前。他們格外需要把勝利、成功和征服的夢想，藉由種種試煉來實證自己的能力；當然這不僅止於運動而已。

呈困難相位的人會按照自己的夢想、願景及理想來行動，並將其實現出來。他們很適合從事與海王星有關的工作，譬如攝影、拍電影、純藝術或是舞台工作等。這類藝術媒介可以提供一個表現的管道，讓這類人呈現出社會的神話面向，譬如藉由電影來表現戲劇化的暴力場面，或是英雄拯救受害者的劇情。電視和電影也能提供管道來展現集體的性幻想，或是體現編劇、演員、攝影師及導演的性想像力。

我認識的許多有這類相位的男女都非常喜歡健身。如果這兩個行星的能量十分明顯，往往會鍛鍊出一身的肌肉。我認為他們之所以經常展示身體的力量，是因為他們懷疑自己力量不足或不夠勇敢，因此強烈地想得到別人和自己的認同。他們會把身體的力量美化和理想化，但也很怕成為暴力的受害者，同時又夢想自己能拯救他人脫離這類經驗。

善用火海困難相位的方式之一，就是帶著覺知為不幸的人抗爭，所以這類相位經常出現在社會工作者的星盤裡。

火海型的人真正的力量，其實是埋藏在他們的敏感性、慈悲心和想像力之中。這類人不論男女，都時常提到「真正的男人」之類的概念。男性很可能以上健身房的方式來表現這個概念，女人則會愛上能滿足這份幻想的男人。但是在實際的生活裡，當她把他帶回家之後，卻發現他不是穿著盔甲的武士，而是脆弱的受害者。有火海相位的女人扮演的是救贖男人的角色，她們會幫助對方從缺乏安全感、脆弱、沒有人生方向、酗酒和其他的問題之中解脫出來。

這類相位更極端的例子是成為累犯，或是在監獄門口等待伴侶出獄的人。有火海相位的演員也時常扮演這種角色。近年來有許多人因為涉及迷幻藥而入獄，這也是相當符合火海相位的情況。

火海型的人之所以會入獄，是因為他們經常想像自己的行為不受任何約束；其實是他們很難約束別人的行為。另外一個理由是他們常常被人牽著鼻子走。火星的法則是給予方向，知道自己想做什麼，而且能意識到這股衝動，但當它和海王星連結在一起時，這種方向感反而會喪失，變得困惑不明。這類人什麼事都想做，因此把自己承諾給一個特定的計畫，或某個可能會失敗的計畫，也許會覺得相當困難。他們如果沒有清楚的方向，很容易受別人引誘，為他人做嫁衣，特別是對方的計畫聽起來十分美好，或者承諾了未來的炫麗生活方式。我們可以想像一下那種犯罪的場面，最後總是火海型的黑社會成員被抓進監獄。

任何一個火海的困難相位，都會製造出與憤怒有關的經驗以及憤怒的釋放。困難相位偶爾會出現在那些無法控制怒氣的人的星盤裡，而且會像火星的困難相位一樣製造出攻擊性的行為。這類人無法把憤怒發在特定的方向或人身上，故而可能四處亂發洩，所以火海的憤怒比火土的憤怒更危險。

更常見的情況是憤怒會自然消融掉；當事者正想大叫時，卻發現自己哭了。典型的火海人是非常情緒化的，他們不喜歡或者沒有耐性面對別人的脆弱情緒，甚至不願展現溫情。這類人一向把力量理想化，但又不清楚力量究竟是什麼。如同我們曾經提到過的，他們真正的力量其實是埋藏在敏感性、慈悲心、同理心和想像力之中，似乎這類相位背後的意義，就是要當事者發現上述的特質。

有火海的相位，特別是呈對分相的人，往往會把自己和他人視為受害者；他們很容易把人分成好人或壞人。那些成四分相的人尤其不容易確立自己，他們的這種能力似乎被自我懷疑或是和平主義障蔽住了。

當然火海相位的可能性太多了，最主要的是海王星把火星的攻擊性軟化了，所以會厭惡對外展現出力量，以至於很難有能力自衛。這類人容易變成受虐者或是被動呈現攻擊性的人。他們的敏感度過高，使得他們很難粗暴地表達內在的憤怒，因此在面對外界的勢力時，很容易成為他人的暴力或憤怒能量的受害者。事實上，他們是自己未表達出來的憤怒的受害者。舉個例子，我認識的某位有這種相位的女士，有幾個特別難管教的孩子，他們在學走路時已經顯現出強烈的攻擊性，而且脾氣非常火爆，經常毫不遲疑地動手打他們的媽媽，這是因為他們的火海型母親很難以強硬的態度管教他們。這位母親其實完全被孩子的魅力吸引，所以無法以權威的姿態對他們說「不！」。由於她的態度太溫和，所以就從孩子那裡接收到自己未表達出來的憤怒。

許多競技運動也有受虐的一面，譬如賽車選手可能車毀人亡，拳擊選手則等於自找著挨揍。

火海型的人也往往會在目睹不公不義的情況之下，決定要懲罰不義的一方，卻很難真的做出這件事，因為他們很可能會認同那個人（這種時候，對方已經變成他們眼中的受害者了）。

那些有火海困難相位的人，也很容易變成自己的攻擊性的受害者。最負面的顯現方式就是特別容易感染奇怪的慢性病，或是因為飲酒、嗑藥而導致身心失調。生病是這類人懲罰自己的方式之一，也是確立自己、懲罰他人，讓對方負疚的方式之一。

某些占星家談到火星的法則是有能力擺脫疾病，火海呈困難相位的人，特別是有合相的人，卻會發現自己很難辦到這一點。病菌很容易滲透到這些人的生理系統之內，而且容易感冒或是被流行性的病毒傳染。

即使火星容易帶來憤怒和攻擊性，這類人還是有能力保持自己的慈悲心，以及對他人的敏感覺知，別人也容易被他們的這種特質吸引。

這類人的性生活可以寫成一整本書，我只想在這裡引用一些阿若優的卓越見解。基本上，他們在性上面很容易被引誘而做出任何行為。那些呈困難相位的人根本不知道自己要的是什麼，他們本身也很善於引誘別人。他們經常把性行為美化，而且不可避免地會渴望藉由性經驗來擺脫自我。在最極端的情況下這類人可能會涉入毫不浪漫的戀情，譬如完全不被對方重視，只是在性上面被利用一陣子罷了。這類人必須做許多性上面的實驗，才能找到適合自己的性表達方式。困難相位會造成一個人忙著向外追求超人或超女，因而無法在自己的關係上面下功夫，以確保地球仍舊正常地運轉。

對火海型的人而言，宇宙的神秘合一性必須跟性行為結合在一起；只有透過性上面的實驗，他們才能達成這種境界，找到最適合自己的人或方式。那些有柔和相位的人經常在性關係中發現天堂般的經驗。呈柔和相位的人也容易接納自己所擁有的一切，或是美化自己的浪漫愛情和性關係。

呈困難相位的人也時常以為自己進入了天作之合的性關係，就好像他們投身到這個世界之前曾經有過這類經驗似的，所以才會不斷地想重複它。

雖然我們說困難相位有可能帶來最不愉悅的反彈，但或許這也是一種誇張的說法。星盤裡如果有強烈的土星能量，也許可以讓這種極端的情況緩和下來，但是土星與火海的相位結合在一起，這種張力也可能會增強。

李奧納多・柏恩斯丁（Leonard Bernstein，美國劇作家）或許是火海相位展現創造力的最佳典範之一。他創造了「西城故事」這個現代版本的「羅密歐與茱麗葉」。他星盤裡的金星合相海王星落在獅子座，與落在天蠍座的火星呈緊密的四分相。作家羅德・達爾（Roald Dahl）也有同樣的四分相，他寫的童書不但關切兒童的夢想，而且主題大多是拯救那些被壓榨的受害者。薛尼・鮑迪（Sidney Poitier）這位螢幕鬥士飾演的大多是來自下層社會的人，他也有緊密的火海四分相。他可以說是比較溫和的大男人形象的代表。勞倫・貝考爾（Lauren Bacall）早期的影片總是飾演一些愛上壞蛋的女性，她的火海呈對分相；她經常被視為非常有誘惑力以及容易被誘惑的人。

火星——冥王星

誓死抵抗。為生存而戰。渴望獲得勝利。權力的確立。性的力量。深埋的憤怒。

讓我不乞求庇護，無懼地面對危險。
讓我不求痛苦止息，有勇氣征服它。
讓我不尋找人生戰場上的盟友，試著去發現自己的力量。
讓我不渴求被拯救，有耐性贏得自身的自由。
讓我不變成一個懦夫，能夠在成就中感受祢的悲憫，在失敗中發現祢手中的力量。

——泰戈爾

這兩個行星的組合一向以無情和競爭性著稱，但如同所有的冥王星相位一樣，這種特質並不容易被觀察出來，甚至連這類人本身也不容易意識到這一點。他們的這種無情傾向有時會轉而針對自己，他們經常有意無意地對自己說：「我一定會戰勝，無論如何我一定會存活下來。」「存活」是這類人非常重視的議題；他們會展現出一種渴望勝利的衝動。無論在網球賽或獨占專利權上面，他們都必須是贏家，否則根本不會參與眼前的競賽。不論相位是什麼，這類人都會顯現出求生和戰鬥的強烈需求，對分相和四分相的這種傾向更明顯一些。不過他們也可能完全無法展現戰鬥力，就好像冥王星把火星的能量「幹掉了」。

如同火土的相位一樣，火冥的緊密合相或困難相位，也代表童年時曾經有過「強權就是公理」的家庭背景。這類孩子沒有權力說「我想要這個」或是「我不想要那個」，而這往往會造成他們缺乏確立自己的能力，或者有一種無能感。等到他們成年之後，很可能會過度強調以自己的方式行事，但也可能完全不在乎，反而以妥協的方式或是外交手腕來應對世界。因為他們認為自己根本沒有贏的希望，所以沒有必要去抗爭什麼。這也可能令他們發展出一種操控的能力，藉著比較隱微的方式來得到自己想要的東西。

後面這種情況雖然時常見到，但更常見的態度是過度強勢。

冥王星一向會掩蓋被它所觸及的行星法則，當它和火星碰在一起時，被掩蓋的往往是憤怒、精力以及純獸性的性傾向。不過這些特質也會在某些行星推進時被激發。一旦它們被激發，就會以最強而有力的方式顯現出來。

火冥的憤怒不是一般的憤怒，而是如同號哭的嬰兒般的盛怒。這些人小時候不敢把怒火發洩出來，所以這些怒氣一直沒有得到釋放而凝結住了。這類人的童年環境裡有許多根植於性的憤怒，這些感覺多半沒有表達出來，而且是意識不到的。

火冥碰在一起通常代表「強暴」，我們可能立即聯想到性方面的強姦；火冥的相位的確帶有強暴或是被強暴的意味，不過強暴真正的意思是「藉由暴力來取得」，而這可以從不同的角度來看待。那些有火冥相位的人深知什麼是「以暴力取得」，因為他們的成長環境就帶有這種特質。臣服於這樣的行為並不是這類人時常會有的表現，不過仍然有這種可能性；可想而知這類孩子會一直覺得無力和憤怒。「以暴力取得」或是抗拒外界的壓力，可能從正面也可能從負面表現出來，如同阿若優所言：「此類相位帶有一種衝動的權力慾」。但是這股力量也可能促使一個人做出偉大的事情，或是帶來真正的轉化和蛻變，當然也可能轉變成暴力或殘酷的特質。

那些有緊密的困難相位，特別是合相的人，也許真的經歷過性侵害或是被殘忍地對待過。這類相位也經常顯現成強姦別人的行為。我認識的幾位個案並沒有真的受過性侵害，卻有一種精神被強姦的感覺，而且吸收了許多隱藏在底端的和性有關的憤怒。我也認識一些有這類相位的人，他們的母親是因為被強暴而生出了他們。

火冥型的人不論男女都不太信任男人，我們可以說這是把內在的陽性能量投射到其他男性身上了。有這類相位的女性也可能尋求同性戀的生活方式，而男性則幾乎不和男人來往。

火冥型的人經常涉入一種生命情境，讓自己不得不面對性或其他方面的禁忌；諸如同性戀或是與不同文化背景的人產生性關係，而且對方和自己的膚色完全不同，是經常出現的情況。當然每個家庭或社會的性禁忌都有所不同，並且會隨著時間而改變，舉個例子，我有位信奉印度教的朋友，可以說是觸犯了她的家族最大的禁忌，因為她離了婚之後又和一名英國男人同居。

對火冥型的人來說，性往往被經驗成黑暗、憤怒和帶有獸性的行為，而這既可能被視為一種帶有威脅性的經驗，也可能帶來強烈的興奮感。這類人對性行為抱持著一種野蠻的意象，而且會把插入的行為看成是對自己的侵犯。他們一旦承認自己也有想要謀殺人的衝動，而且發現他們並不是唯一有這種感覺的人，上述的傾向就會減輕許多。無法和自己的憤怒連結，也可能使他們吸引來有暴力傾向的人和生命情境，逼著他們發展出超人的勇氣和耐力。這類人會被迫和自己的無情傾向、憤怒及強烈的求生本能連結。

因為火冥型的人深知什麼是侵犯，所以很能洞悉埋藏在社會底端的面向，特別是帶著人格面具的社會大眾所不承認的生命經驗。因此有這類相位的人會變成被侵害者的輔導老師或治療師，是不足為奇的事。

這類相位也跟「誓死抵抗」或是向死亡宣戰有關。伊麗莎白・庫柏樂・羅斯（Elisabeth Kubler-Ross）這位生死學大師，星盤裡就有太冥合相、與火星成四分相。她是第一位研究和死亡有關的禁忌議題的人，同時也教導活著的哲學。本文一開頭的那首泰戈爾的詩，就是她的那本《生與死》（"On Death and Dying"）的引言，其中的精神反映出了火冥相位最正向的特質。

這類人因為有強烈的求生本能，所以也有強大的抵抗疾病的能力，特別是感冒之類的小毛病。我也看過愛滋病及癌症病患的星盤裡帶有緊密的火冥相位。這類人不但能從威脅生命的疾病中存活下來，而且身體達到了前所未有的巔峰狀態。還有的人會利用這類經驗洞察到心靈深處的問題，而轉化了自己的生命。這類人即使沒有遭到威脅，也可能以上述的態度面對眼前的情境。

有這類相位的人通常是勇氣十足和持續力超強的人；他們的勇氣是源自於情感而非身體。不過有這類相位的人仍然能超越體能的極限，變成舞者、運動員或登山專家等。火冥落在固定星座，特別能忍受一般人可能會崩潰的情況。

善用這類相位的方式就是投身需要超人般意志的活動，也可以投入健身或是一般的運動；網球和壁球也可以提供一個管道，讓這股能量獲得痛快的釋放。由於憤怒非常能促進此類行動，而火冥型的人又十分懼怕生氣，所以他們的能量的確可以藉由身體的運動得到釋放。舞蹈也是這類人適合的治療活動。他們也可以把能量宣洩在性行為上面。這類人很擅長非洲叢林式的擊鼓和自發的舞蹈，與動物相處或是畜養動物也都是和內在的獸性連結的方式。火冥型的人對魔法、玄學和各種隱藏的力量很感興趣，而且會認同用念力操控物質的概念。

在音樂上的體驗或表演，則可以讓他們釋放強烈的情緒能量。由於火冥相位代表的是雙重的火星能量，所以需要用雙重的金星能量來治療，包括音樂、愛、接納和寬恕。愛的表達最能治癒這類相位帶來的創傷。

代表火冥相位最佳的例子諸如史懷哲博士（火冥對分相）、神秘學家阿萊斯特・克勞利（Aleister Crowley，火冥正三分相）、歌手莎莉・貝西（Shirley Bassey，火冥四分相）和披頭四的林哥・史塔爾（Ringo Starr，火冥合相）。

第十一章 木星的相位

木星——土星

信仰的試探。為財富下定義。物質主義哲學。害怕擁有財富。巨大的超我。

這兩個行星的組合很容易了解，只要想像一下它們如何影響著彼此，就能明白其中的意涵了。土星傾向於制約、下定義、設限，也會為木星相關的一切事物，諸如信仰、意義、喜悅和熱情，染上恐懼的色彩。木星則會在土星代表的秩序、責任、紀律和謹慎心態方面，帶來擴張和伸展的能量。

我們可以把土星想像成一個內化的老師，他喜歡用「應該」或者「必須」之類字眼。對這位老師而言沒有一件事是夠好的，亦即佛洛依德所謂的「巨大的超我」，一種無意識底端被誇大的道德感；也由於無法活出這麼高的標準，所以很容易造成強烈的沮喪感。

這類相位正向的一面則是能帶來耐力、毅力和堅持力，同時會有一種審慎的樂觀心態和遠見，這些特質比較會顯現在柔和相位或是合相上面。呈困難相位的人則會在樂觀與悲觀之間擺盪；有一段時間深信自己什麼事都能達成，另一段時間卻突然覺得生命毫無意義，自己沒有任何價值，只能做些微不足道的小事。在物質世界的層面，這類相位可能會令一個年輕人時而想像自己是公司的董事長，隨後又覺得自己只能充當別人的助理、學徒或下屬；他們的真實人生也可能出現這兩種情況。總之，這類相位和穩固的物質成就有關。成柔和相位的人特別容易在這方面迅速獲得成就；他們通常是明智的。根據字典的解釋，明智意味著「**能夠智慧地判斷，謹慎小心，能幹，有能力運用智慧來達成目的。**」那些有困難相位的人則需要付出努力才會變得明智，但仍然得視整張星盤的情況而定。這類人也會有不懂得抓住時機的問題，他們要不是在應該冒險的時候過度謹慎，就是在不該過度樂觀或不該投機時，很不明智地做出了冒險的決定。

總之，這兩個行星形成的緊密相位，可以為土元素不足或是已經有許多土元素的星盤，增加落實的感覺。這類相位也時常出現在那些經濟學者的星盤裡，我們可以說他們關切的是物質主義哲學。這類人對財富有一種責任意識，想要為其下定義。

木土相位最大的問題就在於信念。這類人的教育背景裡可能有非常嚴格的道德意識，或是有宗教方面的戒律。他們的宗教信仰帶有強烈的詛咒或責難的成分，而且宗教經驗並不愉悅，因為主要是用來控制行為的，所以其中帶有一種威脅性，譬如做錯了事會遭到神的懲罰等。這類人內化的造物主形象絕不是友善和慈悲的，而比較是喜歡懲罰、有著嚴格正義感的神——這顯然是猶太基督教信奉的神。這類人究竟對神抱持何種意象，顯然要看他們的背景和信念是什麼了，不過他們對神的感受是相似的，通常是一種父權式的感覺。有時他們的背景裡並沒有宗教信仰，但仍然有哲學或政治上的理念，而且會以宗教狂熱式的態度去追求，或是在對與錯方面有強烈的觀念。

不論這類人的信念系統是什麼，通常是源自於父親或學校。父親在他們的心中就像神一樣巨大，他們會把父親當成仿效或畏懼的對象。這類人的特質和榮格所謂的「senex」原型有關，拉丁文裡這個字的意思是「老人」。我認識的幾個有這類相位的年輕人，他們的行為比起同輩的確顯得老成許多，即使只有十八歲，也永遠穿西裝和皮鞋，從不穿牛仔褲或運動鞋，行為舉止也不像同年齡的年青人那麼狂野或傻里傻氣。

土星一向會讓它觸及的行星帶有渴望的特質。有木土相位的人渴望的是人生真正的意義，包括個人和宗教層面的意義。如果是成困難相位或合相的人，就會把尋找人生意義當成最主要的目標。我認識的許多有這個困難相位的人，都曾經逃避過原生家庭的信仰，但最終還是會回歸其中，或是以另一種結構嚴明的信仰形式取代之。這類人選擇的信仰必須有明確的形式，譬如明文規定的教條和儀式。對木土型的人而言，人生真正的目的和意義之所以難捉摸，主要是因為他們堅持上帝或信仰應該被明確定義。然而存在的本質永遠無法被當成事實來看待，也無法在實驗室或法庭裡下定義。誠如麗茲・格林對木土相位做出的評論：「**真正的信仰必須以直觀力和非理性的方式來體悟。一個人的經驗的確有其意義和目的，而且會依照某種帶有智慧和目的性的模式，逐漸被揭露出來。**」

典型的木土型人喜歡從真假的角度來看事情，因此特別不容易和懷疑心共處。由於他們很難面對懷疑的感覺，所以既可能顯現出過度熱切、開心或信心十足的模樣，也可能對任何事或任何人說的話都不相信。或許這類人的確不該聽信別人的話，因為他們的人生就是要發現自己真正相信的是什麼。

有時木土型的人並不會永遠排拒童年的信念系統，他們也可能經常上教堂或是成為神職人員。他們真正的挑戰是必須面對內心的恐懼和懷疑，特別是在缺乏教團結構的情況下，該如何面對人生之類的議題。上教堂或是入寺廟的生活形式不該掩蓋住真正的信仰，也不該呈現出土星的過度補償作用，但是一開始很可能會有這樣的傾向。我認為對許多木土型的人而言，接觸真實信仰的方式可能得先通過傳統的教團組織，經歷其中的教條和儀式，以及不可避免的質疑。

這類人也會渴望或達成某種社會地位及影響力。他們對各種層次的律法都很關切，可能會從事法律、教育或神職方面的工作。

那些有柔和相位的人很容易在物質層面有所成就，呈困難相位人也有這種可能性，但必須付出較多的努力。木土的困難相位不一定會帶來安全的地位或是銀行存款，因為這類人也可能選擇藉由自我否定和各種損失，來找到人生的意義。除非星盤裡有其他元素，否則他們是不會自我耽溺的。呈困難相位的人如果有物質成就的話，即便是擁有豪宅、跑車或夜夜笙歌的社交生活，仍然會以吝嗇儉樸的方式對待自己。他們一方面畏懼擁有過多的財富，一方面又害怕貧窮，物質和精神兩種層面都是如此。

木土型的人也害怕冒險，但是呈困難相位的人可能出人意料之外地變成賭徒，因為土星的困難相位會造成過度補償的作用。木土的相位既能使人永遠不冒任何險，也可能使人經常冒險。呈柔和相位的人，其財富不一定是靠自己掙來的，而呈困難相位的人雖然不比前者的物質生產力低，但若是不靠自己贏得這些利益，往往會有某種罪惡感。這類人的內心有一種感覺，似乎非得在上年紀之前幹出一番大事業才行；這種衝動會導致他們在賽馬或股市交易上賠錢，特別是沒有找到人生意義之前。他們會以為藉由物質上的財富，可以避開內心找不到人生意義的痛苦。有時木土的困難相位也會在教育領域裡發生作用。這類人通常會受高等教育，也可能是年輕時沒有受高等教育的機會，而一直覺得被教育程度高的人威脅。雖然他們沒有高等學歷的文憑，但仍然有一種世俗智慧或是靈巧機敏的頭腦。總之，他們在中年之後如果能回到高等教育領域裡面，還是能治癒心中的創傷，重拾內在的信心。

已辭世的道格‧哈馬紹（譯注：Dag Hammarskjöld是聯合國第二任秘書長，為了執行聯合國停火談判而死於空難。美國前總統約翰‧甘迺迪為此發表感言：「我現在才發覺，和他比起來我只是個小人物。」哈馬紹過世後被追授諾貝爾和平獎。）這位著名的外交家和經濟學者，可以說是木土相位最佳的案例之一，他的童年背景、信仰、事業和自殺傾向，都帶有木土的特質。他活著的時候把自己的想法和感受記錄了下來，死後這些東西以《印記》（"Markers"）為名結集成書出版發行。這是一本非常有深度的好書，而且提供了有關木土相位生命歷程的研究資料。哈馬紹的木星是落在雙子座，和落在雙魚座的土星成正四分相。他

木星——天王星

激進的宏觀理念。信仰與真理的整合。改變信念。認同自由。突發的旅行。突然出現的幸運。

木星和天王星都象徵空間和自由，當這兩個行星組合在一起時，這類渴求會變得非常明顯，同時也會影響身體、情緒、心智各個層面。這是具有高度獨立性的行星組合，它們會讓一個人的想法、概念和信念變得激進而自由。困難相位及合相則會使一個人產生原創力，令人格變得比較極端。不論呈現的相位是什麼，木星都會擴張一個人的天王星議題，因此會產生反叛的需求，至少人生中的一個小角落會出現此種傾向。天王星代表的是頑強和不屈服的行為模式，當它被木星觸及時，往往會形成雙倍的力量。

這類相位最主要的目的和作用，就是渴望以自己不合時宜的信念來震撼整個社會（政治、宗教和其他層面），或者揭露社會的雙重道德標準。

更重要的是，這類相位關切的是信仰、意義和真理的整合。木天型的人會藉由不尋常和反傳統的方式來發現生命的意義，譬如占星學。不過這類人有時也會忘記：自己認為的真理不一定是別人認同的真理。

有這類相位的人基本上必須發現屬於自己的真理，對早期養成過程裡接觸到的信念系統或道德觀，譬如猶太教或天主教的信仰形式，多半不太能接受；他們會展現出想要擺脫的渴望。他們的學校環境和家庭環境裡可能帶有明顯的道德氛圍，不論真實的情況是什麼，他們通常有強烈的反叛需求。這類人關切的是自己所目睹的偽善現象，譬如教會組織擁有龐大的財富，外面的世界卻一貧如洗，也可能注意到教會的道德教條的狹窄性。

這類相位經常出現在無神論者的星盤裡是不足為奇的事；他們一心想擺脫宗教上的束縛。那些加入反傳統或激進信仰形式的人，星盤裡也往往有這類相位。有時在追求新的信仰形式的過程裡，這類人甚至比他們想要擺脫的宗教狂熱份子還要狂熱。

某些木天型的人的確會停留在早先的政治或宗教信念裡，但仍然會在體制內展現叛逆特質。他們不論抱持的是什麼信念，都會在自由和個人自由的議題上面展現出強烈的觀點。他們也會支持先進的教育改革理念。

這類人也可能熱衷於另一種木星的嗜好——旅行。突發的旅行計畫，或是去不尋常的地方，都會令木天型的人異常興奮。他們在身體和心智層面都喜歡開闊的空間，對不同的人種及其文化背景也相當好奇，因此很適合當人類學者。他們也會對其他文化的習俗及信仰感興趣，特別是木天的相位如果涉及到月亮、四宮或四宮的主宰行星。

木星——海王星

大夢想。宏大的願景。神秘經驗。強烈的逃避傾向。靈性的虛榮。海上冒險家。

這是非常具有慈善傾向的相位。這類人渴望犧牲自己促進人類的福祉。他們對世界的苦難相當敏感，很想拯救世界。他們無疑地有強烈的人道主義和慈悲傾向，不過偶爾也會展現出靈性的虛榮或傲慢特質，或者誤以為自己是聖人。

他們渴望宗教上的神秘經驗；有強烈木海能量的人會渴望與上主合一，至少能和某個可以轉化瑣碎生活的對象合一。這份渴望或許可以藉由花三個星期在巴哈馬度假，或是學佛、研究卡巴拉秘教等，來獲得滿足。

木海型的人特別能理解非具體性的事物，而且會尋求無限量的境界。對他們而言上主是沒有限量的，是一種滲透在萬物和眾生之中的能量。在最佳的情況下，他們的確能透過一粒沙子看到整體宇宙。

這類人渴望朝著終極實相發展。他們最糟的表現就是不斷地尋求逃避的管道，而神秘主義也可能是一種逃離現實的方式。因此，神秘主義可能會被他們當成逃避現實生活的管道，而非達成高層意識的途徑。

尼姑、和尚、神父或修女的星盤裡經常發現這類相位。這類人選擇的生活方式既可以看成一種超驗經驗，也可以視為一種逃避的途徑，端看個人的觀點是什麼了。對木海型的人而言，自由可能埋藏在逃避之中，也可能存在於超驗的次元裡。

這類人很容易對自己的人生感到失望。他們的一切夢想都可能變成巨大的泡泡，等待著被刺穿。

我認識一位年輕的男士很長一段時間了，他是勞斯萊斯汽車的見習機械師。他如果具備了正式的機械師資格，應該可以賺到豐厚的薪水。他的木海成對分相，分別和上升點及下降點合相，落在金牛座和天蠍座上面。他時常夢想自己能逃到熱帶小島上，成天喝著雞尾酒，過著享受的生活。這是他的一個大夢，而他修理的勞斯萊斯汽車，也可以說是一個美麗的大夢，因為對多數人來說，這種車都是買不起的。後來當他被裁員時，這個大泡泡很不幸被戳破了，這可以說是木海成困難相位的典型問題。

這類人與上主的關係，也可能膨脹成一種相當不實際的神秘渴望，而這幾乎不可避免地會帶來失望和幻滅，但是如果有強烈的土星能量，就可以減輕這類困擾。

麥克・哈丁（Mike Harding，英國占星諮商師）告訴我們，木海的相位經常會出現在股票經紀人的星盤裡。這類人對股市的動向顯然有預知能力，他們在自己的工作上幾乎有一種神秘的直覺。

這兩個行星的困難相位，既可能在逃避物質世界的人的星盤裡發現，也可能促使一個人在世間尋求靈性解答。對這類人之中的某些人而言，宗教經驗可能是一種狂喜狀態；而對另一部分的人來說，狂喜則意味著賭五佰英鎊在賽馬上面，最後贏得了那場賭注。

木海的相位都很容易使人做大夢，而且很難判斷他們是真的受到天啟，聽到了天樂，看見了異象，還是（從土星的觀點來看）完全活在幻覺中。這類人的確容易上當受騙、糊里糊塗，因為他們希望所有的事情都是美好的，乃至於想逃避任何醜陋的事物。他們往往很難面對現實，可以說這類相位帶來的挑戰就是把夢想變成現實。木海型的人也會重視旅遊，幻想某個夏季能夠到印度花三個月的時間徒步旅行，可以幫助這類人度過眼前的乏味生活。偶爾逃到國外去，是面對這類相位比較無害的方式。

藉由心智或身體上的長途旅行，木海型的人真的能忘掉自己，轉化乏味的日常生活。德蕾莎修女和若望保祿二世的星盤裡，分別有木海的四分相與合相。

因為海王星與海有關，所以這類相位也有利於海上冒險或是當水手。

木星——冥王星

隱藏的財富。埋藏在地底的寶物。巨大的權力。探索幽冥世界。礦業和回收業。

有這類相位的人，一生的主題都跟埋藏的事物裡的財富有關。這種財富可能以不同的形式顯現：有時是以物質形式顯現，譬如從事的工作涉及挖掘煤礦、石油、金礦或其他礦石；有時則是要挖掘無意識底端的資源。

我們通常會把無意識描述成「陰影面」，但是有許多心理學家，包括榮格在內，都曾指出這些不被社會接納的醜陋面向，往往埋藏著豐富而有用的資源。這就像花園裡的堆肥是由腐敗的東西堆成的，卻能奇蹟式地轉換成富含礦物質的肥料。

有木冥相位的人特別能意識到埋藏在廢棄物之中的財富，所以才會跟回收業有關。心理治療師和回收業者都關切廢物再生的問題，也都關切如何能不浪費資源的議題。

我認為木冥的相位也跟經濟上的隱密財富有關。我指的是銀行、金融公司、保險公司裡流動的巨額金錢，那些錢是社會大眾看不到的，卻擁有最龐大的勢力。

木冥型的人時常經手巨額的金錢；這類相位和上流社會遺留下來的財富有關，但是那些本身沒什麼錢，在銀行、股市或保險公司上班的人，也可能有這類相位。木冥的相位也和礦業有關，因為像石油這樣的燃料，的確隱藏著巨大的財富。木星和冥王星本身都不代表金錢，但是結合在一起之後，卻象徵了巨大的勢力，而且涉及到巨額財產。它們也跟秘密有關，特別是大秘密。

當這類相位涉及到個人行星時，往往會讓人變得野心勃勃。典型的木冥型人很渴望做出一番大事業，至於是什麼樣的大事業，則要看這兩個行星觸及的是什麼星座和宮位了。這類人也可能有無情和殘忍的傾向。

他們很渴望帶來改革，包括政治、宗教、法律各個層面。他們也渴望在心理層面轉化自我，不斷地改善存在的方式。《占星玩家手冊》（"The Astrologer's Handbook"）的兩位作者把木冥的相位描述成「愚公移山式的信心」。這句話可以從宗教的角度來詮釋，但是也代表這類人在各個層面的信心。他們相信任何事都能達成，只要把心專注在目標上面就夠了。因此對魔法感興趣的人的星盤裡，也經常有這類相位，因為魔法要達成的就是心能轉物的境界，而這可以被用在好的方向上，也可能用在壞的方向上。木冥無情的人生哲學，有時會顯現成為了集體的利益不惜嚴懲或處死他人。柴契爾夫人的星盤裡就有最顯著的木冥能量，因為這兩個行星形成了緊密的對分相，落在二宮和八宮裡——十分貼切地象徵著此人在經濟層面的巨大權力。

第十二章 土星的相位

土星——天王星

謹慎的改革。懼怕改變。突破傳統。打破權威。意料之外的分離。有自制力的叛逆者。

土星和天王星代表的是相互對立的法則，因此當它們碰在一起的時候，特別是合相或困難相位，往往會製造出強大的張力，而其中的衝突性是很明顯的：土星關切的是傳統、權威性、紀律、義務和責任，天王星則會帶來個人主義、反建制和高度的叛逆性。

最近的一回土天合相是在一九八七年，它促成了蘇聯和其他地區的重大改革。在戈巴契夫掌舵期間，蘇聯脫離了傳統，大量裁減國防軍備，他的星盤裡就有土、天、冥的T型相位。

天王星是最早被發現的外行星，任何一本教科書都會指出，它被發現的那個階段地球正在發生各種革命，包括法國大革命、西方的工業革命及美國獨立戰爭。那個階段一般人的想法也在起變化，因為個人開始挑戰權威者的統治權，以及模塑社會的觀念的權力。也許當天體的土星碰上天王星時，都會激發挑戰權威和傳統的欲望。

在土天相位的時段裡誕生的人，往往會在集體意識產生急速變革，或是觀念上起重大變化的背景裡長大。當個人做出自由選擇的決定時，很可能與社區裡其他人的狀態起衝突。許多的傳統和建制會被迫改變，譬如工廠可能被迫關閉，老舊的秩序或既定的行事方式被掃蕩一空。這樣的改變一定會造成強大的阻力，這些阻力比較是源自於土星，因為它會企圖保留傳統，也可能害怕改變來得太快太突然。

天王星關切的是集體觀念的改變和進展。土天的相位則代表為社會的新觀念帶來了具體的形式，譬如科技上的進展、想法的改變，或是掌權者決策方向上的變化。幾年前被視為極端而令人震驚的想法，很快就會變成人們能接受的具體形式，並且會建制化。汽車、電話、高空飛行、電力的發明、投票給婦女、電腦等，都曾經是過於先進或者不可能實現的現象。人們一開始接觸上述的事物時，往往有抗拒的傾向，但是不久它們就變成了日常生活的一部分——時間會將新的變成舊的。天王星促成的新觀念、發明和態度，一旦遇上土星就會落實下來，並且物質化。那些誕生在土天相位時段裡的人，生長的背景可能就像上述的情況那樣。如果他們星盤裡的這兩個行星的相位有顯著的重要性，便可能為新觀念帶來具體的形式。

土天的相位也代表老舊的事物以新的方式顯現出來的階段，而且可能帶來令人振奮的影響力。這兩個行星都跟占星學有關，一九八七年占星學變成了報紙的頭版消息，當時人們都在猜測，到底雷根總統有多少國事是靠著星星來決定的。這個古老的議題製造了巨大的震撼，有好幾個星期都是報紙新聞探討的主題。

在個人層面上，有這類相位的人會從全新的角度去看待老舊議題。他們生命的許多面向都可能遭遇內在的衝突，譬如何時該對抗建制、堅持主張先進的思想，何時該尊崇能禁得起時間考驗的傳統。這類人似乎必須整合這兩極，因為他們同時會顯現出激進和害怕改變的傾向。

這兩種狀態的互動會如何顯現，必須看兩個行星之中哪個能量比較強。如果土星的能量比較強（特別是困難相位），那麼這個人就會害怕改變，對新的事物抱持懷疑態度，也無法接受帶有一絲反傳統傾向的人或事；他們會企圖閹割掉先進的想法。不過當然，先進的科技或想法也需要檢驗，所以這類人的感覺也必須納入考量。如果天王星的能量比較強，就會使一個人不斷地對抗權威，反叛既定的行事方式——這種態度也可能是個人和社會需要的。

土天型的人也許在年輕時很保守，隨著年紀的增長會變得越來越叛逆，特別是在推進的天王星和本命盤的土天成對分相之後。有時這類人也會追隨其他人尊崇的時尚潮流，不過年長之後仍然執著於原先的潮流，所以會被視為怪人。因此，這類相位既可能出現在對抗改變的人的星盤裡，也可能代表那些為改變而奮鬥的人。通常這兩種態度會同時存在。

卡特將土天的相位描述成「**有民主精神，但手段是專制的。**」這類相位一向和缺乏伸縮性及專制的態度有關。這類人可能一面握著拳頭，一面對大眾說我們應該民主一點，或者我們應該把電腦系統引介到公司裡。但在引介新的體制和新的秩序時，土天型的人可能和他們要推翻的人一樣專制。這類人在堅持自己的觀點時也會變得非常極端，甚至會遭遇到意料之外的打擊。當其他的行星推進這兩個行星時，則可能會遭遇骨折的情況，或者出現其他的破壞形式。土天帶來的力量非常有用，但也可能讓一個人無法放下身段，適應新的情況；命運似乎會確保這類人遭遇最戲劇化的打擊或破壞。

我的確認識一些有土天相位的人遭到過權威人物或父親的暴力相待。他們成年之後不是叛逆地對抗那個權威人物，就是對抗社會上所有掌權的人；最極端的情況是越來越像自己的父親，或是自己一直對抗的體制及權威人物。如果星盤裡的這兩個行星的能量比較不顯著，那麼這兩個行星便可能代表當時政治人物的特質。偶爾這類人的父親也會顯現出反傳統、與眾不同的行事風格。

有這類相位的政客或是其他人，有時也必須對抗軍事叛變之類的活動。這類相位有利於促進重大的改革，對抗不受歡迎的改變，而且會形成明顯的毅力、意志力和果決力。

土星——海王星

超越疆界。逃避責任。害怕失控。把權威人物理想化。漠視權威人物。淨化和精微化。罪惡感和補償。

當我在寫這本書的時候（一九八九年的春天），天體的土星和海王星正形成合相，與英國的本命盤（西元一八〇一年建國）的太陽及天頂形成相位。這個合相讓蛋類中出現了沙門氏菌，乳酪中出現了格蘭氏陽性菌，報紙也報導了許多飲水和食物遭到污染的情況。當時誰都不知道這些事件危險到什麼程度，也不知道該負責的是誰。其他有關土海相位的故事則跟雨水的缺乏有關，生態議題也開始受到關注，社會越來越意識到大地遭受的破壞及污染帶來的危機，人們開始倡導無鉛汽油和減低海洋的污染。社會大眾對生態議題產生了罪疚感，人們開始意識到地球遭受的忽略和損失，這可以說是土海合相帶來的正向展現方式。

我們會發現那一年誕生下來的孩子都是在這類議題之中長大的，由此我們可以意識到這些重大但是與個人無關的能量運作方式。

艾柏丁、察理士・哈威和其他的幾位占星家，一向把土海的中點與疾病連結在一起，因此出現與食物有關的危機是不足為奇的事。更精確地說，土海的相位可以用來描述中毒的情況，廣泛地說則跟淨化和精微化有關。

土海的相位會持續較長的時間，所以它們本身不代表疾病，但如果和宮位放在一起來看或者涉及到中點時，以我的經驗來看的確和疾病有關。這會帶來一種心理上的封鎖感，而且沒有方法可以對治，甚至可能出現身體不能動彈的傾向。典型的土海人很怕失控，但命運似乎會確保他們放棄掌控傾向，學習不執著的功課。

我認識的某些人，他們的土海剛好落在天頂和天底的交點上，這代表父親有病。有位女士的土海落在天頂和天底，形成緊密的對分相，她的父親罹患了怪異的神經系統失常疾病。這不但使他臥床不起，而且令他對噪音和各種干擾格外敏感。他透過自己的疾病控制了全家人，大家搬動他的時候就像是在對待珍貴的瓷器一般，好像他隨時會破碎似的；他藉此而無需負任何責任，包括金錢和其他層面的事務在內。我也認識另外兩位個案有土海合相在四宮，他們的父親行動不良，變成了家人的負擔和付出慈悲心的對象。這類人的父親似乎不需要執著於真實的世界。

土海的相位除了代表父親之外，也象徵性情溫和而被動的男性；他們似乎無法或不願意負責，甚至可能急於逃避責任。他們無能處理事務，導致其他人必須為他們打理一切。艾格莎・克莉斯汀（Agatha Christie，英國偵探小說家）有這兩個行星的緊密四分相，她的父親就是這樣的人。他從不工作，永遠把日子消磨在俱樂部裡。他的性格顯然非常隨合、完全沒有自制力，他過世之後沒有為家人留下任何遺產。他是在艾格莎十二歲時去世的，而這完全符合土海的典型模式。這類人若不是父親不見了，就是父親很虛弱，但是父親並沒做錯什麼事，只是無能或不願意變成權威。有這類相位的人因此而渴望在生命中找到權威，或者在各式各樣的人身上尋找這樣的特質，最終則會在自己的內心發現它。

星盤裡還有別的元素可以代表父親，譬如與太陽形成相位的行星，因此不該把重點完全放在土海的相位上，除非還有其他強烈的能量足以支持上述的看法。大體而言，土海描述的都是父親的某個面向，以及社會當時對權威人物的感受。

艾格莎・克莉斯汀在兩次大戰中充當過藥劑師，她對毒物學的知識後來變成了寫偵探小說的有利武器。此外她還有一項土海的特質，就是曾經消失過一段時間。她之所以消失，很明顯地是想要逃避責任，特別是在母親過世丈夫離開她之後。

這類人也很難扮演父親的角色，因為他們不容易守紀律或是守規矩。

總地來看，土海型的人很難積極地掌控什麼，雖然透過生病或行動不便，也可能被動地掌握住別人，不過星盤裡必須有明顯的相位能量。這類人似乎缺少或是害怕自己會缺乏權威性，也許他們誕生的那個時期，他們的父親或當時的政府缺乏權威性。

有時土海型的人也會把責任理想化或誇大，他們似乎很難從真實的觀點看待責任這件事。他們的確會意識到自己愈是投入現實生活，就愈無法追求理想，而這也可能就是這兩個行星呈困難相位的另一種恐懼。土海的挑戰就是將自己的理想落實在現實世界裡，並且在其中找到令他們著迷的成分。有時這類人也會覺得居高位是很難承受的事，他們想避開所有的責任義務。另外的可能性則是，扮演負責的公民或家庭成員的角色，會讓他們覺得犧牲了自己的夢想。

罪惡感是這類相位也會有的感受，不過這種罪惡感並非源自於真正的失敗或是無法應付物質世界，通常是被誇大的童年心理議題所導致的。根據《牛津英文字典》的解釋，「罪惡感」這個字的字源可能是geld，意思是「償還」，而這正是土海的行為模式的關鍵所在。這類人在某種程度上覺得自己必須為某個對象還債，而且必須一直付出。通常他們是為父親或社會還債，但也可能會去報復那些欠他們債的人。當然，「父親」也可以詮釋成宗教上的天父或是自己的父親。

海王星代表的是想像力，當它被土星觸及時，往往會把想像力導向最糟的情況，特別是海王星主宰的那個生命領域，也就是宮位；在那個宮位裡會產生一種不對勁的感覺。這類人的白日夢多半環繞著痛苦或犧牲的種種可能性，而且會以各種方式來扮演殉道者的角色。土海的相位也跟棄世修行有關。

二十世紀最著名的放棄世俗權位的人，應該算是溫莎公爵了，他有這兩個行星的三分相。他的選擇就是受了棄世理念的影響。在一般的生命故事裡，這類相位可能意味著有意識地放棄某種東西，或是付出努力來追求某種夢想、願景或理想。難怪那些追求宗教生活的人的星盤裡經常有這類相位，因為它們的確代表苦行者；這可能使你聯想到和尚或隱士（苦行者真正的意義）。

我認識的一位修女有這兩個行星的明顯相位，她來自於一個富有的家庭。她稱她的家人為「有錢有閒」的人，卻對他們的生活方式感到罪疚，而把自己的大半生都花在為家人贖罪上面。她把自己的人生貢獻給贖罪的活動，也就等於在逃避或改變辛苦的生活方式。在西方世界裡，那些追求佛教信仰的人、倡導不執著的道理、思考人類受苦原因的人，星盤裡也經常有這類相位。

不過當然，這類人不可能全都追求冥想、祈禱或禁慾的生活，也許他們只是把人生的某個部分犧牲掉，把不必要的東西排除掉，然後以自律的方式讓夢想變成具體的現實。這可以看成是此類相位的人生目的，而且會以各種方式表現出來。土海的相位也跟無私的奉獻以及對他人的服務有關——一種實事求是的慈悲。困難相位或合相的挑戰，就是整合自己俗世的一面和超塵出世的另一面。在最佳的情況下，此類相位會展現出實事求是的理想主義傾向，這類人能夠意識到自己和眼前情境的侷限，但仍然會在現實世界裡達成他們的夢想。

土海的理想生活方式，可以看成是木海型人所渴望的生活的相反面；木海型的人想要的是奢華、光彩和富足的生活，土海型的人卻只想過簡單樸實的生活。

這類人也可能成為藝術家、音樂家，或是投入電影或影片的製作工作。這類藝術家能夠把夢想、想像力和感受變成具體的形式，也能提供一種結構和媒介，把自己的恐懼和幻想表達出來。

土星——冥王星

運用權力時的自制力。秘密破壞權威者。害怕被殲滅。生存課題。對秩序過度執著。

麗茲・格林曾經說過土冥型的人有一種傾向，「**你如果試圖將任何意識形態加諸在他們身上，或是想控制他們的時候，他們往往會有激烈的反應或反感。**」土冥的相位在個人層次上會有對權力的恐懼，這類人若不是害怕展現自己的權力，就是害怕擁有權力，同時也怕集體勢力帶來的破壞性。有這類相位的人不但不信賴那些掌權者，而且不喜歡主導任何事情，雖然接受權威的位置可能正是他們需要的經驗。

星盤裡的這類相位被強化的人（請記住，這類相位若是和個人行星或四交點形成相位，才會帶來明顯的影響力），天生就帶有一種權威性，而且格外有責任心，雖然如此或正因為如此，所以他們不願意掌權。

土冥型的人經常覺得自己被迫害，但是這種感覺並沒有十足的理由。他們也會認同那些遭到社會排斥的人，或是因殘酷命運而受苦的人。這裡所謂的被迫害，指的是因種族、膚色、性向、宗教信仰或是社會禁忌而遭到排擠。不論土冥型的人是否屬於或是否有條件加入這類團體，都會認同這些人的苦難，他們也可能為社會的受害者抗爭或形成關係，但星盤裡必須有活躍的海王星能量，才有這種可能性。

這類人雖然認同那些受迫害的人，也願意為他們負責，卻很難為集體的需求扮演起迫害者的角色。他們似乎會無意識地為所有受壓迫的人負起了責任，因而有意識地遠離代表壓迫者的團體。

麗茲・格林曾經說過，土海型的人是在人們特別受到迫害的年代裡或之後誕生的，譬如二次世界大戰後。某些土冥型的人則是在一九四〇和五〇年代之間誕生的，這類人的父親曾親眼目睹或犯下暴行，這樣的創傷勢必會帶到家庭裡面，因此土冥型人的記憶裡可能深埋著早期受威脅的經驗。試想那些誕生在奧茲維茲集中營期間，或是誕生在車諾比事件、華爾街股市崩盤期間的人，會有什麼感覺？很顯然，那些經驗都會烙印在這類人的無意識底端。

事實上，土星和冥王星並不是這類事件的主要象徵符號，但土冥的相位的確和恐怖事件的餘波有關，特別是集體社會正從那類事件中蹣跚地走出來，而且開始意識到其影響是什麼的階段。土冥的相位似乎和集體的暴行造成的遲來反應有關。我有時會鼓勵這類人去弄清楚自己誕生時發生了什麼事，我希望他們能帶著覺知認清這種集體事件會造成什麼結果，才不至於無意識地為過往發生的事背負個人性的責任。土星經常與冥王星連在一起，這類時段不一定永遠代表明顯的暴行，但仍然可能會發生地震或是墜機之類的集體滅亡現象。某種程度上有這類相位的人會一直覺得受到迫害。土冥的相位同時也代表恢復期的開端，這時社會才剛開始發現當年的情況有多麼恐怖。

土冥的相位或許也跟生存課題有關，有時威脅是來自於疾病（譬如小兒麻痺症、肺結核、愛滋病），而這會導致行為受到約束，或者會有駭人聽聞的謠言被散佈出來，也可能是害怕經濟上的損失。土冥的相位一般來說的確代表經濟大蕭條的階段，譬如這兩個行星曾經在一九三〇年形成對分相。更正確地說，人們是在一九三一年才開始意識到一九二九年股市大崩盤造成的影響，如何存活下去的議題也開始浮出檯面。土冥的時段也可能代表對核能危機的恐懼提高了，或者開始意識到核戰的威脅。

這一切都需要進一步地研究才行，不過這樣的推測都是朝著正確的方向在發展。這類人有強烈的自我防衛傾向也是不足為奇的事。星盤中有這兩個行星形成緊密相位的人對心理學往往抱持懷疑態度，也可能害怕自己無意識裡面的活動。他們對核戰的威脅比一般人更恐慌，因為他們怕整體人類和自己都會因此而滅亡。其實在我們的時代裡產生這樣的恐懼是很正常的，不過這類人的恐懼多半源自於內在的炸彈，一種對心理陰影面的畏懼，還有對集體潛意識裡的痛苦、暴力和巨大破壞性的恐懼。

麗茲・格林把土冥的相位和想要秘密破壞權威者連在一塊兒，而此類相位的確和這種事情不斷地扯上關係。土冥的相位一方面和個人的防衛性有關，一方面也跟權威人物、城牆、藩籬和疆界的瓦解有關。權威者的陰暗臉孔有時必須被消滅，才會有新的東西誕生。戈巴契夫的星盤裡就有土、冥、天的T型相位。

這類人很適合從事各種摧毀的工作，但心理上的城牆必須一磚一瓦地拆解掉才行。他們也很適合為人類的集體力量負責，包括物質、心理和文字的力量。土冥的最佳表現方式就是關切權責問題，在權力的運用上懂得自制，而這會顯現在身體、情緒及心智的各個層面上。

第十三章
外行星之間的相位

由於外行星的運行速度非常緩慢，所以它們之間形成的相位會持續很長的時間，而且會在全球性的基礎上，顯現出政治、心理和物質層面的重大變化。這些行星的週期循環構成了地球的歷史，不過其中的內涵超出了本書的探討範圍。

我必須強調的是，凡涉及到出乎意料的危機、突發的凶死、讓集體感到震驚的事件，都跟天宮圖裡的天王星及冥王星的緊密相位有關，而且太陽往往正落在這兩個行星的中點上面。

我建議讀者可以閱讀麗茲・格林的《外行星及其週期循環》（"The Outer Planets and Their Cycles"），艾柏丁的《行星相位的影響力》（"Combination of Stellar Influences"）、貝金特（Baigent）的《事件派占星學》（"Mundane Astrology"），以及坎皮恩和哈威（Campion and Harvey）的外行星週期循環論文。

【第三部】

星盤上的四交點

第十四章 上升點和天頂的複合面向

上升點和下降點的對分性

座落於地平線上的行星能量確實會被擴大！不妨想像一下地平線上金黃色的滿月，它看起來非常巨大，比往常的直徑要大出一倍之多。

——史蒂芬・阿若優《占星、業力與轉化》

當我們在考量任何一個上升點的相位時，必須留意對面的那個下降點，因為它們是一組元素。任何一個行星和其中的一個點形成相位，必定會跟另一個點形成相位。

星盤裡的上升點及下降點是最具有個人性的部分，因為它們和一個人的誕生時刻及地點有關。我們誕生的那一天可能也是數百萬人的生日，或者我們雖然和自己的雙胞胎有許多相似的性格，但也有許多不同之處，造成差異的就是誕生的時刻。誕生的時刻決定了整張星盤的結構，還有相位及宮位。這些理由都能讓我們意識到四交點的重要性。

在詮釋上升點和下降點的時候，我們要掌握的不僅僅是它們座落的星座。如同阿若優曾經指出的，我們要觀察的是一些複雜的相關要素；這些要素包括星座、與其合相的行星、與其產生相位的行星，還有上升點主宰行星的星座、相位和宮位。任何一個與上升點有關的相位，以及它的主宰行星涉及的細節，都會強烈地影響上升星座的性質。和四交點形成的相位都具有明顯的重要性，但如同阿若優所言，最重要的還是與上升點合相的行星。以下的內容是以工具書的形式呈現的，所以很難充分表達與上升點相關的複雜內涵。我鼓勵讀者在詮釋時要謹慎小心，而且要考量到星盤裡的其他要素。

上升點（我指的是與其相關的所有要素）往往能生動地描繪出一個人誕生時的情況，雖然我們大多已經不記得了，除非運用回溯技巧來回憶起，或是仰賴其他人的記憶。有一個案例我覺得特別有趣，這位女士的上升星座是寶瓶座，但是木星與上升點合相落在雙魚座。她誕生之前的氣候相當嚴寒（寶瓶座），而且家裡的水管被凍結，屋子裡積了滿地的水（雙魚座）。她的母親因為辛勤地抹地而過早將她生下來。更奇特的是，這位女士一直夢想能夠在船上生活，到世界各地旅遊。

上升點與下降點以及相關的行星和主宰行星，不但能描述誕生時的經驗，也能描繪出這個孩子早期的情況和感受。這些早期的經驗會一直影響我們面對外在世界的態度。我們會期待事情以那樣的方式運作，因此我們和眼前環境的關係並不是消極的，往往會相互影響。在某種程度上我們可能選擇了我們的外在環境。事情並不是無緣無故地發生在我們身上，而是我們將其吸引來的。

總之，上升點能清晰地描繪出我們迎接世界的方式，以及面對人生或眼前環境裡的人的方式。如同剛才說過的，這仍然要看我們對環境的期待是什麼，而且要看早期的經驗是什麼。我認為誕生那一刻的經驗更具有影響力。

我聽說林希・瑞德馬契爾（Lindsay Radermacher，倫敦占星學院院長）把上升點描述成溫布頓球場，或是其他的大型競技場，裡面的每個人都在看相同的演出，但觀察的角度卻因不同的位置而有所不同。我們的上升點代表的是我們觀察事物的有利地點，以及我們座位的角度。我們是從那個角度在看一切活動，其他的表演者也會從他們的位置來觀察我們，因此上升點代表的就是我們的人生視角。

上升點也經常被描述成鏡片，我們是透過這個鏡片在看世界，世界也是透過這個鏡片在看我們。當驗光師為我們驗視力時，通常會為我們換不同的鏡片，每副鏡片都令我們看到了不同的畫面。我們可以把這些鏡片想像成不同的色彩，譬如墨鏡、粉紅鏡片或平光鏡。上升點落在天蠍座或是與冥王星成相位，最符合墨鏡看到的世界！如果眼睛代表的是靈魂之窗，那麼鏡片既可能讓別人看到我們，也可能阻止別人看到我們。鏡片也可能改變戴眼鏡的人的世界觀。如果世界在一個人的眼中是個黑暗的地方，就會像帶著墨鏡一般，感覺處處都潛伏著危險，也因為覺得不安全，所以這類人自然會想藏匿起來。

上升點通常被描繪成一個人的人格面具，這個點是我們和外在環境互動的部分。人格面具既可能與一個人的整體人格協調一致，也可能代表某種虛假的形象。上升點彰顯的是我們佩帶的徽章，或是自我宣傳的廣告招牌。

上升點也可以描繪出我們房子的大門，我們的每樣東西都得從這扇門進進出出，別人若想和我們接觸或認識我們，也必須穿過這扇門進到屋裡來。我們如果想認識自己，看清楚屋子裡其他房間的情況，也似乎必須從上升點的角度來觀察。太陽代表的是此生的任務、目的和英雄之旅，或是我們必須進入的房間，上升點則明顯地指出了哪條路是我們必須走的，換句話說上升點代表的是我們的旅程和媒介。

《牛津英文字典》對「媒介」這個字的定義，或許能為我們帶來一些幫助：

- **一種可以和其他的物質混合，或是可以融合在其他物質裡面的液體或東西。**
- **可以用來傳導或是讓某個東西體現及顯現出來的事物。**
- **可以讓概念或意象表達出來或是讓別人明白的方法。**
- **將某個東西體現或顯現出來的形式。**

我們誕生的時刻就是我們顯化成人的那一刻，而一個事件的發生，則是讓那個事件顯現出來的能量形成的那一刻，譬如當外在的某些東西正形成具體形式的時刻，暴動就可能發生。促成或製造暴動的那股能量也許已經存在一段時間了，但暴動真正發生的那一刻，才是我們為其設立星盤的時間點。

除了上述定義，字典對「媒介」還下了一種定義：

- **讓某個東西從一個點傳送到另一個點的管道、工具、物質或手段。**

上升點一向和一個人的身體有關。它像是一個可以傳送訊息的程式，帶著一副包在外圍的殼子。這副外殼也許可以也許不可以保護內在的部分，可能曝露也可能掩蓋內在的部分。

人類擁有頭腦、肝臟、腎臟及體內的各種東西，但我們看到的彼此都是那個外殼。我們的皮膚、我們的衣著、我們帶給人的印象遮蓋了內在的一切，可是從另一面來看，這個外殼也會透露出內在的真相。假設我們非常胖，皮膚一定會出現紋路，如果我們生病了，臉和眼睛必定會顯露出病容。我們通常可以從洋芋的表面看出裡面的情況。

我們的皮膚就是我們的外表組織；它像是防水的外殼一樣，保護著我們不受傷害，不被細菌侵入。雖然它會自我更新，但是也掩蓋住了身體其他的部分。我們的上升點也應該從這種角度來觀察；它既能移動也能生長，既能供應某些東西，也會展現出強悍的一面。如果上升點的能量太強或是缺乏伸縮性，譬如與土星或冥王星形成相位，就會像穿了緊身衣一般，把自己侷限在某種形象裡面。這類人被裹在厚厚的保護層裡，什麼東西也不能穿透他們，他們自己也無法獲得自由。讓我們再回到皮膚的比喻；皮膚也會讓我們產生壓力感、觸覺和痛苦，或者冷和熱的感覺，這些感覺則會藉由出汗或起雞皮疙瘩，來改變身體的溫度。同樣地，我們的上升點也會讓我們以某種方式適應外在世界。

研究顯示，一般人的外貌並不一定像他們的上升點，或是與其形成相位的行星代表的長相，而比較是太陽、月亮、上升點及上升點的主宰行星混合起來的樣子，也可能是其中的一兩個元素代表的模樣。總之，與我們的上升點形成的相位，特別是合相，往往代表我們給別人的印象，或是我們面對外界的態度。阿若優將其描述成一個人在別人眼中的形象。

下降點的特質也很容易被人察覺。有時我們很難區分這兩個對立點的特質，比較簡單的解釋是，上升點代表我們的行動和主動展現的特質，下降點則代表我們的反應或是被動的回應。以上升點落在牡羊座為例，它象徵的是一個人會以迎上前去的態度面世界，而且勇於採取行動、有爭先的傾向，也很善於開創、富有果決力和競爭力。童年時這類人會把世界經驗成一個充滿著競爭性的地方，他們的態度是「我必須走到外面，向別人證實我的能力」。由於這類人的下降點是天秤座，因此別人可能會說：「我很難下決定，既然你喜歡領導，我就跟隨你吧。」——這樣的態度會強化上升點落在牡羊座的人的力量。但是他人或外在世界也可能會說：「等一等，你這麼做公平嗎？你有沒有考慮過 x、y、z 或是我？」而上升點落牡羊座的人的反應則可能是：「沒錯，也許你說的是對的。」

藉由關係的互動，這類人才會發現自己有多麼需要別人，因為有了別人，他們才有競爭的對象。透過關係，上升點落牡羊座的人學會了合作的功課。

為了達成自身的完整性，我們的確應該嘗試另一種行事的方式。上升點落天秤座的人關切的則是如何為生命帶來平衡性。這類人對每件事都要求和諧友好的氣氛，同時也會考量合作與公平的問題。他們可能會說：「我要的就是你們要的。不論我做任何事，都希望能帶來和諧、愉快及樂意合作的氛圍。」

但因為下降點是牡羊座，所以他們的夥伴的反應可能是：「這是否意味著我必須做出所有的決定？好，我願意。我的決定是這樣的。」然後上升點落天秤座的人便可能覺得：「這很不公平……，我要向你提出抗議。」透過與他人互動，這類人學會了直接、果決、率先發動和徹底投入戰場中！

上升點和下降點是一對互補的元素；有時我們很難認清自己究竟是站在哪一端，因為我們會在它們之間擺盪。下降點落入的星座以及和下降點形成相位或合相的行星，往往和上升點有關的行星及星座一樣重要。這是因為下降點描述的是我與非我的關係。

天頂與天底的對分性

如同上升點與下降點的對分性一樣，天頂與天底也應該被視為一套複雜的系統。與這兩個點合相的行星固然重要，其他的相位也需要留意，還有其主宰行星落入的星座、宮位及相位。

天頂和天底的代表形象通常是一棵樹，我覺得這是一個非常好的比喻，因為樹如果缺少強而有力的根，就無法長成枝葉茂盛的大樹。

天頂是一張星盤最高的點，我們仰望它就像仰望一棵樹的樹梢一樣。我們會羨慕天頂代表的特質，但是要達成那種狀態，需要很長的時間。最接近天頂的行星一向被視為具有重要和值得崇敬的特質。

當我們走進一間正在開派對的屋子裡，如果裡面的人我們都不認識，就可能以上升點的特質與人互動，因為這樣我們才會有安全感；和熟悉的人互動時，我們的行為則比較像月亮或其他元素的特質。接下來我們可能會跟這個派對裡從未見過的人聊天，那個人可能會問「你是做什麼的？」這是我們經常碰到的問題，但重點並不在我們的工作為何，對方其實是對我們的社會地位感興趣。因此，我們的答案既可能代表自己的社會地位和角色，也同時道出了成長的背景和階級。這個問題看起來好像帶有土星的意味，其實是一個天頂式的問題，而天頂代表的答案一向是用來贏得自己和別人的讚賞的。

與天頂相關的複雜元素可以看成是我們企圖給世界的好印象。在世上我們第一個想要贏得讚賞的人就是我們的父母，而父母也是模塑我們的行為以適應社會的人。這已經可以看出天頂和天底代表的複雜內涵與父母有關，因為父母會給我們各式各樣的引導，促使我們達成事業的成就或遭到失敗，或是成為社會上的某種類型的人；同時它們也代表我們未來要達成的目標，而我們自己的生命召喚則可能與父母的引導相左。天頂與天底的各種相位及象徵符號，都能描繪出這些內在的對話。

基本上，天頂的星座代表的是我們想要達成社會地位的方式。此星座、其主宰行星以及任何一個與天頂形成相位的行星，都能描繪出我們事業的本質。十宮裡面的行星如果是落在不同的星座上面，也能透露出一些訊息。我懷疑十宮代表的是我們的事業本身，天頂的星座則代表想要培養出來的形象（可能跟真正的工作沒什麼關係），以及年長之後的理想或是渴望活出的人生方式。總之，天頂的星座描述的是我們對未來的夢想和目標。包括十宮在內的一些複雜要素，則似乎象徵著我們想要被人記住、感到榮耀的貢獻及成就，所以它們道出了我們的人生目標；天頂則描繪出了我們的人生方向。

假設我們採用的是等宮制，那麼天頂和天底就可能不落在十宮或四宮裡面，雖然這會帶來一些複雜性，但我不認為這就應該是不採用等宮制的理由。其實等宮制反而會帶給我們一些額外的訊息。天頂落入的宮位其實能描繪出我們的事業，或是我們的社會形象的另一面。舉個例子，天頂如果是落在九宮裡，代表事業的活動也許和教育、出版、法律、旅遊或異國文化有關。同時也代表有這個天頂位置的人很想讓上述行業裡的人留下好印象，而不是渴望讓商業領域或父母之一產生好印象。

一張星盤裡最低的點就是天底；我們必須挖到最深才能接觸到它。天底代表的是我們的個人歷史，而且是永無止境的，因為它能帶我們回溯到恐龍時代，甚至更遠古的時期，因此天底或許象徵著我們和集體潛意識的關係。

天底能描繪出我們的源頭，天頂則代表我們渴望發展的方向。源頭指的是原生家庭的氛圍，包括父母和其他家人的互動。天底的星座則能描繪出童年的情感經驗，它代表的是我們的家庭歷史、根源、種族根源或家等等。它是我們的生命平台和根基，也是我們尋求私人生活、不被社會看到的部分。因為天底和天頂是對分相，所以任何一個與天底形成相位的行星，都會跟天頂產生相位，因此和天頂形成相位的行星，也可以描繪出家族根源或其他的天底議題。傳統認為天底和事情的結尾或人生的結局有關，但我無法確定這是否能代表一個人將來被埋葬或火化的地點，不過星盤裡的這個部分，包括四宮在內，的確能道出我們的肉身結束時的情況——這個說法很符合剛才提過的那個樹的比喻。最後樹的果實會落到地面，裡面的種子又開始生根發芽。在十宮裡我們向外發展事業，在四宮裡我們回歸到自己的根源，享受努力的成果。

天底代表的是個人的家，天頂代表的是社會，裡面有無數的家庭。

父母和天頂、天底的關係

到底天頂、天底、十宮和四宮代表的是父親還是母親，一直是不斷出現爭議的問題。麗茲・格林、麗莉和曼尼・李歐斯（Lilly and Mani Lius）都主張天頂比較能代表母親，而四宮比較能描繪出父親（詳參曼尼・李歐斯所著"Astrology"，1985）；雖然傳統認為巨蟹座和四宮有關，摩羯座和十宮有關。許多有關這方面的資料，占星學的刊物裡都已經探討過了。

我不想在這方面多作爭辯，我自己的經驗是母親和十宮有關，父親和四宮有關。但是也不盡然如此，因為我們往往發現這兩個宮位都能描繪出雙親。我們可以說整張星盤都能反映我們的童年，不過某些行星和星盤的某些部分顯然更能代表童年。我們也可以把本命盤看成是和母親第一次見面的情況，卻不能代表和父親第一次見面的情況，因為我們不一定能見到他。本命盤同樣也可以被看成是自己和母親的關係，同時也代表我們和當時在產房裡的任何一個人的關係，譬如助產士或接生的醫師！

而且我們必須記住，某些人並不是由父母帶大的，那麼上述的詮釋方式又代表什麼呢？我們當然知道上述的說法意味著親生父母，但我認為親生父母應該是由太陽和月亮代表的，包括內在的母親和父親。某些人是在孤兒院裡長大的，有的人則是由單親撫養長大，甚至可能由同樣性別的兩個人帶大，更有的人是在社區裡長大的，這所有的情況都可以從本命盤反映出來。我覺得我們在父母的議題上應該有更大的伸縮性，特別是涉及到天頂或天底的時候。不同的文化裡父母的角色往往有很大的差異性，以我的觀點來看，我們可以說天頂和天底代表的是最廣義和最狹義的生命根基。

我認為這兩個點都能代表我們的父母，我想以瓊和珍妮佛・吉賓斯這兩個雙胞胎為例，來說明太陽、月亮、天頂和天底的意義。讀者如果不熟悉這對雙胞胎的故事也無妨，因為我只想檢視他們的父母及祖父母的基本狀況，來顯示這整個家族的複雜性。凡是帶有複雜性的故事，都不能單靠占星學來深入探究，因為星盤的主人也必須帶著覺知加入整個探究過程才行，而且必須觀察一段時間才能下定論。

簡而言之，瓊和珍妮佛從童年起就不和其他人說話，除了她們彼此之外。當她們交談時，通常是在私下以無人能聽懂的速度和一種特殊的語言來溝通。她們彼此的連結緊密到無法分開，也無法生活在一起；她們之間有強烈的愛，也有強烈的敵意。她們在青春期的時候曾試圖縱火和偷竊，結果被送到位於布洛德穆爾（Broadmor）的一間監管嚴密的特殊醫院裡，多年之後才被釋放出來。不幸的是，珍妮佛在一九九三年就過世了。如此年輕就離開人世真是一件悲劇，不過這也讓瓊從綑綁在一起的身分和心理狀態之中解放出來，擺脫了其中的壓力和困惑。

這對雙胞胎出生的時間只有十分鐘之差，但珍妮佛的上升點是落在雙子座，而瓊的上升點則是落在金牛座。在泛音盤占星學裡面，這兩張星盤的差異性甚至更明顯一些。大衛・漢彌爾頓（David Hamelton）在這個議題上寫了一篇非常精采的文章，我建議讀者可以進一步閱讀。（詳參“The Astrological Journey”,1987）

以下引用的詮釋都是從馬舒瑞・華萊斯（Marjorie Wallace）的《沉默的雙胞胎》一書中摘錄下來的。（譯注：以下有關星盤的解釋，都是針對雙胞胎的本命盤相位來說明的。）

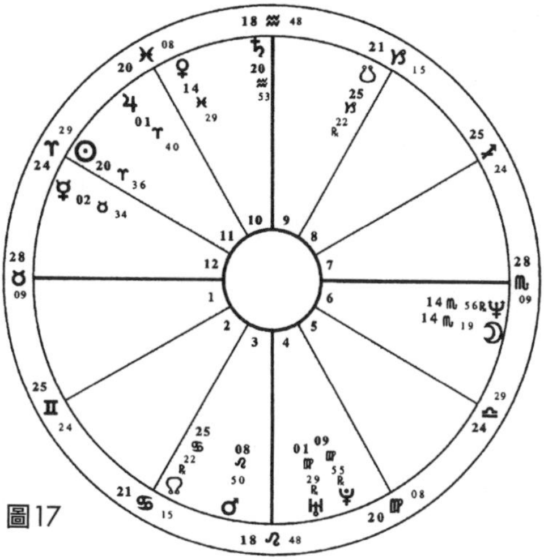

圖17

瓊・吉賓斯的星盤資料：1963年4月2日，當地時間早上8：10（早上5：10 GMT）Aden, Yemen, 12N47 45E02

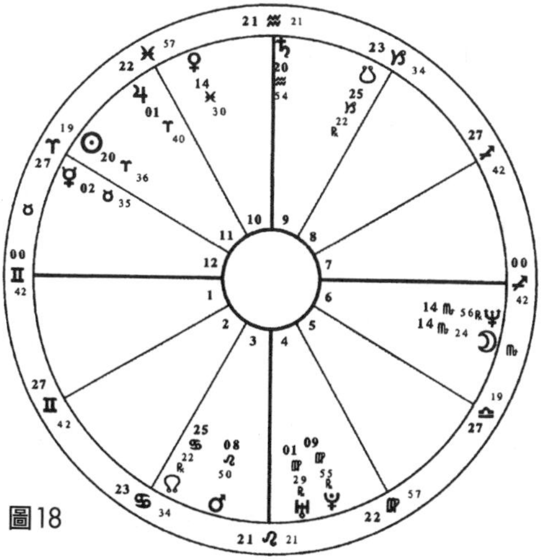

圖18

珍妮佛・吉賓斯的星盤資料：1963年4月2日，當地時間早上8：20（早上5：20 GMT）Aden, Yemen, 12N47 45E02

這對雙胞胎的母親名叫葛洛麗亞（譯注：Gloria的意思是榮耀），剛好這對雙胞胎的天底星座都是獅子座。葛洛麗亞似乎是女兒們的好朋友：四宮的主宰行星落在十一宮裡，天頂落在寶瓶座與月亮成四分相！父親奧伯瑞非常喜歡和朋友一起喝酒聊天：太陽落在十一宮裡，天頂是寶瓶座。奧伯瑞「**渴望被朋友接納和喜愛，但是他的這份渴望已經影響到整個家庭，因為家人越來越難見到他的面**」。這是因為雙胞胎的土星合相天頂落在寶瓶座，與合相的月亮及海王星成四分相。

葛洛麗亞是個非常有愛心的母親，她拒絕以異樣的眼光看待自己的女兒。書中描述她似乎很難被接觸到，因為她負起了照料孩子的權責，工作得相當辛苦：月亮合相海王星落在六宮裡，與十宮裡的金星成三分相，而且月海都落在六宮裡，與十宮頭的土星成四分相。奧伯瑞似乎覺得「**提供一個居住的地方，就是他對家庭最終的貢獻了。**」——月亮和土星成四分相。

葛洛麗亞的父親是一名「**嚴格的巴貝多人，他對自己的長女抱持很高的期待，希望她能變成一名老師**」，後來葛洛麗亞當了一陣子幼稚園老師，「**但十分痛恨這份工作**」——土星與天頂合相落寶瓶座，而且是代表教育的九宮宮頭星座（摩羯座）的主宰行星。土星與天頂合相也可以詮釋母親本身未達成的事業野心。葛洛麗亞遇見奧伯瑞之前一直是個電話接線生——月亮主宰著這對雙胞胎的三宮頭。葛洛麗亞的母親曾經在教堂裡彈奏管風琴——月亮合相海王星，與落在雙魚座的金星成三分相。

奧伯瑞在軍中服務過——太陽落在牡羊座，太陽是四宮的主宰行星。奧伯瑞小時候是個非常聰明的孩子，可是他的家庭生活十分恐怖，雙親經常激烈地爭執。他的母親離開他的父親至少十幾次，最後還是回來了。奧伯瑞無法應付這種局面；他只能對抗他的父親以及家庭對他的期待：土星落在寶瓶座和天頂合相，天王星又落在四宮裡。奧伯瑞反抗他的父親，這對雙胞胎女兒則反抗他。他渴望成為被社會尊重的一員，可是這對雙胞胎卻把自己送進了布洛德穆爾！由於叛逆傾向，所以奧伯瑞無法達成「**家人對他的期望，變成一名律師或醫生**」，他說：「**我覺得我是失敗的，我令家人徹底失望。我沒有成為他們想要的那種狀態**」——土星和天頂合相。

由於父親在軍中服務，所以這家人必須經常搬家。他們第一次搬到的環境是英國，但他們的根源是在巴貝多，這對雙胞胎則是誕生在葉門——天王星與冥王星合相在四宮裡。這兩個行星描述的是無根的感覺，還有一種根隨時會被拔起的感覺。

如果從這兩張星盤來看這對雙胞胎的話，我們可以把天頂的土星描述成害怕不被社會認識。這個土星的位置代表會付出許多努力來達成這個目標，而且父母之一也投注了許多精力來得到社會的敬重。從傳記來看這一直是奧伯瑞的期望。天頂落在寶瓶座代表的是奧伯瑞想要為人類做出某種特殊的貢獻，土星和天頂合相則意味著很難達成這這份心願。這類人多半是起步較晚的人，就好像土星在對自己說：「我必須有某種成就，而且是禁得起時間考驗的。」這代表某種發明和創造的欲望，而且會透過反傳統的途徑來達成目標。我們或許可以視其為古怪的目標和野心，土星落在寶瓶座、天王星落在四宮裡面，則意味著強烈的想要反叛家庭

第十五章 行星與四交點

太陽與四交點

那些有太陽與上升點合相的人，往往會發現自己很難不引人注意。不論他們在哪裡或是做什麼，總會被眼前環境裡的人注意到。

太陽與上升點合相的人是在黎明時誕生的，所以性格上喜歡開創，很有領導的潛力。這類人能夠自動自發地開創事業，成為自己命運的主宰。他們通常不是宿命論者。

他們的誕生為家庭帶來了新氣象，可能會製造一些幽默的話題或是受到重視；你只要想像一下你誕生的那一刻，如果所有的鳥兒都開始歌唱，會是什麼情況！

這類孩子在童年時經常覺得被大人監視或注意，從太陽的相位可以看出他們對這種情況是接受或不接受。大人會期待這類孩子展露光芒，並鼓勵他們在人前表演。他們的父親尤其會以他們為傲，這會使他們變成一個有信心和自給自足的人，不過一切還是要仔細考量整張星盤才行。

總之，太陽合相上升點或是落在一宮裡的人容易有明顯的自我意識，很難跳出來看自己，或是從別人的角度來看自己。如果上升點和太陽都落在同一個星座上面，那麼不但會顯現出那個星座的強烈特質，而且會顯得很有風采，性格真實，不會藏在人格面具後面。或者我們可以說，他們和自己的人格面具已經合一了。

這類人的父親對他們有極大的影響，通常會在產房裡等待他們誕生。這類人會認同父親的長相或態度等，或者真的會「追隨父親的腳步」。

如果太陽是落在十二宮裡面，或是不在與上升點合相的容許度之內，就會令一個人覺得童年是被忽略的，沒有被如實接納；他們長大以後可能會選擇幕後工作。但是根據古奎倫（Gauquelin）的研究，這個位置的太陽也經常在世界領袖的星盤裡發現（柴契爾夫人就是一個明顯的例子，不過她的星盤採用的是等宮制，如果是四分制的話，她的太陽就是落在十一宮裡面）。我個人的見解是這樣的，我認為一個人在童年時如果被忽略的話，就會確保自己長大之後不被忽略。此外，身為公眾人物必須犧牲自己的私生活，這的確很符合太陽落在雙魚宮位的意義。

那些有太陽和下降點合相的人，則似乎會把自己的太陽讓給別人，也就是把權力讓給別人。我發現太陽合相下降點的個案，往往會過度重視諮商師的意見，容易仰仗別人為他們做決定。占星師和個案的關係就像其他的諮商關係一樣，本該是奠基在分享上面的，如果這種關係裡面有一方比較重要，那一方很顯然應該是個案本身，但是太陽落七宮的人如果發展得太極端，是很難接受這一點的。他們會試圖操縱整個情況，讓諮商師變成舞台的焦點，甚至成為操縱他們生活的人。如果有這種情況發生，那麼這類人其他的夥伴關係，譬如和親密伴侶或工作夥伴，也會出現相同的情況。他們會認為一切都是命定的，人只是老天手上的一件典當品罷了。

太陽與下降點合相的人如同太陽落天秤座的人一樣，也喜歡和另一個人共同生活、做決定。關係和夥伴對這類人是非常重要的，所以這個位置的太陽有利於合作，也適合從事一對一的諮商工作。這類人可能會說：「缺少了夥伴，我什麼也不是；沒有伴侶的人生是沒有意義的。」他們也許會更積極地說：「透過與另一個人的緊密互動，我找到了我自己。」

佛洛依德、榮格和萊恩（Laian）都有太陽與下降點合相或是落在七宮裡。他們藉由和另一個人的緊密互動找到了自己的身分認同，也透過一對一的諮商關係啟發了別人。我們可以說他們像父親一樣地保護自己的個案，所以這是一個十分有利於心理分析或治療的太陽位置。當然，這些著名的精神分析師也透過和個案的關係獲得了顯赫的成就。律師的星盤裡也經常有這樣的太陽位置；他們的工作同樣得跟顧客合作，而且進行訴訟時往往會製造出「公開的敵人」（譯注：七宮一向被視為公開的敵人的生命領域）。

太陽與下降點合相的人很容易把父親視為母親的丈夫，而不是孩子的爸爸。這種說法也可能是事實，因為他們的父親也許和他們沒有血緣關係。他們會覺得父親對伴侶的重視勝於一切，因此長大之後也會特別看重婚姻（我指的是有婚約而不是同居的關係）。這類人會藉由婚姻來補償和父親的關係；他們既可能扮演父親，也可能期待對方扮演父親。如果一個人特別重視工作夥伴的關係，那麼太陽通常是落在六宮這邊，或者六宮的宮頭星座的主宰行星是落在七宮裡面。不論怎樣，這類人很容易扮演父親的角色，藉此來獲得對自己的認同。

太陽與下降點合相的人往往以伴侶為榮，即使到了七、八十歲，還是可能與伴侶手挽著手，很驕傲地說他們已經結婚五十多年了。但這不代表太陽落在七宮裡的人一定會有持久的關係，或是關係一定比別人的好；這類人只是特別以關係為榮罷了。

傳統一向認為太陽與天頂合相的人，容易有顯赫的名望或成就。不論是否能成功，這個天頂的位置都會使人渴望得到社會的重視和尊敬。這類人的確容易成名，至少會在事業裡獲得一些成就。

他們很容易成為某個領域裡的領袖，譬如是公司、學校或醫院的主管。他們也跟太陽合相上升點的人一樣很難不被人注意到，而且更容易成為公眾人物。他們通常會成為一個社團裡的支柱，擁有被人尊崇的聲望和地位，不過當然，與這個合相形成相位的行星也要仔細地考量進來。

我認為這個合相與得獎有關，也許得到榮耀是更正確的說法。我發現當行星推進或剛剛離開天頂及太陽時，這類人特別容易得到某種獎勵。如果此人還是個孩子，那麼得到的就可能是學校或運動競賽的獎項；如果是成年人，便可能得到大眾認可的榮耀。賽珍珠就有太陽與水星合相在天頂，她不但得到了諾貝爾獎，還得過普立茲文學獎。太陽合相天頂的人童年時父母會鼓勵他們追求地位和名望。他們的父親也可能很有名，因此而成了他們的典範；即使父親不怎麼有名，這類孩子也會渴望以出名來榮耀父親。

太陽與天底合相的人則不怎麼希望被社會注意到，也不想被當成明星來看待，但是這不代表他們不會成功，比較是對家庭生活更重視一些，而且情感上也比較有尋根的需要。

這類人有時會從外在世界退回到內在，變成一名隱士。不管怎樣，他們大多很渴望保有自己的私生活，也可能以各種方式躲藏起來，比較極端的情況是被送進醫院或監獄。他們的父親也可能過著不太與社會互動的生活。

太陽如果和天頂或天底形成90度的困難相位，代表此人必須付出長時間的努力，才能爬到事業的頂峰，而且會有許多障礙。有時也代表這類人的終極目標和真實的性格出入很大，所以需要一些時間來整合自己。他們也可能夾在私人生活與事業之間，為此而感到相當矛盾。

太陽與天頂或天底成柔和相位就不會有這種衝突了。這類人很容易成功，而且成功的驅力很強，但成就不會是破紀錄的，當然星盤裡的其他元素也可能帶來不同的影響。

月亮與四交點

月亮與上升點合相，意味著渴望照料和保護世界以及其中的人。如果星盤裡還有其他的元素助長了這種傾向，就會變成反應快速、適應力強、覺知敏銳，能快速滿足自己和他人需求的人。

這類人會認同母親的角色以及帶有母性的人，他們在童年時身邊總是圍繞著許多女人。我認識一位有這個位置的月亮的男士，童年時是由母親、祖母和阿姨帶大的。她們都會立即滿足他的需求，而他也會滿足她們的需求。這類人對女性照料者的需要特別敏感，也可能必須保護對方，而成了母親的母親。進入社會之後則會在情感上滋養別人或是被別人滋養。

月亮與上升點合相的人就像海王星與上升點合相的人一樣，對每件事和每個人都很敏感，因此很難分清楚自他的界線在哪裡。我認識的好幾位有這個月亮位置的個案，母親都有精神問題，因此孩子從小就得扮演「母親的母親」這樣的角色。霍爾德・賽斯波特司（Howard Sasportas）把這類孩子形容成「有著雷達般的偵測能力」，可以立即覺知和解讀母親發出的訊號，繼而發展成有能力解讀每一個人的訊號。他們的母親比較喜歡被幼小孩子依賴的感覺，所以這類人長大之後仍然可能對母親有強烈的依賴需求。這個位置的月亮似乎代表早期和女性照料者之間的關係，也能透露出內在孩童的狀態（內心有一個需要被保護和照料的小嬰兒）。

月亮與下降點合相則意味著情感上非常需要親密關係，因為這種關係能夠提供像家一樣的安全感。不論關係的本質是什麼——親子關係、雇傭關係或是戀人的關係——這類人都會視其為一種親子關係，而他們可能扮演這兩種角色之中的任何一種。他們會發現結婚多年的對象非常像母親的角色，或者關係的本質很像母子。這代表他們可能把早期的照料者經驗成妻子一般的人，而這種情況會在他們成年之後形成母親和配偶不分的關係。不管怎樣，這類人的母親議題和親密關係往往是混在一起的。

他們在親密關係或一對一的關係裡的確有滋養的能力，雖然霍爾德・賽斯波特司認為月亮落在七宮的人會過度敏感地配合伴侶的需求。這個位置的月亮意味著與女性有緊密的連結，如果這類人去找心理治療師的話，多半會選擇女性。

他們也可能有高超的廚藝，喜歡從事保全或外燴的工作，也可能從事家具修復的工作。

月亮無論是跟天頂或天底合相，都代表親子關係特別緊密。月亮與天頂合相的人會扮演眾人之母的角色，譬如成為一家公司裡的主管或是促成向心力的人。有時他們也可能選擇管家的職務，但也可能從事更大範圍的滋養、照料和保護的工作。如果月亮是落在雙子座，那麼此人關切的可能是語文方面的保存工作；如果是落在金牛座或巨蟹座，便可能在農業、農藝或外燴領域工作。

如同太陽和天頂合相一樣，月亮和天頂合相的人同樣也需要社會的認可，而且對大眾的想法和感覺特別敏感。因此這個位置的月亮與滿足大眾需求的工作有關。

月亮和天底合相的人往往有豐富的歷史，這些歷史對這類人有很大的影響。這裡所謂的歷史，指的是久遠以前的家族史，因此這個位置的月亮有利於當史學家或是族譜研究者。

這類人需要安全感，很渴望擁有自己的私生活，一個可以隱居的地方。他們不想讓自己的感覺曝光，對保護地球這件事有強烈的意識，可以從事園藝或生態保育的工作。他們也可能關切房地產方面的議題。這個位置的月亮代表父母之一不喜歡社交生活，如果星盤裡還有其他相仿的元素，就會在這個親人身上得到安全感。月亮和天底合相比較代表一個人對父親的感覺。總之，這類人的父母之一可能過著隱密的生活，晚年甚至可能選擇隱居，也可能選擇與孩子住在一起。

水星與四交點

水星與上升點合相的人，給人的第一印象是聰明、好奇、有活力、很喜歡說話。他們有一種想要說話和寫作的需求，特別是有關自己親身經歷過的事。水星和上升點及下降點形成的所有相位，都喜歡用自傳的方式寫作。這個位置的水星落入的星座、和其他行星形成的相位或落入的宮位，還有雙子座與處女座落入的宮位，都會對水星產生影響。

我認識的一位女士水星與上升點合相、落在摩羯座，同時有雙子座落在六宮、處女座落在九宮裡面，她的工作是在民調單位做調查工作。我們可以說她的工作是到社會上去蒐集意見，看看一般人對信仰或政治之類的議題有什麼看法。她蒐集以及串聯人們的想法，然後將其表達出來。在這之前她是一個骨科學會裡的秘書，而且很渴望別人能重視她說出來的話，這些都很符合水星落摩羯座的意義。我們可以說她的生命之旅的目標，就是要成為一個有知識的人，而且要運用這些知識來變成一個權威人物。她的工作（六宮）以及她的研究和信念（九宮），都可以促使她達成這個目標。

由於上升點代表的是一個人的人格面具，因此她的能言善道和豐富的手部表情，也很符合水星與上升點合相的意義。此外水星落在摩羯座所顯現出的水土相位特質，則反映出她喜歡為事物下精確定義的習慣，尤其是涉及到信念系統（九宮）或是跟身心健康及工作（六宮）有關的事物。你可以說她的人生之旅一部分的目標就是要為自己的想法和觀點下定義，並且要和他人溝通交流。

水星與上升點合相的人很小就有手足之間的心理議題，也可能有學業上面的問題。他們會立即和人談及他們的手足關係或是其中的議題。

有水星與下降點合相的人，或者水星與上升及下降點成困難相位的人，也同樣渴望與人交流，但比較不像水星與上升點合相的人那麼明顯地展露出人格面具的特質。

水星與上升點及下降點合相，都會使人渴望在一對一的關係裡探討自己，或是探討與另一個人的關係。這類人喜歡尋求心理諮商，因為他們渴望有個人聽他們說話；藉由言語的溝通他們才能找到自己的定位。

巴布・迪倫的水星是落在雙子座、與下降點合相，跟海王星形成四分相。他藉由音樂和歌曲的創作來接觸社會大眾，而且婚姻對象是一位學校裡的老師。那些水星與上升點合相的人，比較渴望被視為有知識、言語精確的人，水星與下降點合相的人則喜歡在伴侶身上找到這種特質，繼而讓自己也培養出這種特質。在關係的層面上，水星與下降點合相的人很渴望在伴侶身上看到兄弟姊妹的影子，和對方形成一種能夠輕鬆交流的關係。

水星與上升或下降點形成困難相位，則代表早期有溝通方面的困難，尤其是涉及到土星或冥王星的話，而這又會造成十分渴望溝通交流的傾向。我還看過水星與上升或下降點形成45度或135度相位的人，他們不但有出生時的創傷經驗，四肢或是呼吸器官也可能受到損害（譯注：水星掌管的就是四肢或呼吸器官）；這些人的星盤裡同時也有火星的影響力。

水星與上升點合相或是跟上升、下降點形成相位的人，往往有兩個以上的名字，這的確反映出水星的「二心」特質。他們在誕生時可能會有許多人在產房裡進進出出，交談得很熱絡。

水星與天頂或天底形成相位，則代表渴望自己的溝通技巧或學識能得到社會的認可，這或許就是此類人的終極目標或是被人懷念的特質。水星與天頂合相，有時也意味著父母之一很希望此人往水星方向發展。水星如果和天頂成困難相位，則代表此人不管父母的期待是什麼，仍然想往水星的方向發展。總之，這類人的事業往往涉及到寫作和說話，也可能成為教育者或是仲介。

水星與天底合相則代表家庭背景有書卷氣，至少父母會喜歡探討事情，而且家裡有許多藏書。這類人會對自己的個人歷史或家族根源有興趣，所以這個位置的水星有利於研究族譜。

水星合相天頂或天底，有時代表兄弟姊妹之一會像父母一樣照料此人。父母之一可能特別帶有水星的特質，或者很像此人的兄姊。

金星與四交點

金星與上升點合相，代表善於運用外交手腕來應對眼前環境裡的人。這類人很渴望創造出合諧的氛圍，甚至會不惜壓抑自己內在的期待，來達成人際的和諧性。

金星與上升點合相的人很樂於妥協、與人合作，而且渴望受人歡迎，他們會找出與別人之間的共通點。童年時他們的父母十分強調善良的重要性，特別是金星接近上升點或是落在一宮裡的話。他們不喜歡事情變得太複雜，因此會逃避不必要的人際紛擾。他們對外表或思想都有分辨和比較的才能，我們可以說這類人非常關切品味的議題；這裡的品味指的是行為和外表是否恰當。

他們因為關切外表，所以相當善於包裝自己，或是任何一種產品及觀念。這類人不喜歡穿舊衣服，在外表上渴望保持吸引人的特質。傳統認為金星與上升點合相的人通常長得很好看，實際的情況也經常如此，至少他們對色彩相當有品味。這類人在童年時可能因為美貌而得到大人的讚賞，但金星如果是落在十二宮裡面，卻會覺得自己不夠有吸引力。金星如果與上升、下降點形成困難相位，則代表穿著打扮也許不夠恰當。金星和上升或下降點合相的人，不論男女都顯得很年輕，而且帶有一種女性氣質；通常臉部的線條會比較柔和，不過還是要看落入的星座是什麼。

某些金星與上升或下降點合相的人，非常關切金錢議題，他們可能天生就懂得如何在物質上獲利。他們也很關切自我價值的議題。

這類人也有一種使人覺得被愛或被喜歡的能力，而且會因為這種能力變得受人歡迎。金星與四交點形成任何一種相位，都會帶來不愛與人競爭的特質，但是星盤裡如果有火星的影響力，這種特質就會減輕。金星與上升點合相的人會給人一種比實際上溫和的感覺。

金星與下降點合相的人則十分關切他人的外表。舉個例子，我認識的一位髮型設計師就有金星與下降點合相，他藉由整頓別人的外表，來解決自己在外表上的心理問題。這類人很容易在美容領域裡獲得人望。其中有些人會把自己的金星投射在別人身上，把對方看成是美好、善良或是富有的人；這麼做會使他們發現自己內在的這些品質。有這類金星位置的人在關係裡面會覺得自己比較有價值。我認識的某位有這個金星位置的人，因為親密關係而收入增加，變得相當富有。

金星落在上升或下降點都會使人特別重視關係，他們對夥伴的需求是非常強烈的。海王星如果與下降點合相，也會渴望擁有一個很稱頭的伴侶。如果金星有別的相位或是七宮裡有別的行星，則會令人難以接受關係之中的複雜面向，而且永遠想讓事情保持和諧與美好。

金星與天頂合相的話，則代表一個人的事業帶有金星的特質，譬如在藝術、美容、外交或是強調品味與和諧性的領域裡工作。無論工作屬於哪個領域，他們都會把外交技巧帶入其中。這類人很瞭解怎樣迎合權威，能夠輕鬆地與他們相處。金星合相天頂則容易獲得社會大眾的喜愛，或者很渴望創造出這種局面。其中有些人會因為自己的親密關係或浪漫史而聞名，還有的人會渴望成為有愛心的爸爸或媽媽。

金星與天頂或天底合相，都代表父母很有愛心、受人歡迎，也可能代表父母的事業性質，或是父母期待孩子發展出來的事業形式。這類人也可能把父母之一看成是性魅力很強的人。我經常發現金星與天底合相的人的父母之一有外遇。

金星與天底合相的人也可能來自於富裕的家庭背景；他們的家感覺上很舒服，或者氛圍很溫暖。如果金星沒有和其他行星形成相位，那麼不但會顯現出上述的情況，而且會以自己的家族背景為榮。這類人也會渴望創造出一個美好的家，裡面有和諧的色彩，令人愉悅的音樂，沒有任何情緒糾葛。

火星與四交點

火星與上升點合相的人往往把世界看成一個必須競爭的地方，而且總覺得任何時刻都會有衝突爆發。這類人的原生家庭很可能有許多衝突，甚至他們誕生的方式都是不和諧的，譬如母親採取剖腹產，或者很快就把他們生出來了。

總之，火星與上升點合相的人渴望立即行動，甚至會期待衝突的發生，他們外表顯現出來的力量和勇氣，也許只是一種用來保護自己的演出或人格面具。

火星與上升點合相的人很善於發動事情。這種類型的個案會急著諮商，而且會提早出現，甚至謝絕你為他們奉茶。我認識的一位十四歲的男孩，星盤裡有強烈的獅子座和牡羊座特質，他的上升點是落在獅子座，火星是落在處女座，與上升點非常接近。有這麼多的火象星座，令他不太喜歡做家庭作業或讀書，但是當他決定去做這些事的時候，又會非常要求完美。如果他在作業上寫下的句子錯了，他不會用立可白擦掉；他會把整張紙都撕掉，然後重新來過。最後他不是費盡力氣完成了作業，就是變得火氣十足。很顯然獅子座渴望的是最佳的表現，牡羊座則渴望拔尖領先，而落在處女座和上升點合相的火星，則代表想要以最完美的產品來跟世界競爭。

火星與上升點合相的人外表顯得格外有力量，甚至會鍛鍊出一身的肌肉，就像帶著盔甲隨時準備應戰似的。

這兩個元素的組合會令人變得非常誠實，善於發動事情，但是必須看星盤裡的其他星座的影響，才能決定此人是否會變得太衝動，太急於達成自己的目標。從正向的角度來看，這類人有領導的潛力，善於競爭和堅持到底。這個位置的火星也會立即使你聯想到運動這件事。

火星與下降點合相或是跟上升或下降點成困難相位，都可能比火星與上升點合相更富有競爭性。那些火星與下降點合相的人，往往會把別人看成是帶有攻擊性的人，也可能仰仗別人來幫助他們發現自己的報復性。這個位置的火星有利於律師或是為別人抗爭的角色。這類人必須花很大的精力才能學會合作。這個位置的火星的關鍵詞就是「努力學習合作」；他們也可能為正義或公平而戰。

如同金星與火星的相位一樣，這個火星的位置也會使人急著進入親密關係，而且是不假思索地投入到關係裡面。這個位置的火星有利於帶有競爭性的親密關係或是夥伴關係，這種關係通常不會顯現出甜美的特質。與這類人形成關係或許會覺得很有活力、很刺激，但也可能覺得第三次世界大戰隨時會爆發。

火星與天頂合相意味著人生方向很清楚，而且企圖心很強。火星與天頂或天底合相或是成困難相位，則代表此人的事業可能涉及一段辛苦努力的過程，而且維持住一份事業也頗為辛苦。你可能會在軍隊、警察局、行銷部門、運動場或是政治領域發現他們，這類人的工作往往涉及工具的運用和技巧，或是必須採取果斷的行動。當然，天頂的星座及其主宰行星也非常重要，如果是落在金牛座，代表可能會從事營造業；如果是落在巨蟹座，則跟木工、裝潢或外燴有關；如果是落在處女座，可能會涉及到精細的技藝；如果是落在天蠍座，則可能從事外科手術的醫療工作。

火星與天底合相，意味著這個人是帶著憤怒的情緒在運作的。這類人的家庭背景裡面往往有許多衝突，但是他們會把這些情緒隱藏起來，有時連自己也意識不到了。他們對父母之一也可能有巨大的憤怒，不過這股憤怒會驅使他們完成許多任務。這類人喜歡在家裡工作，但即使是待在家裡也一直忙個不停。如果火星是落在三宮這邊，他們的工作就會帶有水星的性質。這個位置的火星也有利於完成外在的任務，因為完成任務可以使他們釋放怒氣。

火星與天底合相的人容易覺得精力不夠用，除非他們積極地提升自己的能量。如果火星和比較沉重的行星形成困難相位，就可能發生意外或遭到祝融肆虐，但這樣的顯現方式多半是源自於沒有積極地運用火星的能量。火星與天底合相也意味著渴望挖掘家族的歷史根源。對這類人而言，毫不畏懼地探索家族、情感和性方面的根源，以及自己的心理問題的源頭，乃是一種勇敢的行為。

木星與四交點

木星與上升點合相的人通常很急於進入世界，儘可能地抓住各種機會。他們很渴望探索世界，對生命抱持著極高的願景。宮頭星座如果是射手座的宮位，也可能顯現出上述的特質。但宮頭星座如果是雙魚座的宮位，雖然也會顯現出這種探險的渴望，不過強烈度會減輕一些。木星與上升點合相的人會給人一種樂觀、充滿著活力的感覺，而且會從哲學觀點去看生命的試煉和苦難。這類人會把自己快樂的一面呈現給世界，即使星盤裡的其他部分都帶著謹慎、嚴肅和遲疑的特質。他們總是以非常直截了當的態度面對別人。其中有的人則會展現某種程度的自大傾向；如果是落在某些星座上面，這種傾向會更明顯。他們往往把別人看成是積極、有信心、對自己很確定的人，他們自己也會培養出這樣的人格面具。如果星盤裡的其他部分顯現出外向的人格特質，那麼這個木星的位置就會強化這種傾向。如果是個性比較害羞的人，則容易在陌生人的面前展現上述的特質，但是在熟悉的人面前，這種特質卻不明顯。這類人也會表現得很老練或是學養豐富的樣子，也可能雲遊四海，累積豐富的閱歷。他們的人生之旅就是要探索自己，尤其是在教育或異國文化的領域裡探索自己。這類人年輕的時候喜歡不斷地旅行，大量接觸各種文化和不同的信念系統。

木星與上升或下降點合相的人是很好的人生顧問，他們渴望被看成慷慨以及有學養的人。

木星與上升或下降點形成困難相位的人，則會有內在的信念與外在的形象衝突矛盾的情況。

木星與下降點合相，代表此人的夥伴或伴侶可能來自於別的文化背景，或者伴侶是老師或宗教人士。教育在這類人的關係裡面佔有重要地位；他們要不是教育對方，就是被對方教育。木星與上升或下降點合相，都需要很大的空間和自由度。如果是落在七宮這一邊，會特別善於探索關係的各個次元，而且不喜歡被特定的人綁住。不論怎樣，木星與下降點合相的人都會藉由關係找到自己的信心。他們會希望對方提供他們信心或是讓對方產生信心。他們也可能把伴侶當成神一樣來看待，有時則希望自己被視為像神一樣的人物。

木星與天頂合相的人對自己的事業目標相當有信心，雖然目標很大，而且很難達成。這類人的目標大多環繞在木星的專長上面：教育、出版、旅遊、宗教、政治、哲學或法律。他們渴望被大眾視為慷慨和善良的人。這個位置的木星會讓人渴望在事業領域裡扮演上帝的角色，或者變成別人的顧問及貴人，這類人在模塑他人的信仰上面很有影響力。

木星與天頂合相的人總是以未來為導向，而且對不太美好的過往歷史或是眼前的情境相當有容忍力，因為他們深信未來一切都會改善，而他們的職業也可能和別人的未來有關。他們的父母之一往往有強烈的宗教或政治上的主張，而且他們會把父母看得很偉大或是帶有一種戲劇性。

木星與天底合相的人，家庭成員往往對教育、宗教或旅行十分重視。他們可能來自於一個大家庭或是有良好的家世。木星與天頂或天底合相的人都渴望住在寬敞的房子裡，他們希望自己的家有很大的空間，最好大到可以宴客的程度。木星與天底合相的人對自己很有信心，雖然這種傾向比木星合相上升點的人要輕一些，但可能顯得更堅定、更全面性。

土星與四交點

土星與上升點合相的人會以比較謹慎的態度面對自己，就好像世界不是一個很安全的地方——至少得穿上一層盔甲，才能到世上去冒險。他們會覺得自己隨時得準備面對災難。我曾經照料過一個大約十一歲的男孩，他的土星就是與上升點合相。每次我們要外出之前，他總會把整幢房子檢查一遍，看看門窗有沒有關好，插頭有沒有拔掉等，因此他的人格面具是非常嚴肅認真的。他給人的第一印象比他的實際年齡要老成許多，而且非常有責任感。他的防衛工作做得如此之好，所以你很難看到他裡面的那個脆弱的小男孩。他是父母的長男，當他們離婚之後，他就開始扮演起父親的角色，這是土星落在一宮很典型的情況。

有「鐵娘子」之稱的柴契爾夫人，也有土星與上升點合相，落在天蠍座的位置，她似乎永遠在防衛著什麼，也不怎麼有自發性。當她還是首相的時候，經常被諷刺漫畫家描繪成一個嚴格的學校老師，隨時準備管訓她那些煩人的大臣們。

土星與上升點合相的人的確會把這個世界看成不太安全的地方，所以經常採取行動來掌控眼前的環境和其中的人。他們不想冒任何危險，也不想犯任何錯誤。這種不想犯錯的傾向，是土星與上升點合相的人最常見的特質。

這類人雖然喜歡控制外在環境，但不一定是嚴肅或是有責任感的人；這比較是他們帶給人的第一印象。

這類人的誕生通常會遭到延遲，就好像這個嬰兒不太想進入世界似的。或許這個孩子某種程度上覺得自己必須主導外在的情況，所以不能配合大人輕易地出生。不論怎樣，他們這種不想赤裸裸地面對世界的傾向，可能會持續一輩子。

我認識一位有土星合相下降點的女士，她的出生之所以遭到拖延，是因為當時的那位助產士必須同時處理另一位產婦即將生產的情況，因此要求這位女士的母親忍住，不要立即把孩子生下來。這則故事完全道出了土星與下降點合相的人的一般感受：他們很怕別人會控制他們。他們在親密關係和一對一的關係裡面，都會製造掌控與被掌控的議題。

土星與上升點合相的人面對世界的時候，喜歡扮演父親的角色，或是被看成一位紀律嚴明、有責任感、比自己實際年齡要老成的人。土星與下降點合相的人，則渴望別人能活出這些特質，雖然他們本身也願意對關係負責，或者喜歡掌控對方。土星與上升或下降點合相都會使人對關係產生恐懼；他們不是害怕進入一份關係，就是害怕沒有關係。在最佳的情況下，這類人會負責面對關係之中的障礙和困難。

土星與天頂合相的人則覺得自己必須擁有某種程度的社會地位，或者必須追隨父母的腳步變成一個有責任在身的重要人物，他們認為自己別無選擇必須達成這種狀態。他們對自己的職業有一種宿命的感覺，所以不一定真的喜歡自己從事的行業。這個位置的土星經常出現在皇室成員的星盤裡，他們在大眾面前必須懂得自制，有許多責任義務要完成，又不能犯任何錯誤，且隨時得注意自己的儀容。

土星與天頂或天底合相的人總覺得必須臣服於父母的期待，或者肩膀上擔負著沉重的責任。他們的家庭背景通常屬於保守的中產階級，父母也會鼓勵他們往這個方向發展。土星與天頂合相的人往往覺得職業的選擇限制很多，這是因為他們渴望在主流社會獲得保障以及受人尊崇。

我見過的幾個有這類土星位置的人，父母之一的事業相當成功，但成就是辛苦得來的。也有的情況是父母並沒有達成願望，在事業上有一種愧對自己和家人的感覺，因此土星與天頂合相的人同時得擔負至親在事業上的恐懼；他們也會害怕成功，因為這會傷害曾經遭到挫敗的父親或母親。

擁有一份正當的職業和人生方向，是這類人心中的重要議題。他們會覺得很難在事業方面下決定。這類人多半是晚發者，因為他們很怕冒險，但是只有冒一點險進入一份工作或是下一份工作，才能找到真正適合自己的職業，繼而獲得一種內在的滿足感。我認識幾個有這類土星位置的人，終其一生都在責怪他們的父母讓他們選擇了錯誤的行業，讓他們覺得工作只是在服刑罷了。其實該責怪的並不是他們的父母，是他們太害怕冒險，所以不敢做自己真正想做的事。

土星合相天頂有利於長時間才能發展出來的事業技巧，而且這種事業比較跟年資、傳統、時間和組織結構有關。與天頂或天底形成合相或其他的相位，都跟辛苦地工作或遲來的成就有關。

土星與天底合相，則代表一個人會因為家庭責任或是未解決的家庭議題，而遭到事業上面的阻擾。這類人必須為原生家庭或是自己的家辛苦地付出，而且感覺往往是不舒服的。他們早期的家庭生活裡可能有許多恐懼，譬如畏懼父親或母親，害怕面對自己的家族歷史，也可能是父母之一缺席。他們急需要家庭帶來的安全感，一個不會被奪走的穩定基礎。有些土星與天底合相的人也會害怕成家；他們把家庭象徵的安全保障視為一種制約，這顯然是源自於早期的經驗。不論這類人的心理議題是什麼，背後總是有一種與童年有關的恐懼心態。這個位置的土星有利於建構穩定的物質基礎；我看過一些房屋營造業者的星盤裡有這個土星的位置。這類人的人生目標之一，就是要逐漸挖掘出自己和家族的情緒問題。

天王星與四交點

天王星與上升或下降點形成相位的人，往往有異於常人的外貌，譬如身材特別高大。天王星一向會增加高度，即使天王星和上升點沒有形成任何相位，如果有其他的重要相位，也會造成這種情況。

天王星落在十二宮裡的人也可能是強烈的個人主義者，但是會把自己反傳統的性格、世界觀或生活方式隱藏起來。天王星與上升點合相的人則會坦白地展露這些面向。

當然上升點的主宰行星落入的星座，以及和其他行星形成的相位，也都非常重要。天王星與上升點合相的人似乎會對世界說：「我和你們有什麼不同？」他們從小就覺得自己是特別的，甚至會把自己的與眾不同當成一種徽章，他們和家人的迥異之處也可能被強化或誇大。所以這類人的人生目標就是要發現自己真正獨特的部分，而不是僅僅表面上看起來與眾不同就算了。

那些天王星與上升點形成四分相的人，其家人往往不會去強化他們的特異之處。他們也會覺得自己和別人不太一樣，或者覺得別人認為他們很古怪，但是這種感覺並不舒服，而且很難把反傳統的一面統合到自己的人格或生活方式之中。

天王星與上升點合相的人通常沒有臣服的意願。他們是強烈的個人主義者，堅持擁有自己的空間和自由，特別是在追求激進或反傳統的生活方式上面。

天王星與上升或下降點合相的人都可能突然地被誕生出來，或者他們的誕生為周圍的人帶來了某種震撼，也可能是他們誕生時被周圍的環境驚嚇到，所以一直期待突發的事件或災難隨時會出現。至少我認為這可以解釋他們為什麼會有神經緊張的表現。

以我的經驗來看，天王星與上升或下降點形成合相的人，最容易變成占星師。但是占星學如果變成了大眾都能接受的學問，我懷疑他們還會不會選擇這個行業。

天王星與下降點合相的人，則會期待別人活出他們人格裡原創和反傳統的面向。他們必須靠別人喚醒他們，去活出更令自己振奮的生活。與別人互動才會讓他們意識到無需臣服於社會的潮流，可以誠實地表達內心的想法。

天王星與上升點合相的人可能會說：「我是獨特的。」天王星與下降點合相的人則會說：「我們的關係是激進的，反傳統的，而且比別人的有趣。」天王星與下降點合相的人，關係往往涉及某種震撼，譬如有意外的事情發生，或是找到出人意料的伴侶，也可能突然進入或離開一份關係，或者突然提出婚姻的要求。這一切經驗都是要喚醒一個人，讓這個人做出巨大的改變。

天王星與下降點合相的人也會藉由關係來反叛，他們會以選擇伴侶做為一種反叛的行動，或者以叛逆的方式去追求一份關係。他們會堅持以自己的方式，去追求他們所選擇的關係和人。天王星與上升或下降點合相的人，都可能在關係裡堅持擁有自己的自由，所以會有開放式的婚姻或是開放式的伴侶關係，他們的親密關係就像朋友一樣。這類人會在伴侶身上尋求刺激、個人的覺醒和振奮感。如果關係不再充滿著活力，他們很可能到別處去尋找這種感覺。

天王星與天頂合相的人，則會反叛社會在父母的角色上設定的制約，或者會違反顯意識的期待，去追求完全相反的事業形式。他們也可能活出父母潛意識裡的渴望，做出父母不敢完成的反傳統行為。天王星與天底合相的人也有類似的傾向，但是比較不明顯。

天王星合相天頂代表職業涉及高科技，也可能會脫離以往的工作方式，開創出新的事業形式。幾十年前這類人選擇的也許是電子業，現在則會選擇電腦行業。

天王星與天頂或天底合相的人不論選擇什麼行業，都比較偏好個體戶的形式，他們喜歡以自己的方式做自己想做的事。他們早期的反權威需求可能會一直延續到成年，演變成在工作崗位與上司對立的情況。性格過於誠實，使得他們很難遵守別人的規則。他們選擇的行業或是追求事業的方式，都必須符合自己真正的興趣，而且完全不會因為渴望得到尊重或保障而選擇某種職業。他們選擇的職業必須使他們覺得開心和有趣，一旦失去了這種感覺，就會有一種想要離開去做完全不同的事情的衝動。天王星合相天頂的人不但渴望在事業裡得到自由，也希望別人能在世上獲得自由，因此他們往往會從事解放別人的工作，譬如支持言論自由，解決世界的飢荒問題，或者利用高科技來幫助人從乏味的例行公事之中解脫出來。

天王星與天底合相、甚至是落在四宮裡面，都代表早期的生活有過巨大的變動，譬如父母搬到和以往的環境截然不同的地方，甚至可能搬到外國，或者把他們寄養到另一個家庭裡。也許這種早期的變動並不是很嚴重，但孩子的感覺卻是如此。還有一種情況是父母之一被迫離開，或者突然選擇離去，如果是這種情況，那麼這類人就必須靠自己建立生存的基礎；他們會覺得自己被家庭或文化排除於外。

我認識的一個男孩，他的天王星與天底成正合相，由於他是個私生子，所以很小就被送進孤兒院。他從未見過他的母親，也不知道父親是誰。大約十一歲的時候，他又被孤兒院送到澳洲去，因為英國政府要幫助澳洲執行殖民計畫。他可以說是一個完全失根的人，因此從小到大都在尋根。

這類的童年經驗也可能使一個人永遠無法落實下來，因為他們不相信自己能擁有安全保障。如果有其他相位的影響，這種缺乏根基的感覺也可能令某些人覺得很刺激，但是也有許多人會特別想創造出一個穩定的家，盡可能地獲得安全感。儘管失根的情況會帶來許多困難，但是就像大部分的遭遇一樣，也可能帶來一些助益，因為這類人從小就比別人自由。他們可以隨心所欲地做自己想做的事，無須考量家庭和傳統的規範。

不論劇情怎麼發展，天王星與天底合相的人從小就得學會仰賴自己的資源，所以往往變得相當獨立自主——無論是行為舉止、生活方式、想法或意見都很獨立。他們不像天王星與天頂合相的人那麼需要被看成與眾不同的人。反之，他們會把自己不尋常的家庭背景、古怪的家庭成員、家族的反傳統觀念全都隱藏起來，直到中年時當天王星與天王星成對分相之後才會揭露出來。如同天王星落十二宮的人一樣，這類人也會在眾人面前表現得很傳統。

海王星與四交點

海王星與上升點合相的人會給人一種迷人、超塵出世、糊塗和混亂的感覺。這類人不會立即給人深刻的印象，因為他們沒有固定不變的人格面具，雖然上升星座的特質還是很明顯。

那些在誕生時被催生的孩子 往往都有海王星和上升點合相的情況。這是因為海王星與上升點合相會使人不太願意降生到物質世界。舉個例子，那些出生後沒有幾分鐘或幾小時就夭折的孩子，星盤裡要不是有木星就是有海王星與上升或下降點合相。

海王星與上升點合相的人格面具往往有多重面向，這類人就像水晶一樣，能夠反映來到他們面前的任何一個人。他們會以極高的敏感性來面對外在世界，如同帶著無形的天線似的，能夠接收周圍環境裡的任何一種微小的信息。他們不像月亮與上升點合相的人對情緒極度敏感，而比較是能接收任何一種外來的刺激或印象。其他的人多少會有一層保護膜，但是海王星與上升點合相的人就像太海或月海有相位的人一樣，幾乎沒有什麼自他之間的界線。他們好像是藏在鏡片的後面看世界，或者說他們有一面能夠反映外在環境和人的鏡子。因此這個位置的海王星十分有利於攝影工作，或是其他能夠映照出周圍現象的藝術工作。

海王星與上升點合相的人就是要充當別人的思想與感覺的媒介。透過這種媒介他們才能忘卻或是找到自己。海王星與上升或下降點合相都代表容易受外界影響，而且缺乏耐力。

他們之中有的人是從救贖者或受害者的角度在看世界的。在別人的眼裡他們也往往是救贖者或受害者。海王星無論是落在上升或下降點，都可能變成剝削者或是被剝削的人。

海王星與下降點合相如同與上升點合相一樣，都代表在關係裡面不是被拯救，就是必須拯救對方。海王星與下降點合相的人會在關係裡面尋求上主或救世主；他們也可能在別人身上扮演這樣的角色。他們似乎很難清晰地看待別人；要不是把對方理想化，就是會扭曲對方真實的本質。他們不清楚自己到底要什麼樣的關係，而且會把對方理想化或浪漫化。他們的界線感十分薄弱，就像鬼魂穿牆一般，隨時可以進入別人的生命，也允許別人以這樣的方式進入他們的生命。海王星與上升或下降點合相，也可能藉著想像來體驗別人的生命。這類位置的海王星有利於消融自他的界線，融入於他人的痛苦之中。這類人有反映他人真相的才能，適合在各種創造領域裡工作。

海王星與天頂合相意味著早期缺乏清晰的事業方向和目標。這種缺乏目標的感覺，可能源自於父母之一不清楚孩子該以何種方式被世界看到。許多海王星與天頂合相的人很希望被世界看成充滿著魅力的人——王子或公主、有創造力的人，或是符合社會理想的人物，甚至是救贖者。這類人自小就很難找到符合自己才華的發展方向，比較極端的情況是遇上寫書的人就會渴望當作家，遇上搞政治的人就會渴望追求政治方面的事業等等，他們會渴望擁有別人的事業形式。這類人對自己的未來充滿著夢想；在最佳的情況下，這會促使他們落實地達成自己的夢想。他們的夢想通常不是個人性的，而是渴望以某種方式拯救世界，因此他們適合的職業是藝術、音樂、為人謀福利的工作，慈善事業、與海洋或水有關的工作也很適合。

海王星與天頂或天底合相的人有時也會把父母之一理想化，但也可能認為自己是受害者而扭曲了父母之一的形象。海王星與天底合相或是落在四宮裡面，也代表父親可能不見了，或者失去了家庭和家人。某些海王星與天頂合相的人會編織出各式各樣的美夢，期待自己能得到父母的讚賞；他們會認為一旦獲得了世界的讚賞，就會得到父母的認同。

海王星與天底合相的人對早期的家庭歷史可能不太清楚，有時這是因為家庭背景裡面有一些令他們困惑的秘密。這樣的秘密往往跟宮頭星座是雙魚座的宮位有關。他們有一種把早期的家庭背景理想化的傾向，也可能對自己的成長背景或是祖先有誤解。這類人在心理、情緒或生理上面，都有一種基礎不穩的感覺。譬如他們可能住在船屋裡面，或者父母的精神不太穩定。我還認識一個有此種海王星相位的人是在酒吧裡長大的。他們早期的家庭環境可能相當開放，別人隨時可以來造訪，故而形成了基礎不穩的感覺。

那些有海王星與天底合相的人往往渴望有一個理想的家，而且會努力讓這個夢想成真，還有的人會想逃避自己的家庭背景。他們渴望擁有一個庇護所或是閉關中心一樣的家，來逃避不完美或是乏味的外在世界。

冥王星與四交點

我認為有冥王星合相任何一個交點的人，都會有強烈的權力欲，同時又堅持擁有自己的隱私權。冥王星與上升點合相的人非常關切生存議題，他們跟土星與上升點合相的人很類似，都不會把世界看成一個安全的地方；他們認為到處都有致命的地雷。這類人有強烈的自我意識，對人生的陰暗面以及人性的醜陋面特別敏感。

冥王星與上升點合相的人在面對別人的時候，總想把自己隱藏起來，特別是落在獅子座的話。我們一向認為獅子座的人很渴望別人注意，但是冥王星與上升點合相落獅子座的人卻會覺得一旦成了注目的焦點，就會被每一個人監視。他們喜歡戴墨鏡，當你和他們說話的時候，他們很容易臉紅。早期他們往往被大人過度地關注，這種被監視的感覺令他們很難發展出自己的身分認同，所以才會渴望隱藏自己。

冥王星與上升點合相也代表有不可告人的家族祕辛，而且是這類孩子無法理解、消化，甚至回顧的。所謂的秘辛指的是與性、死亡、瘋狂或盛怒有關的議題。我知道的一個案例，竟然把被領養這件事也看成了不可告人的秘密。總之，基於某種理由，冥王星與上升點合相的人往往會培養出所謂的「遮人眼目」的人格面具。他們會緊緊掌控眼前的各種情況，以免讓自己或別人透露太多的秘密。

有時他們的出生也涉及到創傷經驗，可能是母親或者他們自己在童年時面臨過死亡，導致他們日後面對世界有一種強烈的恐懼。他們會有一種揮之不去的感覺，認為只要有一步走得不對，就會造成巨大的傷害。

長久以來我一直覺得冥王星可能代表祖母，經過許久的觀察之後，我十分確定冥王星與上升點合相或是落在一宮裡的人，早期的確可能受到祖母的掌控。這類人與祖母往往有超越其他家人的緊密連結，不過這樣的大家族文化已經越來越罕見了。我還看過一種情況是祖母不在身邊，但是有其他的強悍女性，譬如褓母，扮演了掌控者的角色。有關祖母掌控家人這件事，其實不一定是負面的；她只是在整個家族裡扮演強而有力的女性至上角色，而且是以自己的金錢、人格特質或生病這類事控制了全家。她也可能在這類孩子的父母之間引起爭端，而這會導致孩子害怕與人親近；就好像他們被禁止和別人形成真正的關係。這類孩子會無意識地擷取或吸收家庭成員對祖母的負面情緒，可能某種程度上家人暗自期待祖母快點死掉，因此孩子一直卡在祖母和這樣的負面能量之間。

不論怎樣，冥王星和上升或下降點成合相或困難相位的人，經常覺得很難與另一個人親近，特別是冥王星和土星之類的行星形成困難相位的話。

冥王星與上升點合相比較典型的情況是渴望掌控別人，讓別人臣服於他們深埋在心底的鋼鐵意志。如果說上升點描述的是人生之旅的交通工具，那麼冥王星與上升點合相，特別是落在固定星座上面，就好像駕著一輛坦克車似的，被嚴密地保護著。這類人是無法被穿透，也很難臣服於人的。

他們也可能活出社會所謂禁忌式的生活方式。這裡的「禁忌」指的是社會認為偏離正軌的事。這似乎意味著你必須先接納他們的秘密，才能夠和他們有真正的連結。

冥王星與下降點合相的人則傾向於把權力交給別人，他們很容易把別人看成有權力、喜歡掌控、無情或是無法被穿透的人。藉由一對一的關係，他們被賦予了發現自己陰暗面的機會。冥王星不論與上升或下降點形成什麼相位，都很難避免權力鬥爭，特別是跟下降點合相的情況。只有透過一對一的關係以及權力上的掙扎，這類人才能轉化對自己的看法以及和他人互動的方式。冥王星與下降點合相的人的關係議題，很類似金冥有相位的人面臨的議題；這個位置的冥王星有利於危機處理和幫助他人轉化自我。

冥王星與天頂合相則代表有超強的野心，而且選擇的事業通常會涉及到權力的運用、意志力的行使，以及往頂峰攀爬的決心。我們有時會在運動健將的星盤裡發現這個冥王星的位置，因為他們必須有獲勝的決心，才能有最高的成就。

我也在幾位有專業訓練的亞裔婦女星盤裡，發現過這個位置的冥王星。在她們的文化背景裡，追求如此專精的事業幾乎是一種禁忌。我甚至看過殯葬業者的星盤裡有冥王星與天頂合相的情況。

冥王星與天頂或天底的相位，也可能代表父母的掌控性很強。

冥王星與天底合相意味著童年時家庭裡有過違規的事情，譬如有位個案發現他是母親被強暴之下的產物。有時甚至代表父母之一早逝或遭到放逐，或者經歷過心理上的死亡；還有的情況是搬到完全不同的文化或家庭去生活。

這類人也可能企圖連根拔起過往的歷史。他們就像是坐在一個定時炸彈上面，隨時等著它爆炸，把自己建立的基礎全部炸毀，這樣才能把過去的歷史連根拔起。

還有的冥王星與天底合相的人，也可能不斷地挖掘過往的歷史，這當然是比較正向的顯現方式。

冥王星與天頂和天底的相位也表示個案被逼著必須經由對子女的養育或工作活動，去接觸人類生活的黑暗面。

星盤附錄資料

名詞／時區縮寫

AA: *Astrological Association* (data section)
ABC: *American Book of Charts*, Lois Rodden
Campion: Nicholas Campion, *World Horoscopes*
CBC: *Circle Book of Charts*
FCN: *Fowlers Compendium of Horoscopes*
LR: Lois Rodden, *Profiles of Women*

AEST: Australian Eastern Standard Time
BST: British Summer Time
CST: Central Standard Time
DBST: Double British Summer Time
EST: Eastern Summer Time
GMT: Greenwich Mean Time
HST: Honolulu Standard Time
MET: Middle European Time
IST: Indian Standard Time
LMT: Local Mean Time
PST: Pacific Standard Time

名人星盤範例

道格拉斯・亞當斯 Douglas Adams
11 March 1952, just after 11am,
Cambridge, England.
52N11 0E08
Source: Adams to Lee Knight.
Quoted in AA *Transit*,
August 1982.

約翰・艾迪 John Addey
15 June 1920, 8.15am BST,
Barnsley, England.
53N34 1W29
Source: Addey to Lois Rodden,
April 1979.

安徒生 Hans Christian Andersen
2 April 1805, 1am LMT,
Odense, Denmark.
55N22 10E23
Source: Luc De Marre
quotes parish records.

馬雅・安琪洛 Maya Angelou
4 April 1928, 2.10pm,
Saint Louis, Miss., USA.
38N37 90W12
Source: Birth certificate quoted
in *Contemporary American Horoscopes*.

珍・奧斯汀 Jane Austen
16 December 1775, 11.45pm LMT, Steventon, England.
51N05 1W20
Source: Her father's letter, 'before midnight'.

露西・鮑爾 Lucille Ball
6 August 1911, 5pm EST, Jamestown, NJ, USA.
42N06 79W14
Source: LR. Kathy Brady quotes birth record.

傑弗瑞・伯依考特 Geoffrey Boycott
21 August 1940, 11am, Fitzwilliam, England.
53N29 1W22
Source: *Boycott: The Autobiography*.

馬龍・白蘭度 Marlon Brando
3 April 1924, 11pm CST, Omaha, Nebr., USA.
41N28 96W12
Source: Birth certificate quoted in *Gauquelin Book of American Charts*.

薇拉・布列庭 Vera Brittain
29 December 1893, time unknown.
Source: AA.

賽珍珠 Pearl Buck
26 June 1892, 12:30am.
Source: Buck to Lucie Bonnett. (NB. A biography written with her gives 'early in the morning'.)

艾格莎・克莉斯汀 Agatha Christie
15 September 1890, 4am GMT, Torquay, England.
50N30 3W30
Source: Christie to Charles Harvey, and the American Federation of Astrologers (Autumn 1967).

加冕街 Coronation Street
First transmission
9 December 1960, 7pm GMT, Manchester, England.
53N29 2W15
Source: Official biographies.

阿萊斯特・克勞利 Aleister Crowley
12 October 1875, 11.30pm, Leamington, England.
52N17 1W31
Source: CBC. (Autobiography, *Confessions*, states between 11pm and midnight.)

巴布・迪倫 Bob Dylan
24 May 1941, 9.05pm CST, Duluth, Minn., USA.
46N48 92W10
Source: Birth certificate. Quoted in ABC.

愛德華七世 Edward V II
23 June 1894, 9.55pm, Richmond, Surrey, England.
51N27 0W17
Source: *Times* newspaper.

愛因斯坦 Albert Einstein
14 March 1879, 11.30am LMT, Ulm, Germany.
48N27 9E58
Source: Ebertin quotes birth record.

珍方達 Jane Fonda
21 December 1937, 9.14am,
Manhattan, New York.
40N46 73W59
Source: Lois Rodden quotes
birth certificate.

法國 FRANCE
The Vth Republic,
5 October 1958, midnight LMT,
Paris.
48N52 2E20
Source: Campion.

安妮・法蘭克 Anne Frank
12 June 1929, 7.30am MET,
Frankfurt, Germany.
50N07 8E41
Source: LR. Time written by her
father in an early edition of
The Diary of Anne Frank.

佛洛依德 Sigmund Freud
6 May 1856, 6.30pm LMT,
Freiburg, Germany.
47N59 7E53
Source: *The Life and Work of
Sigmund Freud*, Ernest Jones.

甘地 Mohandas Gandhi
2 October 1869, about 7.15am,
presumably LMT, Porbandar,
India.
21N38 69E36
Exact time of birth is controversial
but most times yield either late
Libra or early Scorpio rising.

瓊與珍妮佛・吉賓斯 June and Jennifer Gibbons
11 April 1963: June at 8.10am
local time, Jennifer ten minutes
later (5.10 and 5.20am GMT),
Aden, Yemen.
12N47 45E02
Source: *The Silent Twins*, Marjorie
Wallace.

戈巴契夫 Mikhail Gorbachev
2 March 1931.
Source: *Guardian* newspaper.

哲明・格瑞爾 Germaine Greer
29 January 1939, 6am AEST,
Melbourne, Australia.
37S49 144E58
Source: Greer to Tiffany Holmes.

道格・哈馬紹 Dag Hammarskjöld
29 July 1905, 11.30am LMT,
Jonkoping, Sweden.
57N47 14E11
Source: Church of Light quotes
Drew for 'approximate time'.

凱薩琳・赫本 Katharine Hepburn
12 May 1907, 5.47pm EST,
Hartford, Conn., USA.
41N46 72W41
Source: Ralph Kraum quotes birth
certificate, March 1940.

自由企業使者號 Herald of free enterprise
出航時間，6 March 1987,
6.38pm GMT approximately.
51N19 3E12
NB. The *Times* newspaper
(7 March 1987, p.1) gives
6.21 pm.

索爾・海亞達 Thor Heyerdahl
6 October 1914, 4.40pm MET,
Larvik, Norway.
59N05 10E02
Source: Ebertin in *Cosmobiology International*.

希特勒 Adolf Hitler
20 April 1889, 6.30pm LMT,
Branau, Austria.
48N15 13E03
Source: CBC. Originally from baptismal records.

榮格 C.G. Jung
26 July 1875, 7.30pm Kesswil,
Switzerland.
Exact time must be speculative as supposed to have been born when 'last rays of setting sun lit the room'.
Source: Various. Above data from David Hamblin, *Harmonic Charts*.

約翰・甘迺迪 J. F. Kennedy
29 May 1917, 3pm EST,
Brooklyn, Mass., USA.
42N21 71W07
Source: JFK's mother to Garth Allen.

伊麗莎白・庫布勒・羅絲 Elisabeth Kubler-Ross
8 July 1926, 10.45pm (9.45pm GMT), Zurich, Switzerland.
45N23 8E32
Source: Robert Chandler from Kubler-Ross, November 1980.

萊恩 R.D.Laing
7 October 1927, 5.15pm GMT,
Glasgow, Scotland.
55N52 4W14
Source: AA (from a copy of the birth certificate).

李斯特 Franz Listz
22 October 1811, 1.16am LMT (time unverified), Raiding, Hungary.
Source: CBC. Other sources quote 1am.

肯恩・利文斯頓 Ken Livingstone
16 June 1945, midnight DBST (thus 10pm GMT), Streatham, London.
51N10 0W10
Source: Derek Appleby from Livingstone.

莎莉・麥克琳 Shirley Maclaine
24 April 1934, 3.57pm EST,
Richmond, Va., USA.
37N30 77W28
Source: Church of Light quotes birth certificate

瑪格麗特公主 Princess Margaret
21 August 1930, 9.22pm BST,
Glamis Castle, Scotland.
56N37 3W01
Source: Joanne Clancy quotes birth certificate.

馬克思 Karl Marx
5 May 1818, 2am LMT, Trier,
Germany.
49N45 6E06
Source: Official records.

貝蒂・米勒 Bette Midler
1 December 1945, 2.19pm HST, Honolulu, Hawaii.
21N19 157W52
Source: Birth certificate quoted in *Gauquelin Book of American Charts*.

史派克・米勒根 Spike Milligan
16 April 1918, 3am LMT, Ahmednagar, India.
19N08 74E48
Source: *The Astrological Journal*, August 1967, quotes Milligan in a Sunday newspaper article

派崔克・摩爾 Patrick Moore
4 March 1923, 10am GMT, Pinner, Middx., England.
Source: *Can You Speak Venusian?*, Moore 1972

艾瑞克・墨克姆 Eric Morecambe
14 May 1926, 12 noon BST, Morecambe, Lancs., England.
54N05 2W52
Source: AA (from Joan Revill).

莫札特 W.A. Mozart
27 January 1756, 8pm LMT, Salzburg, Austria.
47N48 13E01
Source: His father's letter, as quoted in a biography by J.G. Prodhomme.

尼克森 Richard Nixon
9 January 1913, 9.35pm PST, Whittier, Calif., USA.
33N58 118W01
Source: T. Pat Davis quotes birth certificate.

伊諾克・鮑威爾 Enoch Powell
16 June 1912, 9.50pm GMT, Stetchford, Birmingham, England.
52N29 1W54
Source: Powell to the Astrological Association.

凡妮莎・瑞格雷夫 Vanessa Redgrave
30 January 1937, 6pm GMT, London.
51N31 0W06
Source: Her mother's autobiography, *Life Among the Redgraves*, p. 122.

薩爾曼・魯西迪 Salman Rushdie
19 June 1947, 2.30am IST, Bombay, India.
18N58 72E50
Source: Catriona Mundle quotes Rushdie to Ian McEwan.

羅素 Bertrand Russell
18 May 1872, 5.45pm, Trellec, Monmouth, Wales.
Source: Ronald Clark, *The Life of Bertrand Russell*, 1975, p. 23.

亞瑟・斯卡吉爾 Arthur Seargill
11 January 1938, 2pm GMT, Barnsley, Yorks., England.
53N54 1W29
Source: David Fisher quotes Dick Llewellyn from the National Union of Mineworkers.

史懷哲 Albert Schweitzer
14 January 1875, 11.50pm LMT, Kayserberg, Alsace.
48N09 7E16
Source: Bruno Huber quotes birth certificate.

林哥・史塔爾 Ringo Starr
7 July 1940, 12.05am BST,
Liverpool, England.
53N25 3W00
Source: Starr to Lynne Palmer.

湯姆・史塔博特 Tom Stoppard
3 July 1937
Source: *Guardian* newspaper.

依麗莎白・泰勒 Elizabeth Taylor
27 February 1932, 2am GMT,
London.
51N31 0W06
Source: Taylor to Bob Prince
(same in a biography by Taylor's
mother).

柴契爾夫人 Margaret Thatcher
13 October 1925, 9am GMT,
Grantham, Lincs., England.
52N55 0W59
Source: Her private secretary to
Charles Harvey.

湯森・索羅生 Townsend Thoresen
22 December 1924, midnight
GMT, Dover, England.
51N07 1E19
Source: Register of companies,
Holborn Public Library.

英國 United Kingdom
1 January 1801, midnight GMT,
London.
51N30 00W07
Source: *Mundane Astrology*, Baigent,
Campion and Harvey.

達文西 Leonardo da Vinci
15 April 1452, 3am (Julian)
Florentine time, Vinci,
Tuscany, Italy.
43N47 10E55
Source: CBC (apparently from
grandfather's diary).

拉蔻兒・薇茲 Raquel Welch
5 September 1940, 2.04pm LMT,
Chicago, Ill., USA.
41N52 87W39
Source: Edwin Steinbrecher quotes
birth certificate.

約克公爵 Duchess of York
15 October 1959, 9.03am GMT,
London.
51N31 0W06
Source: Duchess of York to Penny
Thornton.

參考書目

- Addey, John M., *Harmonics in Astrology*, Fowler, Essex, 1976
  — *Selected Writings*, American Federation of Astrologers, Arizona, 1976
- Arroyo, Stephen, *Astrology, Karma and Transformation*, CRCS Publications, California, 1978
  — *Relationships and Life Cycles*, CRCS Publications, Washington, 1979
- Baigent, Campion and Harvey, *Mundane Astrology*, Aquarian Press, Northamptonshire, 1984
- Bettelheim, Bruno, *The Uses of Enchantment*, Peregrine Books, 1986
- Carter, Charles E.O., *The Astrology of Accidents*, Theosophical Publishing House, London, 1961
  — *The Astrological Aspects*, Fowler, Essex, 1977
  — *Essays on the Foundations of Astrology*, Theosophical Publishing House, London, 1978
- Dean, Geoffrey and Mather, Arthur, *Recent Advances in Natal Astrology*, Astrological Association, 1977
- Ebertin, Reinhold, *Combination of Stellar Influences*, American Federation of Astrologers, Arizona, 1972
- Faculty of Astrological Studies, *Learning Astrology*, 1982
- Freeman, Martin, *How to Interpret a Birth Chart*, Aquarian Press, Northamptonshire, 1981
- Greene, Liz, *The Outer Planets and their Cycles*, CRCS Publications, Nevada, 1983
  — *Relating*, Coventure, London, 1978
  — *Saturn*, Samuel Weiser, Inc., New York, 1976
- Hamblin, David, *Harmonic Charts*, Aquarian Press, Northamptonshire, 1983
- Hammarskjöld, Dag, *Markings*, Faber & Faber, London, 1964
- Hand, Robert, *Horoscope Symbols*, Para Research, Massachusetts, 1981

- Hillman, James, *Suicide and the Soul*, Spring Publications, Texas, 1985
- Jackson, Eve, *Jupiter*, Aquarian Press, Northamptonshire, 1986
- Kubler-Ross, Elisabeth, *On Death and Dying*, Tavistock Publications, London, 1970
- Maclaine, Shirley, *Don't Fall Off The Mountain*, Bantam Books, London, 1983
- Oken, Alan, *The Horoscope, the Road and its Travelers*, Bantam Books, New York, 1974 (now republished as *Complete Astrology*)
- Paul, Haydn, *Phoenix Rising*, Element Books, Dorset, 1988
- Rodden, Lois, M., *Profiles of Women*, American Federation of Astrologers, Arizona, 1979
  — *American Book of Charts*, Astro Computing Services, San Diego, 1980
- Rudhyar, Dane, *The Lunation Cycle*, Shambhala, Colorado, 1971
- Sakoian, Francis and Acker, Louis, *The Astrologer's Handbook*, Penguin Books, Middlesex, 1981
- Sasportas, Howard, *The Twelve Houses*, Aquarian Press, Northamptonshire, 1985
- Tierney, Bill, *Dynamics of Aspect Analysis*, CRCS Publications, Nevada, 1983
- Wallace, Marjorie, *The Silent Twins*, Penguin Books, Middlesex, 1987

國家圖書館出版品預行編目

占星相位研究 /蘇・湯普金(Sue Tompkins)著；
胡因夢譯——初版
台北市：積木文化出版：家庭傳媒城邦分公司發行，
民99.06；384面；14.7×21
譯自Aspects in Astrology：A comprehensive Guide To
Interpretation
ISBN 978-986-6595-52-3（平裝）
1. 占星 2. 相位 3. 星盤 4. 星座
292.22　　　　　　　　99009247

LIGHT 02

占星相位研究　Aspects in Astrology

原 著 書 名／Aspects In Astrology：A Comprehensive Guide To Interpretation
著　　　者／蘇・湯普金SUE TOMPKINS
譯　　　者／胡因夢
責 任 編 輯／李嘉琪

發 行 人／凃玉雲
總 編 輯／王秀婷
出　　　版／積木文化
台北市104中山區民生東路二段141號5樓
電話：(02)25007696　傳真：(02)25001953
官方部落格：http://www.cubepress.com.tw
讀者服務信箱：service_cube@hmg.com.tw
發　　　行／英屬蓋曼群島商家庭傳媒股份有限公司城邦分公司
台北市民生東路二段141號11樓
讀者服務專線：(02)25007718-9　24小時傳真專線：(02)25001990-1
服務時間：週一至週五上午09:30-12:00、下午13:30-17:00
郵撥：19863813　戶名：書虫股份有限公司
網站：城邦讀書花園　www.cite.com.tw
香港發行所／城邦（香港）出版集團有限公司
香港灣仔駱克道193號東超商業中心1樓
電話：852-25086231　傳真：852-25789337
電子信箱：hkcite@biznetvigator.com
馬新發行所／城邦（馬新）出版集團　Cite (M) Sdn. Bhd.
41, Jalan Radin Anum, Bandar Baru Sri Petaling,
57000 Kuala Lumpur, Malaysia.
電話：(603)90563833　傳真：(603) 90576622
電子信箱：services@cite.my

美 術 設 計／鄭宇斌
內 頁 排 版／劉靜薏
製　　　版／上晴彩色印刷製版有限公司
印　　　刷／東海印刷事業股份有限公司

城邦讀書花園
www.cite.com.tw

【印刷版】
2010年6月15日初版
2023年5月19日初版12刷
售價／500元
ISBN: 978-986-6595-52-3

【電子版】
2021年3月
ISBN：978-986-659-552-3(EPUB)

【有聲書】
2022年5月
ISBN：978-986-459-399-6(MP3)

www.cubepress.com.tw

SAGITTARIUS
MICROSCOPIUM
BALLON
PISCIS AUSTRALIS
Fomalhaut
QUARIUS
GRUS
TOUCHAN
INDUS
PAVO
APPARATUS SCULPTORIS
PHOENIX
Achernar
Deneb Kaitos
MACHINA ELECTRICA
Amnis Infimus
HOROLOGIUM
SOLARIUM
HYDRUS
CELA SCULPTORIS
Baten Kaitos
Horizon

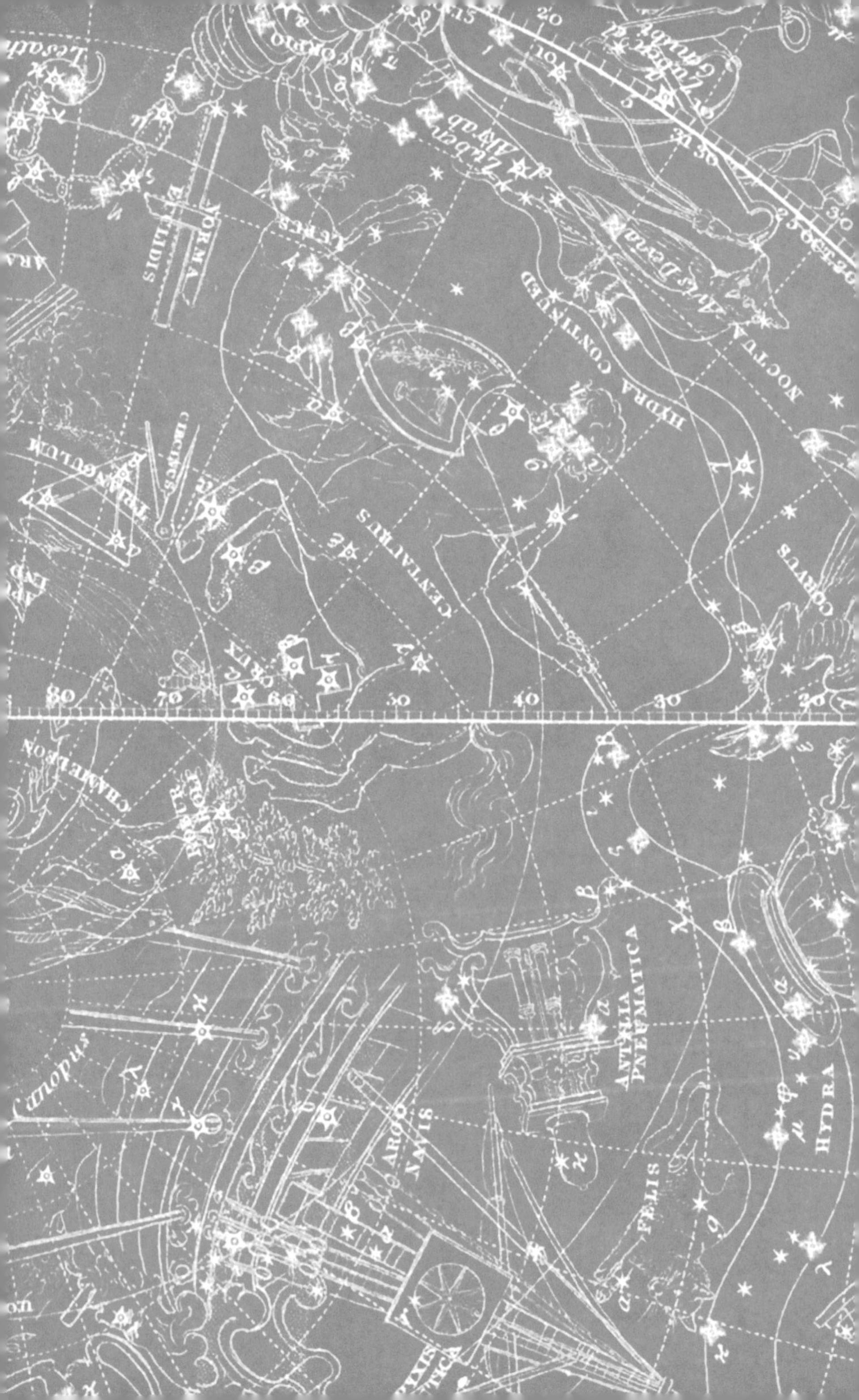
CENTAURUS
HYDRA CONTINUED
NOCTUA
CORVUS
CRUX
ARGO NAVIS
ANTLIA PNEUMATICA
FELIS
HYDRA
CHAMAELEON
Canopus
NORMA
CIRCINUS